Journal of the Study of Premodern Multilingual Textbooks

譯學과 譯學書

第 6 號

2015. 12

國 際 譯 學 書 學 會

譯學과 譯學書 ·第6號·

目 次

위구르인 偰長壽의 귀화와 조선의 외국어 교육* **

-위구르 문자의 女眞學書를 중심으로-

정광

(韓國, 高麗大)

<Abstract>

Jurchen Language Learning Books Written in Uighur Scripts :
Mainly on the Role of a Uighur Korean Seol, Jangsu(偰長壽) in Setting up
the Sayeogwon, the Bureau for Interpretation.

This presentation concerns Seol, Jangsu who played a key role in setting up the
Bureau for Interpretation (Sayeogwon, 司譯院) in the early years of the Joseon
dynasty. Specifically, the presentation addresses his contribution to the Bureau for
Interpretation against his family history, learning and life. He learned Uighur
language and scripts by descent from his father who came from the Uighur state
(高昌國) in Turuphan basin, Central Asia. Several proofs indicate that he let the
learners of Mongolian and Jurchen languages mostly use Uighur scripts as the vice
supervisor (jyejo, 提調) of the newly established Bureau for Interpretation.

First, a historical record says that Shin, Keyam(申繼黯) only revised the dots and
lines of scripts, when changing Soaron (小兒論, *Debate with Little Child*) and *Palsea*
(八歲兒, *Debate with Eight-Year-Old Child*), which were Jurchen language study
books, into Manchurian study books. This is made possible by the relations between

---

* 이 논문은 2011년 정부(교육부)의 재원으로 한국학중앙연구원의 지원을 받아 수행된
연구임(AKS- 2011-AAA-2101).

** 이 논문은 12th ISKS International Conference of Korean Studies Universität Wien,
Vienna/Austria, August 19~22, 2015에서 구두로 발표한 것을 수정 보완한 것임.

Mongolian-Uighur scripts and Manchurian-Uighur ones. Second, *Cheonja* (千字, *Thousand Chinese Characters*), which was used at the Bureau for Interpretation in Joseon and is kept at the Paris National Library in France, has some places transcribed in Hangeul. The book has Chinese characters transcribed in Manchurian scripts. According to the *Gyeonggukdajeon* (經國大典, *Great Code of Administration*), the book is originally a Jurchen language study book. Third, royal messages written in Mongolian-Uighur scripts were sent to the Jurchen people in the areas bordering Hamgyeong-do in Joseon according to the *Sillok* (實錄, *Authentic Record of Joseon Dynasty*) and other historical records. This fact proves that Juchen language was written in Mongolian-Uighur scripts.

Therefore, it can be inferred that Seol also let learners use Jurchen language study books written in Mongolian-Uighur scripts, not Jurchen ones. This is based on the fact that his heritage language and scripts were Uighur language and scripts. This understanding makes it possible to solve the questions over *Soaron* and *Palsea* which were switched from the original study books for Jurchen language to those for Manchurian language.

Key words : Jurchen script, Mongolian-Uighur script, Manch-Uighur script, Textbooks for Jurchen. Textbooks for Manch-language

1. 緖論

1.0

중국에서 元明之間, 즉 元나라와 明나라의 교체기는 동아시아의 문명이 크게 바뀌는 시기로 역사가들은 기술한다. 몽고인들에 의한 元의 세계주의 (Cosmopolitanism)가 붕괴하고 중국 長江 이남의 吳兒들에 의하여 中華사상 (Sino-centrism)을 기반으로 하는 明이 건국되었기 때문이다. 따라서 이 시기에는 중국 주변의 여러 민족들과 中華의 漢族들이 서로 각축하는 동아시아 역사의 흐름에서 漢族이 優位에 오르는 시기였다.

몽고의 칭기즈 칸(成吉思汗)이 중앙아시아의 스텝을 席捲하고 여기에 거주

하던 많은 少數民族들을 한데 아울러 인류 역사상 前無後無한 대제국을 건설
하였다. 그 중에 칭기즈 칸의 손자인 쿠빌라이 칸(忽必烈汗)이 이끄는 일파가
중국을 정복하고 元을 세우면서 몽고 제국에 수용된 소수민족들이 元에도 다
수 수용되었다. 즉 元에서 백성인 '漢人'을 의미하는 몽고어 'Jaqud(札忽惕)'
가[1] 漢族만을 가리키는 것이 아니라 거란, 여진 등 몽고인이 통치하는 여러
민족을 지칭한 것은 元이 다민족 국가였음을 말하는 것이다.

1.2

몽고 帝國의 여러 소수민족 가운데 위구르족들은 다른 민족들에 비하여 고
도의 발달된 문명을 갖고 있어서 특별한 지위를 누린 것 같다. 칭기즈 칸은
위구르의 乃蠻(Naiman)을 정복하고 포로로 잡아온 위구르인 塔塔統阿
(Tatatunga)로 하여금 위구르 문자로 몽고어를 기록하는 방법을 고안하여 太
子 오고타이(窩闊臺, Ögödäi)와 여러 카한(諸汗)에게 가르쳤다.[2] 이것이 몽고

---

1) 『至元譯語』「人事門」 '漢兒'조의 "札忽歹[ja-xu-dai]"와 『元朝秘史』(권12) 55앞 5행 「金
  人每」의 '札忽惕[ja-qu-d']를 참고할 것. '札忽歹'와 '札忽惕'는 같은 말로서 전자의 '漢兒'
  는 북방 漢人, 즉 중국인을 말하지만 후자의 '金人每'는 契丹, 女眞人을 포함한다.

2) 이에 대하여는 『元史』에 "塔塔統阿畏兀人也. 性聰慧, 善言論, 深通本國文字. 乃蠻大敭
  可汗尊之爲傅, 掌其金印及錢穀. 太祖西征, 乃蠻國亡, 塔塔統阿懷印逃去, 俄就擒. 帝詰
  之曰: 大敭人民疆土悉歸於我矣, 汝負印何之? 對曰: 臣職也. 將以死守, 欲求故主授之
  耳, 安敢有他? 帝曰: 忠孝人也. 問是印何用? 對曰: 出納錢穀委任人才, 一切事皆用之,
  以爲信驗耳. 帝善之, 命居左右. 是後凡有制旨, 始用印章, 仍命掌之. 帝曰: 汝深知本國
  文字乎? 塔塔統阿悉以所蘊對, 稱旨遂命敎太子諸王, 以畏兀字書國言. ─타타퉁아는
  위구르 사람이다. 천성이 총명하고 지혜로우며 言論을 잘 하였고 자기 나라 글자(위구
  르 문자를 말함─필자)를 깊이 알았다. 乃蠻의 大敭可汗(나이만의 황제를 말함))이 존경
  하여 스승을 삼고 금인(金印) 및 돈과 곡식을 관장하게 하였다. 태조(칭기즈 칸을 말함)
  가 서쪽으로 원정하여 나이만의 나라를 멸망시켰을 때에 타타퉁아가 金印을 안고 도망
  을 갔다가 곧 잡혔다. 황제(칭기즈칸을 말함─필자)가 따져 물었다. '대양(大敭)의 인민
  과 강토가 모두 나에게로 돌아왔거늘 네가 금인을 갖고 무엇을 하겠는가?' [타타퉁아가]
  대답하여 말하기를 '신(臣)의 직분입니다. 마땅히 죽음으로써 지켜서 옛 주인이 주신
  바를 구하려고 한 것일 뿐 어찌 다른 뜻이 감히 있겠습니까?' 황제가 말하기를 '충효(忠
  孝)한 인물이로다. 묻고자 하는 것은 이 인장을 무엇에 쓰는 것인가?' 대답하기를 '전곡
  출납을 위임받은 사람이 일체의 일에 모두 이것을 사용하여 믿고 증명하려는 것일 뿐입
  니다.' 황제가 좋다고 하고 [타타퉁아를] 곁에 두도록 명하였다. 이후로부터 모든 제도를
  만드는 명령에 인장을 사용하기 시작하였고 [타타퉁가가] 명을 받들어 이를 관장하였다.
  황제가 말하기를 '네가 너의 나라의 문자를 깊이 아느냐?' 하였더니 타타퉁아가 모두

위구르문자(蒙古 畏兀字, Mongolian Uigur alphabet)라고 불리는 몽고인 최초의 문자로 초기에는 維吾爾(웨올) 문자라고 불리기도 하였다.[3] 이 문자는 후대에 만주자로 변형되어 만주족의 淸에서 공식 문자로 사용되었으며 지금도 몽골에서 끼릴문자와 공용한다.

전통적으로 위구르 족으로 불리는 種族이 8세기 중엽에 突厥을 쳐부수고 몽골 고원에 위구르 可汗國을 세웠다. 그러나 이 나라는 9세기 중엽에 이르러 키르기스(Kirgiz)족의 공격을 받아 潰滅하였고 위구르족은 남쪽과 서쪽으로 나뉘어 敗走하였다. 남쪽으로 도망간 위구르족은 唐으로의 망명이 이루지지 않아서 뿔뿔이 흩어졌다. 서쪽으로 향한 위구르족의 일부가 현재 중국의 甘肅省에 들어가 그곳에 王國을 세웠다가 11세기 초엽에 李元昊의 西夏에 멸망하였다.

한편 현재의 新疆省 위구르 自治區에 들어간 별도의 一派는 9세기 후반 당시의 焉者, 高昌, 北庭을 중심으로 한 광대한 지역에 '西위구르王國'으로 일반에게 알려진 위구르족의 국가를 건설하였다. 원래 위구르족의 근거지가 된 高昌은 투루판 분지에 있었다. 기원 전 2세기경에 車師前國(혹은 車師 前王朝)와 車師後國(혹은 車師 후왕조)이 오늘날의 交河古城을 중심으로 투루판(吐魯番)의 분지를 장악했다.[4] 이 거사族, 즉 玉의 부족은 4세기까지 이 지역에서 평화롭게 살았다.[5] 그러나 匈奴계의 후예로서 拓拔의 鮮卑족이 세운 北魏에서 쫓겨나 北涼(397~439)을 세운 沮渠蒙遜에 의해서 高昌國이 세워진다(『晉書』권129, 『魏書』권99, 『北史』권97 참조). 기원 후 448년의 일이다.

알고 있다고 대답하였다. [그는] 황제의 뜻으로 태자와 여러 왕들에게 위구르 문자로 나라의 말(몽고어를 말함-필자)을 쓰는 것을 가르치는 명령을 수행하였다(『元史』 124권 「列傳」 제11 '塔塔統阿조)" 라는 기사 참조. [ ] 안은 독자들의 이해를 돕기 위하여 필자가 삽입한 것임. 이하 같음.

3) 몽고어의 문자 표기에 대하여는 Vladimirtsov(1929:19), Poppe(1933:76)를 참고할 것.
4) 車師(거사)국은 '車師'를 혹은 '姑師'라고 부르기 때문에 '차사'로 읽지 않고 '거사'로 읽은 것이다. 車師前國은 거사前部라고도 불리고 투루판의 서쪽, 즉 交河城 지역을 다스리던 車師族의 국가였으며 車師後國은 거사後部라고 하며 투루판 분지의 務塗谷을 다스리던 나라였다. 後漢 때에 車師의 전, 후국과 東且彌, 卑陸, 浦類, 移支를 합하여 車師六國이라 하였다. 唐代에 멸망하였다.
5) 우리말의 '구슬'은 '車師, 姑師로 표음된 'kus'로부터의 차용으로 본다(졸저, 2011).

그러나 이렇게 세워진 高昌國도 3대째인 沮渠茂虔이[6) 北魏 太武帝의 침략을 받아 살해되고 나서 실질적으로는 漢族의 지배를 받다가 7세기 전반에는 북방 초원의 西突厥로부터 침략을 받았으며 곧 唐에 복속하게 된다. 唐은 高昌을 西州로 개명하고 이곳에 安西 都護府를 설치하여 군대를 주둔시켰다. 唐이 安祿山의 난으로 휘청거릴 때에 위구르족이 이곳으로 밀려들어와서 거처를 마련한다. 그들은 독실한 불교신자들이었으며 고도의 문명을 가져 역사에서 유명한 千佛洞 寺院을 세우기도 한다.

이 위구르의 高昌國도 13세기 전반 몽골족의 勃興에 의하여 멸망을 길을 걷게 되었고 결국은 사라지게 되었다(河野六郎・千野榮一・龜井 孝, 1988: 739). 이것이『元史』에 등장하는 나이만(乃蠻)이며 우수한 문명을 가졌던 이 나라는 몽고 문화에 지대한 영향을 주었다. 몽고 帝國의 세계주의가 이들을 모두 수용하였기 때문이다.

1.3

몽고인들의 한 지파가 세운 元 帝國에서도 위구르인들은 대단한 활약을 한 것으로 보이는데 元이 明에 의하여 패망하게 되자 몽고인들은 자신들의 근거지로 돌아가 北元을 세우고 命脈을 유지하였지만 다른 민족들, 특히 위구르인들은 고려로 많이 망명하였다. 당시 明은 中華사상을 부르짖으며 胡元의 殘滓를 타파하는데 열중하였지만 고려는 몽고의 세계주의를 그대로 유지하고 있었기 때문이다.

본고에서 다루려고 하는 偰長壽도 고려 때에 元의 衰亡으로 고려에 귀화한 위구르인이었다. 그는 이 시대에 고려 귀화한 다른 중국인들과 함께 조선왕조의 건국 초기에 중국 明과의 교섭에서 많은 역할을 하였다. 특히 그는 고려인들과 조선인들에게 元代에 등장한 새로운 중국어, 漢兒言語의 교육에 많은 공을 세웠다. 본고는 조선 건국 초기에 司譯院을 설치하고 새로운 중국어와 몽고어를 교육하는 일을 도맡아 담당하였던 설장수를 통하여 조선시대에 어떻게

---

6) 沮渠茂虔은 일명 沮渠牧犍으로도 불린다. 北涼의 시조인 沮渠蒙遜의 第3子로서 北涼의 哀王이다. 魏나라 太武帝의 親征으로 멸망한다.

외국어 교육이 시작되었으며 그로 인하여 사역원의 외국어 교육은 어떤 특색
을 갖게 되었는지 고찰하고자 한다.

2. 위구르 귀화인 偰長壽의 <직해소학>

2.0

　色目人 偰長壽는 위구르인으로 高昌 사람이다.7) 高昌은 앞에서 고찰한 바
와 같이 위구르인들의 본거지로 9세기 후반에 新疆省에 들어간 위구르인들이
정착한 곳이다. 조선 전기의 『定宗實錄』(권2) 정종 1년 10월 乙卯(19일)조의
기사에 '判三司事 偰長壽의 卒記'가 있어 그의 생애를 대체로 이해할 수 있고
박현규(1995) 및 백옥경(2008)에서 그의 가계와 생애에 대하여 고찰된 바가
있다.

　기왕의 연구에서 몇몇의 착오 내지 오해가 없지 않지만 실록의 卒記에 의하
면 설장수의 아비인 伯遼遜이 元의 至正 己亥(1359)에 가족을 이끌고 고려에
귀화하였다. 당시 고려의 恭愍王은 전에 元에서 그와 친분을 맺은 바가 있어
그를 우대하고 高昌伯을 수여했다가 다시 富原侯로 높였다고 한다. 그에게 아
들이 다섯이 있으니 그 첫 아들이 偰長壽이고 이어서 延壽, 福壽, 慶壽, 眉壽가
있었다(『高麗史』 권112, 「列傳」 제25 '諸臣'조).

　伯遼遜의 4대조인 岳璘帖穆爾는 위구르인으로 高昌의 偰輦河에 살았다. 몽
고군에 의하여 高昌國이 멸망할 대에 칭기즈 칸(成吉思汗)에 복속하고 그의
아들 哈剌普華가 元 世祖, 즉 쿠빌라이 칸(忽必烈汗)을 따라 南宋을 정벌할
때에 軍功을 세워 官職에 임명되면서 元의 重臣이 되었다. 이때에 高昌에 흐르
는 고향의 강 이름인 偰輦河의 偰을 姓으로 삼았다. 그리하여 哈剌普華의 두

---

7) 『고려사』(권112) 「열전」(권제25) 「諸臣」 '偰遜' 조에 "長壽, 字天民. 恭愍時, 以慶順府舍
　人, 居父憂, 王以色目人, 特命脫衰赴試 遂登第, 官累判典農寺事. - [설] 장수는 자가
　천민이다. 공민왕 때에 경순부의 사인(舍人)였는데 부친의 상을 당하였다. 왕이 색목인
　으로써 특별히 탈상하여 시험을 보게 하였다. 합격하여 관직이 전농시(典農寺) 판사에
　올랐다"라는 기사가 있어 그가 色目人으로 치부되었음을 알 수 있다.

아들인 文質과 倫質이 偰氏 성을 사용하였고 이후 후손들이 모두 이 성을 쓰기 시작하였다.

伯遼孫도 偰遜이 되었으며 元 順帝 때에 進士가 되어 宦路에 나아갔다. 후에 偰遜은 翰林 應奉文字와 宣政院 斷事官을 거쳐 端本堂의 正字가 되어 황태자에게 經을 가르쳤으나 승상 하마(哈麻)에게 미움을 받아 單州의 지방 留守로 쫓겨났다. 후에 左丞相 하마가 실각하자 일시 大都로 돌아갔으나 다시 大寧으로 물러나 그곳에 머물다가 紅巾賊이 大寧을 침범하자 兵亂을 피하여 동으로 와서 고려에 망명한 것이다.[8]

2.1

偰遜의 장자인 偰長壽는 元 至元 6년(1340)에 태어나 元에서 살다가 아비를 따라 고려에 歸化한[9] 후에 공민왕 11년(壬寅, 1362)에 고려의 進士科에 합격하여 宦路에 나아가니 나이 22세의 때이다. 이후 李成桂의 무리와 더불어 禑王과 昌王을 몰아내고 恭讓王을 세우는 일에 공을 세워 忠義君에 봉해졌다. 고려가 망하던 壬申년(1392)에 知貢擧가 되어 과거를 주도하기도 하였다. 그 해 여름에 이성계의 易姓혁명에 동참하지 않아 일시 遠惡島에 유배되었다가 이태조가 다시 그를 불러 檢校門下侍中을 제수하고 燕山 府院君에 봉하였다.

설장수는 明에 보내는 使臣으로 파견된다. 그가 禑王 13년 5월에 明에 사신으로 갔을 때에 명 태조 朱元璋은 그를 故家의 자손이라 남다른 대우를 하였다 (『고려사』 권136 「列傳」 49, '신우' 4). 조선에서도 定宗이 등극하자 이를 고하기 위하여 明에 사신으로 설장수가 파견되었으나 역시 明에서도 명 태조 朱元璋이 돌아가매 中路에 進香使가 되어 明에 다녀왔다. 이후 여러 차례 明에 파견되는 사행에 참가하게 된다.

---

8) 백옥경(2008:9)에 설장수의 家系圖가 있어 그가 岳璘帖穆爾를 시조로 하는 哈剌普華의 5대 후손이며 偰長壽에게는 偰耐, 偰衜, 偰振의 세 아들이 있음을 밝혔다.

9) 외국인이 고려나 조선에 망명, 또는 이민하는 경우에 이를 向化, 投化, 歸化라고 불렀다. 본고에서는 向化와 投化를 주로 일본인이나 여진인 등에게 붙여 부르고 漢人들에게는 歸化로 부르고자 한다. 일본인의 경우는 渡來人, 漢人이나 여진인, 그리고 북방민족들은 東來人으로 한다. 이러한 이민족의 명칭에 대하여는 백옥경(2009:201~202)를 참고할 것.

元이 쇠망의 길로 들어섰을 때에 그의 아비 偰遜은 고려로 歸化하였지만 아비의 동생인 偰斯는 6년 후에 明에 歸依하여 명 태조의 휘하에서 兵部員外郎과 尙寶司의 관원으로 등용되었다. 설장수의 숙부인 偰斯는 공민왕 18년(1369)과 19년(1370)에 고려의 사신으로 온 일도 있다. 이러한 이력으로 偰氏 가문은 고려와 조선, 그리고 明에서 모두 환영을 받게 되었다. 설장수도 明 惠帝의 建文 元年(1399) 6월에 중국에 다녀오고 그 해 10월에 병으로 돌아가니 향년 59세였다(『정종실록』, 권2, 정종 1년 10월 9일자 기사, 설장수 졸기).

2.2

설장수는 위구르인으로 元에서 관직을 얻어 복무한 偰遜의 長子다. 따라서 가정에서 위구르어를 배웠을 것이며 元에서 자랐으므로 元 帝國의 공용어인 한아언어에 능통하였을 것이다. 漢兒言語는 遼와 金代에 중국의 동북지방에서 유행하던 방언으로 중국어와 주변 여러 민족의 언어가 混淆된 일종의 크레올(Creole: 졸고, 2006)이며 잡탕 중국어였다. 이 언어가 元 帝國의 공용어가 되었으나 吳兒의 한족이 元을 멸망시키고 明을 건국하면서 수도를 錦陵, 즉 지금의 南京으로 정하자 元代의 漢語는 오랑캐 원나라의 말, 즉 胡元漢語로 불리면서 철저하게 醇化시킬 대상이 된 것이다.

그러나 明의 永樂帝가 首都를 다시 北京으로 옮기면서 이 지역의 통용어였던 이 漢語는 다시 세력을 얻었으며 후에 이 말은 淸의 만다린을 거쳐 北京官話로 굳어져 오늘날의 普通話의 기반이 된 것이다. 이 언어는 四書五經의 언어였던 東周 洛陽의 雅言과는 전혀 다른 별개의 중국어였으며 秦 이후 漢을 거쳐 唐에 이르기까지 오래 동안 통용되던 長安의 通語와도 매우 다른 언어였다. 따라서 元代에는 儒教의 經典을 이 한아언어로 풀이하는 작업이 유행하였다.

2.3

그런 와중에서 偰長壽가 『소학』을 한아언어로 풀이한 <직해소학>을 저술하여 조선 사역원의 漢語 교재로 사용한 것으로 이해할 수 있다. 즉, 『定宗實錄』 (권2) 定宗 2년(1399) 10월 19일(을묘) 세 번째 기사에 실린 설장수의 卒記에

"所撰直解小學行于世, 且有詩藁數帙。 - [설장수가] 찬술한 직해소학이 세상에 간행되었고, 또 시고(詩藁) 여러 질이 있다"라는 기사가 있어 그가 <직해소학>을 편찬하였음을 알 수 있다. 이 책은 현전하는 것이 없어 분명하지는 않지만 중국의 유명한 유교 경전이며 아동 교재이던 『小學』을 元代 한아언어로 풀이한 것으로 보인다.

그의 <직해소학>은 元代 魯齋 許衡의 『直解大學』을 본 따서 만든 책이다.10) 元代에 박학다식하여 魯齋선생으로 불리던 허형의 『직해대학』은 역시 유교의 경전에서 四書의 하나로 불리는 『대학』을 元代 한아언어로 풀이한 것이다. 설장수가 그에게 지대한 영향을 준 허형을 본떠서 <직해소학>을 찬술한 것은 역시 고려에서 한아언어를 교육하기 위한 것이다. 이러한 유교 경전을 당대 漢語로 풀이한 것은 偰氏 집안이 비록 위구르의 고창국 사람들이지만 일찍부터 漢문화에 同化되어 經典을 읽고 공부한 때문이다.11)

위구르족의 高昌에서 귀화한 설장수의 가계는 백옥경(2008)에서 상세하게 논의되었다. 설장수의 조부인 偰哲篤이 高昌에서도 일찍이 漢化된 가문으로 유명한 고창 廉氏의 月倫石護篤(1301~1341)과 혼인하였다. 그 여인은 『효경』과 『논어』 등을 읽고 『여효경』, 『열녀전』 등을 외었다고 한다(蘇啓慶, 1999:29). 또 설장수의 모친인 趙氏도 성격이 엄하고 법도가 있었다(『태종실록』 권29, 태종 15년 3월 壬寅 '설미수의 졸기)고 하여 이미 이 가문은 漢族에 同化되어 儒家의 인물로 자녀를 교육하였음을 알 수 있다. 설장수의 집안은 元代에 가장 漢化되어 과거에 많이 합격한 명문가였고 偰遜의 후손들도 모두 고려에서 과거에 급제하여 顯達하게 된다.

전게한 바 있는 『정종실록』(권2) 정종 1년 10월 19일의 기사인 '判三司事 설장수의 卒記에 "판삼사사 설장수가 졸하였다. 諱는 장수요, 자는 天民이었다. 그 선조는 위구르 回鶻 高昌 사람이었다. 至正 己亥年(1359)에 아비 伯遼孫

---

10) 魯齋 許衡은 河內 사람으로 학자로 魯齋先生으로 불렸으며 字는 仲平이다. 元 世祖 때에 國子 祭酒로 불려가서 후일 中書省의 中書左丞을 지냈다. 박학다식하여 다방면에 관심이 있었으며 『魯齋心法』, 『魯齋遺書』를 남겼고 『直解大學』을 찬술하였다.

11) 이 가문은 高昌에 살던 때부터 중국 문화에 同化되어 유교 경전을 읽고 元에서 실시한 과거에 문중의 여럿이 급제하였다. 설장수의 父와 祖父도 모두 元의 과거에 응과하여 급제한 바 있고 그로 인하여 벼슬에 나아갔다. 이에 대하여는 백옥경(2008)을 참고 할 것.

이 가족을 이끌고 피난하여 東來하니, 공민왕이 옛 知遇라 하여 전택을 주고 富原君으로 봉하였다. 壬寅年(1362)에 公의 나이 22세에 同進士科에 합격하여 벼슬이 密直提學에 이르고, 完城君에 봉해졌으며 推誠輔理功臣의 號를 하사 받았다"라는 기사가[2] 있어 그가 元代의 漢語는 물론 그 이전의 通語, 즉 唐宋의 한문에도 능통하였음을 알 수 있다.

2.4

그러나 그는 원래 위구르인여서 가정에서는 위구르어를 세습언어(heritage language)로 상용하였을 것으로 추정된다. 비록 설장수의 5대조인 岳璘帖穆爾가 몽고의 칭기즈 칸에 복속하고 4대조인 哈剌普華가 元의 쿠빌라이 칸에게 歸依하였으며 또 다시 그의 아비 伯遼孫이 고려에 귀화하였더라도 집안에서는 위구르어를 그대로 계승하여 사용하였을 것이다. 그리고 이 가문을 통하여 나라를 잃은 위구르 민족의 고단한 여정을 여실하게 볼 수 있다.

따라서 그는 위구르어와 元代의 한아언어, 그리고 고려어를 모두 습득한 인재로 보이며 그가 <직해소학>을 저술한 것은 고려 忠烈王 2년(1276)에 통문관이 설치되자 元의 한아언어와 몽고어를 교육하기 위하여 교재로 편찬한 것이다. 그가 위구르어를 배운 것은 그가 위구르인의 집안에서 양육되었으며 그의 모친도 위구르인이므로 그는 위구르어를 세습언어(heritage language)로 사용하였을 것은 자명한 일이다.[13]

고려에서는 通文館을 설치하고 譯舌을 양성할 때에 한아언어의 교재를 편찬하였는데 이 <직해소학>도 그 언어를 교육하기 위하여 편찬한 것으로 보인다. 실제로 통문관은 司譯院으로 개명하여 조선에서도 계속해서 역관 양성의

---

12) 원문은 "○判三司事偰長壽卒。 諱長壽字天民, 其先回鶻高昌人。 至正己亥父伯遼遜挈家避地于我國, 恭愍王以舊知, 賜田宅封富原君。 壬寅公年二十二, 中同進士科, 仕至密直提學, 封完城君, 賜號推誠輔理功臣。丁卯, 以知門下府事, 奉表赴京, 奏免起取流移人戶李梁里不夛等, 仍蒙許襲冠服。 庚午夏, 以高麗王氏復位定策功, 封忠義君。"(『정종실록』권2 14엽 뒤)와 같다.

13) 계승, 또는 세습언어(heritage language)는 최근 언어교육학에서 새로 등장한 술어다. 외국에 移民하여 다른 언어권에 살게 되었을 때에 집안에서 사용하는 가족들의 원래 사용하던 언어를 이렇게 부른다. 최근 학술회의에서 손성옥(2015)에 소개되어 Campbell (1984)에서 그 술어의 참 뜻을 확인하였다. 적절한 술어를 찾게 되어 고맙게 생각한다.

기관으로 存置되었다. 그리고 조선 전기에 사역원의 한어 교재로 <직해소학>이 <노걸대>, <박통사>와 함께 本業書의 하나로 사용되었다는 기사가 『경국대전』이나 『통문관지』 등에 보인다.

즉, 『세종실록』(권47) 세종 12년 3월 18일(戊午)의 기사에 詳定所에서 諸學 취재에 대한 啓文이 있다. 여기에서 漢訓(한학을 말하며 한어의 교육을 뜻함)과 漢吏學의 출제서로 <직해소학>의 서명이 보인다. 또 『경국대전』(권3) 「예전」 '譯科初試'의 '講書'조에 背講을 해야 하는 본업서 3책의 하나로 <노걸대>, <박통사>와 함께 <직해소학>이 있다. 따라서 이 책은 당시 譯科 한학의 기본 출제서이며 한어 교육의 기초 교재였음을 알 수 있다.

<직해소학>은 『대학』을 당시 한아언어로 풀이하여 魯齋가 『직해대학』을 편찬한 것과 같이 훈몽교재인 宋代에 편찬된 『소학』을 당시 한어로 풀이한 것으로 보인다.[14] 元代에는 이와 같이 유교 경전을 한아언어로 풀이하여 아동 교육의 교재로 사용하는 일이 많았다. 그 대표적인 것으로 『直解孝經』을 들 수 있다. 이 책은 현전하기 때문에 '直解'라는 서명의 經典 해설서가 어떤 것인지 알 수 있다. 이에 대하여는 졸고(2006)와 졸저(2014)에서 이미 상세하게 논의되었으나 여기서는 <직해소학>을 이해하기 위하여 이를 다시 한 번 재론하고자 한다.

『직해효경』은 일명 <成齋孝經>이라고도 불리는데 역시 위구르인인 北庭[15] 成齋의 小雲石 海涯(1286~1324)가 유교 경전의 하나인 『孝經』을 한아언어로 풀이한 것이다. 즉, 일본에 전해지는 『新刊全相 成齋孝經直解』에 붙은 成齋의 自敍에

[前略] 嘗觀魯齋先生取世俗之□直說大學, 至於耘夫竟子皆可以明之, 世人□之以寶, 士夫無有非之者於以見 云云. [下略] - [전략] 일찍이 노재선생이 세속적으로 쓰이는 구어로 『대학』을 직접 풀이한 것이라 이를 보면 밭가는 농부나 아이들까

---

14) 『小學』은 宋代에 아동용 교과서로 朱子의 가르침을 받아 劉子澄이 지은 것이다. 교육 받은 인간이 해야 할 일, 즉 灑掃, 應對, 進退에서의 예법과 善行과 嘉言을 고금의 여러 책에서 뽑아 편찬한 것이다.
15) 北庭은 앞에서 고찰한 新疆省에 들어간 위구르인들이 정착한 곳이다. 칭기즈 칸의 몽고 군에 정복되었다.

지도 모두 분명하게 알 수 있으니 세상 사람들이 이를 보배로 여기며 선비들도
이를 보고 틀렸다는 사람이 없었다. 운운 [하략]16)

라는 기사가 있어『직해효경』이 魯齋의『직해대학』을 본 따서 한아언어로『孝
經』을 풀이한 것임을 알 수 있다.

『직해효경』을 편찬한 小雲石 海涯는 호가 成齋이며 元에 歸依한 후에 성을
貫으로 하여 貫雲石이라 하였으니 이에 대하여『원사(元史)』(권143)에 다음과
같이 소개되었다.

　　小雲石海涯家世, 見其祖阿里海涯傳, 其父楚國忠惠公, 名貫只哥, 小雲石海涯,
遂以貫爲氏。復以酸齋自號。[中略] 初襲父官爲兩淮萬戶府達魯花赤。[中略] 泰
定元年五月八日卒, 年三十九. 贈集賢學士中奉大夫護軍, 追封京兆郡公, 諡文靖. 有
文集若干卷, 直解孝經一卷, 行于世。 - 소운석 해애의 가세(家世)는 그 조부 아리
해애의 전기를 보면 아버지가 초국(楚國)의 충혜공(忠惠公)으로 이름이 관지가
(貫只哥)였으며 그리하여 소운석 해애는 '관(貫)'으로 성을 삼았다. 또 자호(自號)
를 '산재(酸齋)'라 하였다. [중략] 처음에는 아버지의 관직을 세습하여 '양회 만호
부 다르가치(兩淮萬戶府達魯花赤)'가 되었다. [중략] 태정 원년(1324) 5월 8일에
세상을 떠났다. 나이가 39세 집현학사 중봉대부(中奉大夫) 호군(護軍)을 증직(贈
職)하였고 경조군공(京兆郡公)으로 추증되었다. 시호는 문정(文靖)이며 문집 약
간 권과『직해효경』1권이 있어 세상에 유행하였다.17)

이 기사를 보면 소운석 해애가『直解孝經』1권을 지어 세상에 유행시켰는데
그는 원래 위구르인으로 漢名을 부친의 姓을 따라 '貫'으로 하여 貫雲石이라
하였음을 알 수 있다.18) 그리고『효경』을 당시 북경어, 즉 한아언어로 알기

---

16) □ 분분은 원서가 훼손되어 해독하지 못한 부분임. 아마도 '語'자로 보인다. 이상은 졸저
　　(2014:42)의 것을 수정 보완함.
17) 졸고(2006)에서 수정하여 재인용함.
18)『직해효경』은 당시 매우 인기가 있었던 것으로 錢大昕의『補元史藝文志』(권1)와 金門詔
　　의『補三史藝文志』에 "小雲石海涯直解孝經一卷 – 소운석 해애가 지은 직해효경 1권"이
　　란 기사가 보이며 倪燦의『補遼金元藝文志』와 盧文弨의『補遼金元藝文志』에도 "小雲
　　石海涯孝經直解一卷 – 소운석 해애의 효경직해 1권"이란 기사가 보인다. 明代 焦竑의
　　『國史經籍志』(권2)에는 "成齋孝經說 一卷 – 성재의 효경 해설 1권"으로 기재되었다(長
　　澤規矩也, 1933).

쉽게 풀이한 것이 『직해효경』임을 아울러 알 수 있다. 그는 자호인 貫酸齋란 이름으로 樂府散曲의 작자로도 널리 이름을 떨쳤다.

2.5

　졸고(2006)와 졸저(2014:43~51)에서는 『효경』을 직해한 『직해효경』의 문체가 한아언어의 교재인 {원본}『노걸대』(이하 <원노>로 약칭)와 유사하여 元代에 공용어인 한아언어로 『효경』.을 풀이한 것으로 보았다.[19] 즉, 졸저(2014:43~51)에서는 『직해효경』의 다음 구절에 나오는 ①每와 ②上頭, ③呵, ④有, ⑤麼道와 같은 허사들에 대하여 고찰하였는데 그것을 여기에 옮겨 <孝經>이 『직해효경』에서 어떻게 漢語로 풀이되었는지 살펴보기로 한다.

　『新刊全相成齋孝經直解』「孝治章 第八」
　원　문: 治家者不敢失於臣妾, 而況於妻子乎? 故得人之懽心, 以事其親。
　직해문: 官人每, 各自家以下的人, 不着落後了。休道媳婦孩兒. 因這般上頭。
　　　　　得一家人懽喜, 奉侍父母呵, 不枉了有 麼道。 - 관인들은 각기 자신의 아
　　　　　랫사람을 홀대하지 않는다. 아내나 아이들에게는 말할 것도 없다. 이러한
　　　　　까닭으로 일가 사람들의 기쁨을 얻어 부모님에게 시중을 들면 굽힘이 없
　　　　　다고 말할 것이다. 밑줄은 필자

　이 예문에서 밑줄 친 ①每와 ②上頭, ③呵, ④有, ⑤麼道는 모두 몽고어의 영향으로 한문에 삽입된 것으로 한아언어의 특징이며 <원노>와 동일하다(졸저, 2014:43~44). 이 가운데 ④有, ⑤麼道의 사용례를 고찰하여 『직해효경』이 얼마나 <원노>의 한아언어를 반영하고 있는지 살펴보기로 한다.

---

19) {원본}<노걸대>는 1998년에 필자가 학계에 소개하였다. 조선 태종 때에 간행된 것으로 추정되면 원대 한어를 학습하는 교재였다(졸저, 2004, 2010). { }안의 서명은 실제로는 글로 쓰지 않은 이름이지만 이해를 돕기 위하여 붙인 것이다. 서지학에서 종종 이런 명칭을 쓴다.

④ 有

졸저(2004)에서 원본 <노걸대>의 특징으로 몽고어의 時制와 문장종결을
나타내는 'a-(to be)', 'bayi-(to be)'를 '有'로 표기하였고 이것이 원대 한아언어
의 영향임을 최세진은 『노박집람』에서도 밝힌 바 있다. 즉 『노박집람』에서 '漢
兒人有'를 설명하면서 "元時語必於言終用有字, 如語助而實非語助, 今俗不用.
－ 원대의 말에서는 반드시 말이 끝나는 곳에 '有' 자를 사용하는데 어조사(語
助辭)인 듯하나 실은 어조사가 아니다. 지금은 세간에서 사용하지 않고 있다"
(「노걸대집람」上 1앞)라고 하여 어조사처럼 사용되는 문장 종결어미의 '有'가
元代 언어에 있었으나 최세진 당시에는 더 이상 사용되지 않음을 말하고 있다.
중세몽고어의 동사 'bui(is), bolai(is), bülüge(was)'와 모든 동사의 정동사형
인 'a-(to be)', 'bayi-(to be)' 그리고 동사 'bol-(to become)'은 모두 繫辭
(copula)로 쓰였다.[20] 따라서 <원노>에 쓰인 문장종결의 '有'는 몽고어의 'bui,
bolai, bülüge, a-, bayi-, bol-'가 문장의 끝에 쓰여 문장을 종결시키는 통사적
기능을 대신하는 것으로 몽고어의 영향을 받은 원대 북경어의 특징이라고 보
았다(졸저, 2004:518~519).

『직해효경』(이하 <효해>로 약칭)의 직해문에서 '有'가 사용된 용례가 많으
며 그 가운데 몇 개를 제시하면 다음과 같다.

㉠ 원문: 夫孝德之本也, <효해>「開宗明義章 제1」
   직해문: 孝道的勾當是德行的根本有(효행이라는 것은 덕행의 근본이다)
㉡ 원문: 敬其親者 不敢慢於人, <효해>「天子章 제2」
   직해문: 存着自家敬父母的心呵 也不肯將別人來欺負有(스스로 부모를 존경하
      는 마음을 갖고 있는 사람은 다른 이를 업신여기지 않는다)
㉢ 원문: 君親臨之厚莫重焉, <효해>「聖治章 제9」
   직해문: 父母的恩便似官裏的恩一般重有(부모의 은혜는 마치 천자의 은혜만큼
      무겁다)

---

20) 이에 대해서는 Poppe(1954:157)의 "The Simple Copula' "The verbs bui "is," bolai "is,"
bülüge "was," and all finite forms of the verbs a-"to be," bayi － "to be," and bol-
"to become" usually serve as copula."라는 설명을 참조할 것.

㉣ 원문: 宗廟致敬不忘親也 修身愼行恐辱先也, <효해>「感應章 제16」
　직해문: 祭奠呵 不忘了父母有, 小心行呵 不辱末了祖上有(제를 지내는 것은 부
　　모를 잊지 않으려는 것이다. 수신하여 행동을 조심하는 것은 선조를
　　욕되게 함을 두려워하기 때문이다)

이 예문에서 직해문의 문 말에 쓰인 '有'는 志村良治(1995:384)에서 入矢義
高(1973)의 주장에 따라 元代 초기부터 사용되기 시작했으며 확정적인 의미를
나타낸다고 하였다. 한편 太田辰夫(1991:179)에서는 '有' 자의 이러한 용법은
원대에서 明初에 걸친 자료들에서 많이 찾아볼 수 있는데 실제 구어체에서
사용되었던 것이 틀림없다고 하였다. '有'는 어휘적 의미가 없는 문장 말 종결
어미였을 것으로 추정된다고 하였다.

<원노>에서는 문장 말에 '有'가 대량으로 사용되었음을 발견할 수 있다. 이
것은『노박집람』의 해설과 같이 바로 공용어인 한아언어 언어임을 보여주는
유력한 근거라 할 수 있다.21) <원노>에 나오는 예를 두 개만 들어본다.

㉤ 我也心裏那般想著有 – 나도 마음에 이렇게 여기노라　　　((<원노> 3뒤)
㉥ 您是高麗人却怎麽漢兒言語說的好有? – 너는 고려인인데 어떻게 한아언어로
　잘 말하느냐?　　　　　　　　　　　　　　　　　　　(<원노> 1앞)22)

이 예문들을 보면 '有'가 문장의 종결어미로서 과거완료 時相을 보여주는
것으로 보인다.23)

⑤ 麽道
'麽道'는 <효해>만이 아니고 元代에 사용된 皇帝의 聖旨나 그를 새긴 碑文

---

21)『元朝秘史』의 경우를 살펴보면 '有'는 '-VmV'에 대응되는데 다음과 같은 "貼額周 阿木
載着有"(『원조비사』101, 948) "迭兒別魯 梅顔動有"(『원조비사』98, 947), "莎那思塔 木
聽得有"(『원조비사』101, 948)"등의 예문에서 보여주는 바에 따르면 과거에서 현재까지
(미래까지 지속 가능한) 지속되는 시제를 나타낸다고 하였다(余志鴻, 1988).
22) {번역}<노걸대>(이하 <번노>로 약칭)에서는 "我也心裏這般想着(<번노> 上 11앞), 你
是高麗人 却怎麽漢兒言語說的好(<번노> 上 2앞)"와 같이 '有'가 없어진다.
23) 몽고어의 "ge'ek'degsed aju'ue(말하고 있다)"가 '說有, 說有來'로 표시되는 예를 들 수
있다(田中謙二, 1962).

에서도 발견된다. 이것은 중세몽고어의 "ge'e(말하다)"를 표기한 것으로 蒙漢
對譯에 사용된 한아언어 비문을 보면 몽고어의 "ge'en, ge'eju, ge'ek'degesed
aju'ue"를 대역한 것으로 "~라고 말하다, ~말씀하시다"의 의미로 사용되었
다. 즉 '麼道'는 "~라고 말씀하셨다"에 해당하는 몽고어를 대역한 것이다. 예
를 大德 5년(1301) 10월 22일의 上奏文에서 찾으면 다음과 같다.

> 大德五年十月二十二日奏過事內一件:
> 陝西省官人每, 文書裏說將來, "貴(責)赤裏愛你小名的人, 着延安府屯田有, 收拾瞘
> 身放良不蘭奚等戶者 麼道, 將的御寶聖旨來有, 敎收拾那怎生?" 麼道 '與將文書來'
> 麼道 奏呵. '怎生商量來' 麼道, — 대덕 5년 10월 22일에 상주한 안건 하나: 섬서성
> 관인들이 문서로 전해 왔는데 "貴赤(弓兵)의 愛你(아이니)라고 하는 사람이 연안
> 부(延安府)의 둔전(屯田)에 와서 '속량금으로 평민적을 회복한 보론기르(不蘭奚,
> 옛 南宋 지구에서 몽고군에 포로로 잡혀 와서 노예로 일하는 사람을 말함. '孛蘭
> 奚'로도 씀)를 돌아가라'고 <u>말씀하신</u> 어보성지(御寶聖旨)를 휴대하고 있습니다만
> 돌아가게 시키면 어떨까요?"라고 <u>하는</u> 문서를 보내왔다고 상주(上奏)하였더니
> "어떻게 상담하였는가?"라고 <u>하여.</u>   [밑줄 친 부분은 '麼道'를 번역한 곳임]

위의 예에서 밑줄 친 '麼道'는 3번 나오는데 모두가 인용문 형식을 취하고
있다. 물론 <원노>는 실용회화문으로 이러한 인용문이 있을 수 없기 때문에
'麼道'를 사용한 예는 찾을 수 없다. 필자는 <효해>의 이러한 문체가 <원노>
의 口語인 한아언어로부터 文語인 漢吏文으로 발전해가는 과정을 보여준다고
보았다. 여기서 <노걸대>의 한아언어는 구어로서 일상회화에 사용되는 언어
였고 <효해>의 직해문은 문어의 모습을 보이며 장차 吏文으로 발전한 것이다.
　이와 같이 <효해>에는 보통 한문에서 쓰지 않는 '每, 上頭, 呵, 有, 麼道'
등의 어휘가 사용되었으며 문장 구조도 古文과는 상당한 차이를 보인다. 그러
나 <효해>는 조선 전기에 시행된 漢吏科의 科試書이었기 때문에 이러한 한문,
즉 漢吏文을 실제로 학습하였고 이것으로 元에 보내는 사대문서를 작성했음을
알 수 있다(졸저, 2014:48~51).

2.6

설장수가 한아언어의 교재로 찬술한 <직해소학>도 이와 유사한 것으로 추정된다. 다만 이 책이 오늘날 전하지 않아 실제로 어떤 교재였는지 확인할 수 없으나 앞에서 언급한 許衡의 『直解大學』이나 貫雲石의 『직해효경』과 같을 것이다. 그리고 이 교재는 元代의 공용어인 한어 학습을 위한 것이었으며 明代의 南京官話로 수정되지 않을 수 없다.

이에 대하여는 이미 졸고(2006)와 졸저(2014)에서 자세히 검토되었다. 그에 의하면 성종 14년(1483)에 明의 使臣으로 온 葛貴 등에 의하여 <노걸대>와 <박통사>가 刪改될 때에 <직해소학>도 함께 수정되었다고 한다.[24]

3. 사역원의 설치와 설장수의 외국어 교육

3.0

元이 건국하여 중국의 동북지역에서 사용되는 한아언어를 공용어로 하였기 때문에 몽고의 元과 접촉할 때에 이 언어와 몽고어가 필요하게 되었다. 이에 대하여는 역시 졸저(1988, 2002)에서 상세하게 다루었으나 여기서는 설장수의 사역원 설치에 대한 부분만을 다시 살펴보기로 한다.

고려에서는 이 두 언어를 교육하기 위하여 충렬왕 2년(1276)에 通文館을 설치하고 禁內學官으로 添外의 관직에 있거나 40세 미만인자에게 漢語를 교육하였다.[25] 이때에는 몽고어도 함께 교육한 것으로 보인다. 즉, 高麗의 전신이었던 泰封의 弓裔는 史臺를 두어 諸方의 譯語를 담당하게 하였으며[26] 고려가

---

24) 『성종실록』(권158) 성종 14년 9월 20일(경술)의 기사에 "先是, 命迎接都監郞廳房貴和, 從頭目葛貴, 校正老乞大、朴通事。 至是又欲質直解小學"이는 기사가 있어 이 사실을 알 수 있다(다음 3.3 참조).

25) 『고려사』(권76) 「志」(제30) '通文館'조에 "通文館, 忠烈王二年始置之。令禁內學官等添外年未四十者習漢語。{禁內學官: 秘書、史館、翰林、寶文閣、御書、同文院。}"이란 기사 참조

26) 『三國史記』(권46) '弓裔所制官號'조에 "史台掌習諸譯語"라는 기사와 同(권50) 「列傳」'弓裔'조에 "又置史台 掌習諸譯語"라는 기사 참조.

건국한 뒤에도 譯語의 교육은 계속되었을 것이다. 고려 후기에는 通文館을 설치하여 漢語를 비롯한 외국어의 국가적인 교육이 실시되었으며 이것이 후일 司譯院으로 개명되어 譯語를 관장하였다. 즉『高麗史』(권76)「百官」「志」(1) '通文館'조에

　　通文館, 忠烈王二年始置之。令禁內學官等參外年末四十者習漢語, 時舌人多起微賤, 傳語之間多不以實, 懷奸濟私, 參文學事金坵建議置之。後置司譯院以掌譯語。

이라 하여 충렬왕 2년(1276)에 參文學事 金坵의 건의로 通文館을 처음 설치하고 禁內學官 중에서[27] 參外 벼슬에 있는 40세 미만인 자에게 漢語를 학습하게 하였음을 알 수 있다.

　　이와는 별도로 고려에서는 漢文都監을 두어 한어를 학습시켰고 恭讓王代에는 이를 漢語都監으로 개칭하였다.[28] 여기서는 漢語 교육을 전담시켰으며 通文館의 후신인 司譯院에서는 漢語보다는 吏文교육에 치중한 것으로 보인다. 즉『高麗史』(권77)「百官」(2) '諸司都監各色' '十學'조에

　　恭讓王元年置十學, 敎授官分隷。禮學于成均館, 樂學于典儀寺, 兵學于軍候所, 律學于典法司, 字學于典校寺 醫學于典醫寺, 風水陰陽等學于書雲觀, 吏學于司譯院。

이라 하여 恭讓王 元年(1389)에 禮學, 樂學, 兵學, 律學, 字學, 醫學, 風水陰陽學, 吏學의 十學을 두고[29] 敎授官을 各司에 分隷하였는데 吏學은 사역원이 담당하였음을 알 수 있다. 吏學을 吏文의 교육으로 본다면 吏文이란 중국에 보내는 사대문서에 사용된 독특한 한문체로 元代의 공문서에 널리 사용된 것이다. 즉

---

27) 禁內學官은 秘書, 史館, 翰林, 寶文閣, 御書, 同文院의 文官을 말하며 式目, 都兵馬, 迎送을 합하여 禁內九官이라 하였다.「高麗史」(권76)「志」(권제31)「百官」(2) '通文館'조 참조.

28)『高麗史』(권77)「志」(권제31)「百官」(2) '諸司都監各色'조에 "漢文都監, 恭讓王三年改漢語都監, 爲漢文置 敎授官"이란 기사 참조.

29)『高麗史』에 언급된 禮學 등의 十學은 成均館 等 八司에 나누어져 있고 風水陰陽學을 둘로 나누어도 九學에 불과하다. 이에 대해서『增補文獻備考』에서도 "臣謹按麗史十學 敎授分隷干各司, 而所臚列者, 只是八司。雖以風水陰陽分爲二學, 猶不滿十學之數, 可疑。"라 하여 같은 의문을 가졌는데 역학이 빠진 것이 아닌가 한다.

元代의 『大元通制』, 『至正條格』 등에 사용한 문장은 古文이나 白話文과도 다른 독특한 문체였으며 주로 행정문서에 사용되었기 때문에 吏文이란 이름을 붙인 것이다.

고려에서는 국초부터 文書監을 두고 사대교린의 문서를 관장하도록 하였다. 후일 이것이 文書應奉司로 개칭되어 조선 承文院의 기원이 되었으며 또 별도로 忠惠王 元年(1340)에 吏學都監을 두고 吏文을 교육하였다.[30] 사역원에서도 이문에 대한 지식이 필요할 때가 있었으므로 吏文의 교육도 실시되었다. 고려에서는 사역원이 통문관의 전통을 이어받아 단순한 譯官의 양성이 아니라 禁內學官에게 漢語를 교육하기 위하여 시작된 것이므로 漢文(古文)과 吏文(實用文) 그리고 漢語(會話-官話)까지 할 수 있는 외교관의 양성이 그 목적이었다. 반면에 단순한 통역을 담당하는 역관은 漢語都監에서 배출되었다.

3.1

이와 같은 사역원의 조직과 제도의 전통은 조선 건국 초기에 그대로 계승되었다. 조선에서는 건국초기 즉 太祖 2年(1393) 9月에 司譯院을 설치하고[31] 華言, 즉 중국어를 이습하게 하였는데 이때에도 譯語와 吏文을 동시에 교육한 것으로 보인다. 『太祖實錄』(卷6) 太祖 3年 11월 乙卯(19일)조의 기사에

司譯院提調偰長壽等上書言: 臣等竊聞, 治國以人才爲本。 而人才以敎養爲先, 故學校之設乃爲政之要也。 我國家世事中國, 言語文字不可不習。 是以肇國之初, 特設本院, 置祿官及敎官敎授生徒, 倚習中國言語音訓文字體式, 上以盡事大之誠,

---

30) 『증보문헌비고』(권221) 「職官考」 '承文院'조에 "高麗置文書監進色, 掌事大交隣文書, 有別監。 後改稱文書應奉司, 有使副使判官, 皆以他官兼。 本朝國初仍麗制, 太宗九年改置知事僉知事、 檢討官、 校理、 修撰官、 書記, 而各有權知。 十年改稱承文院, 置判事、 知事、 僉知事各一員, 校理、 副校理、 正字、 副正字 各二員。 十五年增置博士, 著作各二員。 [下略](30앞 8~35앞 10行)" 라고 한 기사로부터 承文院의 전신이 고려의 文書監進色임을 알 수 있다. 또 『高麗史』에 의하면 忠惠王 元年(1340)에 吏學都監을 두고 忠穆王 4年(1348)에 永山君 張沆, 僉議參理 金允臧 등 判事 7人과 副使 3人, 判官 3人, 錄事 4人을 두어 吏學을 진흥시켰음을 알 수 있다(『高麗史』 권37 「世家」 권제37 '忠穆王 4年'조와 『고려사』 권77 「志」 제31 「百官」 2 '諸司都監各色'조)..

31) 『태조실록』(권4) 太祖 2年 9月 辛酉 조에 "置司譯院, 俾習華言"이란 기사 참조.

下以期易俗之效. [下略] -사역원 제조 설장수 등이 상서하여 말하기를 "신들이 듣기로는 나라를 다스리는데 인재를 근본으로 삼아야 한다고 합니다. 그러므로 학교를 설치하는 것은 정치의 요체라고 할 수 있습니다. 우리나라는 대대로 중국을 섬기기 때문에 그 언어와 문자를 배우지 않을 수 없습니다. 나라를 세우던 초기에 특별히 [사역]원을 설치하고 녹관과 교관, 교수, 생도를 두어 중국의 언어와 발음, 뜻, 그리고 체식을 배우게 하였으니 위로는 사대의 정성을 다 한 것이요 아래로는 그 효과가 쉽게 하기를 기대한 것입니다"라고 하다.[32]

라 하여 설장수가 사역원의 提調로 있으면서 조선을 건국한 태조에게 司譯院에서 중국의 言語, 音訓, 文字, 體式을 俾習시키도록 상서하였음을 알 수 있다.[33]

司譯院이 설치된 太祖 2年 10月에 兵學, 律學, 字學, 譯學, 醫學, 算學의 六學을 두어[34] 良家子弟로 하여금 이들을 肄習하게 하였으며 이중 譯學의 교육은 이보다 1개월 전에 설치된 司譯院에서 담당하였을 것으로 보인다. 여기서 역학은 말할 것도 없이 중국어와 몽고어를 학습하여 통역의 일을 맡는 역관의 양성을 말하는 것이다.

太宗 6年(1406)에는 상술한 六學 이외에 河倫의 啓에 의하여 儒學, 吏學, 陰陽風水, 樂學의 4학을 추가하여 十學을 설치하였는데 이것은 고려 恭讓王代의 十學(실은 八學)에 譯學과 算學이 추가된 것이며 太祖代의 六學에서 兵學이 武學으로 바뀌었다.[35] 太宗代의 十學에 추가된 吏學도 초기에는 司譯院에서 교육되었을 것이나 太宗 10년(1410)에 承文院이 설치되자 吏學은 承文院에서 교육되었다. 즉 『磻溪隨錄』(권15) 「職官之制」(上) '承文院'조에

---

32) 여기서 '體式'이란 漢吏文을 말한다고 보았다(졸고, 2006:32~33).

33) 사역원의 제조인 설장수가 다른 잡학의 겸직인 제조들처럼 사역원의 정책과 인사문제에 대하여 최종적인 권한 행사를 할 수 있었다고 볼 수 있다(정다함, 2008:131). 더욱이 초창기의 사역원은 거의 그에 의하여 설계되고 운영되었다.

34) 『太祖實錄』(권2) 太祖 2年 10月 조에 "設六學, 令良家子弟俾習, 一兵學, 二律學, 三字學, 四譯學, 五醫學, 六算學"이란 기사 참조.

35) 『太宗實錄』(권12) 太宗 6年 11月 辛未 조에 "置十學, 從左政承河崙之啓也。一曰儒、二曰武、三曰吏、四曰譯、五曰陰陽風水、六曰醫、七曰字、八曰律、九曰算、十曰樂, 各置提調官。其儒學只試具任三館七品以下, 餘九學勿論時散自四品以下, 四仲月考試第其考下以憑黜陟。"라는 기사가 있어 太宗代의 十學이 儒, 武, 吏, 驛, 陰陽風水, 醫, 字, 律, 算, 樂을 말하며 儒學은 三館의 七品 이하에게, 그리고 나머지 九學은 四品 이하에게 고시하여 黜陟의 근거로 삼았음을 알 수 있다.

掌事大交隣文書及通習漢語吏文。[中略] 文官五品以下, 每冬會本院講漢語{二書}, 或吏文皆定所業, 吏文則無過二十人, 漢語勿限數。 五分以上賞加一階, 不通者降一階, 其無故不參者罷職。[下略] - [승문원은] 사대교린의 문서와 한어 및 이문의 교육을 관장한다. [중략] 문관 가운데 5품 이하의 관리는 겨울마다 승문원에 모여 한어를 {2책, <노걸대>와 <박통사>를 말함-역자 주} 강독하고 이문은 그 배우는 것이 정해져서 20인을 넘지 않으나 한어는 제한된 수효가 없다. 5분 이상의 점수를 얻으면 상으로 한 등급 올리고 이유 없이 불참하는 자는 파직한다. [하략]

라는 기사가 있어 承文院에서 매년 겨울에 漢語와 吏文을 五品 이하의 文官에게 교육하였음을 알 수 있다.36)

世宗 때에는 儒學, 武學, 漢吏學, 字學, 譯學, 陰陽學, 醫學, 樂學, 算學, 律學의 十學이 있었다. 이때에도 譯學은 司譯院에서, 漢吏學은 承文院이 중심이 되어 교육을 하였으나 司譯院에서도 吏文을, 承文院에서도 漢語를 교육하였다는 기록이 보인다.37) 또 吏學을 시험한 漢吏科와 漢語를 시험한 通事科에서도 口語인 漢語와 文語인 吏文이 서로 교체되어 출제된다는 기록이 실록에 전해지므로 司譯院에서도 吏文의 교육이 있었고 承文院에서도 <老乞大>, <朴通事>를 통한 漢語의 교육이 있었음을 알 수 있다.

그러나 『경국대전』에서는 漢吏科가 없어지고 譯科漢學만이 남게 되어 역관 양성을 위한 漢語教育이 司譯院의 임무가 되었고 吏學은 점차 文臣의 여기로서 承文院에서 이를 교육하게 된 것이다.38) 漢吏科가 일시 설치되었으나 朝鮮

---

36) 『經國大典』(권1) 「吏典」「正三品衙門」 '承文院'조에 "承文院掌事大交隣文書, 並用文官, [中略] 吏文習讀官 二十員, [下略]'이라는 기사와 同(권3) 「禮典」'獎勸'조에 "承文院官員, 每旬提調講所讀書"라 하여 經史類와 譯語類 이외에 吏學指南, 忠義直言, 童子習, 大元通制, 至正條格, 御制大誥, 吏文謄錄 등의 吏學書가 나열되었다. 또 같은 조의 '寫字'에 "漢語吏文寫字特異者雖犯罪作散, 除重犯私罪外仍仕。"라는 기사가 있어 承文院에서 吏文의 교육을 얼마나 중요하게 여겼는지 알 수 있다.

37) 『世宗實錄』(권47) 世宗 12年 庚戌 3月 '諸學取才'조에 吏學과 譯學 漢訓의 經書 및 諸藝 數目이 등재되었는데 吏學은 經史類 이외에 <朴通事>, <老乞大>의 漢語 교재가 포함되었다. 또 具允明의 『典律通補』(1786) 「禮典」'漢語吏文'조에 "漢語吏文: 臣令槐院抄二十九歲以下人習漢語, 三十九歲以下人習吏文並, 四十九許項本院褒貶。坐起三處, 考講三處。[下略]"라 하여 承文院의 문신들에게 吏文을 학습시켰음을 알 수 있다.

38) 『磻溪隨錄』(권25) 「續編」'言語'조에 "四學及各州縣鄕學, 每三朔一講漢語, [中略] 若我莊憲大王一新百度有意, 於是就設承文院。令文官始出身者必讀漢語吏文。又撰四聲通攷以

에서는『경국대전』의 보수성은 매우 강해서 大典에 등재되지 못한 제도는 연속되기 어려운 탓인지 朝鮮 후기에는 譯科漢學만이 존속되었다.

3.2

司譯院은 漢語 교육이 중심을 이루었으며 太祖 2년(1393) 9월에 사역원이 설치되면서 漢學과 蒙學을 두었고 太宗 15년에 倭學이 병치되었는데[39]『경국대전』에서는 女眞學이 첨가되어 사역원 四學이 완비된다. 사역원의 사학에서 漢語, 蒙古語, 日本語, 女眞語가 교육되었으며 女眞學은 顯宗 8년(康熙丁未, 1667)에 滿洲語를 교육하는 淸學으로 바뀌었다. 사역원은 朝鮮 왕조를 통하여 상술한 외국어를 교육하고 譯官을 관리하여 외교관계의 실무를 맡아왔으며 이러한 제도는 甲午更張(1894)까지 계속된다.

설장수가 조선 건국 초에 사역원의 복치를 위하여 진력하고 그 제도와 수업 방식을 정하였을 것임은 두 말할 나위가 없다. 그는 앞서 인용한 『태조실록』(권6) 太祖 3年 11월 乙卯조의 기사에서 사역원의 提調임을 알 수 있다. 사역원은 正, 副正, 등의 祿職이 있지만 그들은 都提調 1인과 提調 2인의 문신들에 의하여 감독되었다. 실제로 사역원을 관리하고 감독하는 것은 이 3인의 고위 문신들이었다. 그들은 다른 고위직을 겸직하면서 사역원의 도제조나 제조는 겸임하는 직책이었다. 반면에 역관들이 돌아가면서 맡는 祿職은 전임의 직이지만 오로지 역관의 업무를 수행하였으므로 항상 제조나 도제조의 裁可를 받아 업무를 수행할 수 있었다(졸저, 2014).

따라서 설장수는 사역원의 제조로서 중국의 漢語를 교육했을 것이고 또 元은 비록 망하였으나 아직 도처에 남아있는 몽고인들과의 교섭에서 필요한 몽고어를 교육하는 일에 직접 관여하였을 가능성이 있다. 특히 설장수는 고려 때부터 여러 차례 使臣으로 明에 들어간 일이 있으므로 한어는 물론 명의 공용어인 남경관화도 능통하였을 것으로 보인다. 恭愍王 때에 아비를 따라 고려에

卞其音, 又今凡百名物皆稱以漢語, 至今尙有傳習者。" 라는 기사가 있어 世宗 대에 文官에서 이제 벼슬길에 나아간 사람들에게 반드시 漢語와 吏文을 읽게 하였음을 알 수 있다. 漢文에 익숙한 文臣들은 吏文을 쉽게 이해할 수 있었을 것이다.

39) 조선 太祖 2년에 설치된 司譯院에서는 한어와 몽고어가 교육되었다. 졸고(1987) 참조.

귀화한 설장수는 공민왕 23년(1373)에 명나라로 보낸 聖節使를 수행하여 錦陵 지금의 南京에 간일이 있고 洪武 7년(1376) 정월에 賀正使로 역시 명나라에 간다. 이후 수차례 명에 다녀왔으며 조선이 건국한 다음에도 定宗이 즉위하자 戊寅년(1398)에 이를 明에 알리려가다가 마침 명 태조가 崩御하여 역할을 進香使로 바꾸어 明에 입국한다(『정종실록』 권2 정종 1년 10월 19일(을묘) 3번째 기사).

이러한 그의 활동으로 보아 元代의 북경에서 통용되던 漢語와 明代의 공용어인 南京官話를 숙지하고 있었음을 알 수 있다. 또 元 帝國의 벼슬아치였던 그의 아비로부터 몽고어와 한아언어를 어려서부터 학습하였을 것이다. 더욱이 위구르인으로 그 가정에서 성장하였으므로 세습언어인 위구르어 및 위구르문자에도 정통하였을 것임은 자명한 사실이다. 따라서 그는 몽고-위구르 문자로 쓰인 몽고어의 교육이나 元代 한어 학습 교재였던 <노걸대>, <박통사>의 중국어에 대하여도 잘 알고 있었던 것으로 추정된다.

3.3

이미 여러 차례 논저로 발표한 바 있지만 사역원의 전신인 고려의 通文館은 元代에 새로 생긴 漢兒言語와 몽고어를 교육하기 위하여 설치된 것이다. 元과의 소통에서 이 두 언어는 필수적이었기 때문이다. 특히 元 帝國의 공용어였던 漢兒言語, 줄여서 漢語는 <노걸대>와 <박통사>라는 교재를 사역원에서 자체적으로 개발하여 교육하였다. 그러나 明의 건국으로 錦陵, 즉 지금의 南京이 수도가 되었고 언어도 이 지역의 남경어가 明의 공용어가 되면서 <노걸대>와 <박통사>도 이 언어로 수정되지 않을 수 없었다.

즉, 『성종실록』 성종 11년(1480) 10월 乙丑(19일)조의 기사에 "此乃元朝時語也, 與今華語純異, 或有未解處。卽以時語改數節, 皆可解讀 請令能漢者冊改之[中略] 選其能漢語者冊改老乞大、朴通事 -[명나라 사신을 따라온 대경이 <노걸대>와 <박통사>를 보고 말하기를], '이것은 바로 원(元)나라 때의 말이므로, 지금의 중국말[華語]과는 매우 달라서, 이해하지 못할 데가 많이 있다'고 하고, 즉시 지금의 말로 두어 구절을 고치니, 모두 해독할 수 있었습니다. 청컨대 한어에 능한 자로 하여금 모두 고치게 하소서. [중략] 한어에 능통한 자를

선발하여 <노걸대>와 <박통사>를 산개하다"라는 기사가 있어 이 시기에
<노걸대>와 <박통사>의 한어를 남경 관화로 고친 것을 알 수 있다.

그러나 졸저(2002, 2010)에서 살펴본 바와 같이 조선 초기에 중국어 교재로
사용된 {원본}<노걸대>는 元代 북경의 한아언어를 학습하는 교재였다. 즉 정
광·남권희·양오진(1999)에서 검토한 이 판본은 조선 태종 때에 간행된 것으
로 추정되지만 학습 언어는 南京官話가 아니라 北京의 漢語였다. 이 책이 남경
관화로 刪改된 것은 상술한 바와 같이 성종 11년(1480)의 일이다(졸저, 2002).
明이 건국하여 이미 남경관화가 중원의 공용어로 사용되고 있음에도 불구하고
고려로부터 계속해서 조선에서도 한아언어를 교육하였는가 하는 문제의 정답
은 偰長壽에게 있다.

설장수는 元의 大都, 즉 지금의 북경에서 태어나서 자랐으므로 漢語를 구사
하였다. 그가 <직해소학>을 저술한 것도 宋代에 편찬된 『소학』을 元代의 한어
로 풀이한 것이다. 따라서 <직해소학>도 <노걸대>의 원본과 같이 한아언어
를 학습하는 교재로 보아야 한다. 사역원을 창설하는 주역이었으며 그가 실제
로 교육을 담당하였을지도 모르는 설장수의 한어 교육은 당연히 북경의 한아
언어일 수밖에 없다. 그리고 이 말이 明初에도 중국의 상당한 지역에서 통용되
고 있음을 말하는 것이다.

예를 들면 『성종실록』(권158) 성종 14년(1483) 9월 癸未(29일)조의 기사에
明의 使節로 따라 왔던 頭目 葛貴가 <직해소학>을 보고 말하기를 번역은 매
우 좋으나 간혹 옛 말이 있어 시용에 맞지 않고 또 관화가 아니므로 알아듣는
사람이 없을 것이라는 기사가 있다.40) 이를 통하여 설장수가 한아언어를 매우
잘 구사하였으며 <직해소학>을 풀이한 설장수의 漢語가 이미 明代에는 옛말
이 되어 당시 공용어인 南京 관화가 아님을 증언한다.

---

40) 실록의 원문은 "頭目葛貴見直解小學曰: 反譯甚好, 而間有古語, 不合時用, 且不是官話,
無人認聽。"과 같다.

4. 女眞學書와 위구르 문자

4.0

위구르인으로서 고려에 귀화한 설장수가 조선의 건국과 더불어 사역원을 복치하고 당시 조선과의 通交에서 필요한 외국어를 교육할 때에 당연히 그의 영향을 받게 될 것이다. 그렇다면 그로 인하여 사역원의 여러 교재에서 위구르 문자가 애용된 것은 아닌가? 이 節에서는 이에 대하여 살펴보기로 한다.

당시 漢語의 표기에 사용된 漢字는 동아시아의 가장 강력한 문자이며 이미 이 땅에서도 상용되는 문자이므로 이를 교육하는 것은 문제가 없었다. 그러나 몽고어와 일본어, 그리고 여진어의 교육에서 어떤 문자가 교육되었을까? 몽고어는 위구르 문자로 몽고어 교재가 편찬된 것으로 보아도 아무런 무리가 없다. 오늘날 남아 있는 몽고어 교재들은 비록 그것이 임진왜란과 병자호란 이후에 다시 편찬된 것이라 하여도 모두 위구르문자로 표기되었기 때문이다. 일본어 교육에서도 한자를 변형시킨 가나문자로 쓰인 교재를 사용하였을 것임은 자명한 사실이다. 왜냐하면 현전하는 왜학서들이 모두 가나문자로 작성된 것이며 졸저(1988)에서 밝힌 바와 같이 당시 사역원의 왜학 교재는 일본 무로마찌(室町)시대에 테라꼬야(寺子屋) 등의 사립학교에서 사용하던 아동용 교과서를 수입한 것이기 때문이다.

그러나 조선전기에 사역원 四學의 하나였던 여진학의 교재들은 어떤 문자로 작성되었을까? 이 문제에 대하여 논의한 경우가 아직 없었기 때문에 아무도 이에 대하여 정답을 줄 수가 없다. 주지하는 바와 같이 사역원의 여진학은 함경도 이북의 야인들, 즉 여진족의 언어를 교육하였다. 그러나 이 여진학은 丙子胡亂 이후에 만주어의 淸學으로 교체되어 오늘날 전해지는 女眞學書, 즉 여진어 학습서는 하나도 없다. 다만 여진학서였던 <팔세아>와 <소아론>이 후일 만주어 학습의 청학서로 재편되어 현전하기 때문에 이를 통하여 여진학서, 즉 여진어 교육의 교재에 대하여 어렴풋이 유추할 수 있다.

4.1

女眞族은 고유한 문자를 갖지 않았다가 阿骨打가 여진족의 세력을 모아 金國을 건국하고 金의 太祖가 된 다음에 거란문자에 의지하여 한자와 유사한 표의문자를 만들었으며 후일 이를 보완하는 문자를 만들었다. 즉, 이 女眞文字는 金 太祖 天輔 3년(1119)에 王의 명으로 完顔希伊(谷紳)으로 하여금 漢字와 契丹文字를 절충하여 만든 문자가 있고 金 熙宗이 天眷 元年(1138)에 다시 女眞字를 만들어 希伊의 것과 병행토록 하였는데 후자를 女眞小字라고 하고 전자를 女眞大字라고 불렀다.

이 여진자의 해독은 아직 이루어지지 않았다. 오히려 그동안 여진자로 알려진 것도 실제는 契丹문자임이 밝혀지기도 하였다(金啓綜, 1979). 여진자의 자료로 확인된 것으로는 현재 吉林省 扶餘縣 徐家店鄕의 石碑崴子村에 있는 「大金得勝陀頌碑」가 유명하다. 이 비문은 이곳에서 金의 太祖 阿骨打가 契丹의 遼에 대항하여 거병할 것을 宣誓한 것이다. 金의 5대 황제인 世宗이 大定 25년(1185)에 祖宗의 전승을 기념하여 이와 같은 비를 세운 것인데 陽刻한 것은 한문이고 이에 대한 여진어를 여진문자로 써서 陰刻하였다. 「타송비」의 한 예를 劉鳳翥・于寶林(1981)에서 옮겨보면 다음과 같다.

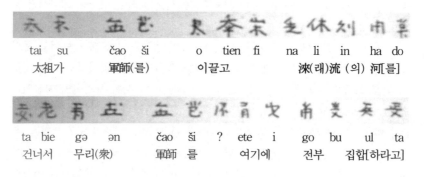

tai su	čao ši	o tien fi na li in ha do
太祖가	軍師(를)	이끌고 㴪(래)流 (의) 河[를]

ta bie gə ən	čao ši	? ete i go bu ul ta
건너서 무리(衆)	軍師를	여기에 전부 집합[하라고]

tao un fa
명하다

- 태조가 군사를 이끌고 *洙流 河*를 건너 *衆軍(諸路軍)*을 여기로 모두 집합하라고 명했다.41)

특히 여진문자에서 우리의 구결약자와 같은 *字片*을 사용한 점이 주목을 끈다. 중국 *西安*의 *碑林*에 있는 *石台孝敬碑*의 안에서 *字書*의 *殘片*으로 생각되는 11매의 손으로 쓴 자료가 나왔다. 모두 237행에 2300여자인데 *字形*이 확실하게 읽을 수 있는 것은 1700자 정도라고 한다. 여기에 쓰인 글자의 자편은 글자 모양으로 보아 『*女眞館譯語*』 등에서 볼 수 있는 것이지만 글자가 축소되어 있어 『*女眞館譯語*』에서 두 자로 된 말이 이 자서잔편에서 한 자로 쓰인 경우가 있다. 예를 들면 다음과 같다.

	字書残片	女眞館訳語	女眞語
男	兄	兄兑	xaxa·ai
女	仓	仓羊	xəxə·ə
夫	汖	汖戽	eigə
妻	旡	旡疟	sarigan
風	乩	乩上	ədu·un
牛	忠	忠刔	wixan
馬	伃	伃屁	morin
駱駝	午	午朿	təmgə
獅子	朿	朿朿	afa

[사진 1] 여진문자의 자서잔편42)

---

41) *金啓綜, 金光平*(1980)에는 좀 더 많은 <*大金得勝陀頌碑*>의 구절이 번역되어 소개되었다. 다만 간혹 부정확한 것이 있다.
42) *河野六郎, 千野榮一, 西田龍雄*(2001:505)에서 인용함.

[사진 1]의 왼쪽에 보이는 자서잔편의 글자들은『女眞館譯語』의 해당 어휘에서 보이는 바와 같이 뒤에 또 다른 여진자가 첨부되었다. 예를 들면 [사진 1]의 밑에서 3번째의 예에서 말(馬)을 표기한『여진관역어』의 두 번째 글자 /列/은43) 여진어 어휘 /morin/의 末音인 [in]을 표기한 음독자다. ‘morin’은 퉁구스제어에서 보이는 단어로 Shirokogoroff(1944:171)에 의하면 Mankova-Ewenki어, Birare어 등에서 이 어휘가 사용되고 기타의 Nerčinsk-Ewenki어, Baruguzin-Ewenki어, Kumare어, Xingan-Tungus어 등에서는 /murin/으로 나타난다고 하였다. 모두 말(馬)을 표시하는 어휘다. 향찰이나 이두에서 訓主音從이나 義字末音添記法의 방법과 같이 訓主, 또는 義字에 해당하는 자서잔편에다가 음독자로 된 여진자를 末音添記한 것이다.

4.2

이와 같은 여진문자는 咸鏡北道 慶源에 女眞字로 된 碑가 있어 이 글자가 실제로 이 지역에 거주한 여진족들이 사용하였음을 보여준다.44) 이 女眞字를 고려에서 학습하였음은『高麗史』(권22) 高宗 12年 乙酉조에 “六月辛卯, 王如奉恩寺, 東眞人周漢投瑞昌鎭, 漢解小字文書, 召致于京使人傳習, 小字之學始此 - [고종 12년(1225)] 6월 신묘에 왕이 봉은사에 갔다. 동진(東眞)45) 사람 주한(周漢)이 서창진에 투항하였다. 주한이 [여진]소자의 문서를 알아 서울로 초청하여 사람들로 하여금 배우게 하였는데 소자의 학습은 이로부터 시작되었다.” 라는 기사가 있다.

이것은 瑞昌鎭에 투강한 東眞사람 周漢이 여진 小字의 文書를 해독하므로 서울로 召致하여 사람들에게 女眞文字를 가르치도록 하였고 이로부터 小字를 배우게 되었다는 내용이다. 여기서 小字가 앞에서 말한 女眞小字를 지칭한다면 고려 高宗 12년(1225)부터 女眞文字가 이 땅에서 학습되었음을 알 수

---

43) ‘列’은 필자의 컴퓨터에 여진자가 지원이 안 돼서 자형이 유사한 한자를 고른 것이다. [사진 1]을 참고하여 오해 없기를 바란다.

44) 이 여진자의비문은 국립중앙박물관에 소장되었다. 이 사실과 당시 함북 경원지역은 고려의 영토 안에 있지 않았음을 알려준 김동소 교수에게 감사를 드린다.

45) 東眞은 고종 2년((1215)에 여진족의 浦鮮 萬奴가 만주의 遼陽에 세운 나라. 고종 21년 (1234)에 몽고에 멸망함.

있다.46)

朝鮮에서는 女眞學이 다른 漢, 蒙, 倭學의 三學에 비하여 늦게 司譯院에 설치되었다. 즉, 조선에서 司譯院은 太祖 2년(1393)에 설치되었고 이때부터 몽고어 교육, 즉 蒙學도 설치었으며 太宗 13年(1413)에는 일본어의 倭學이 설치되었으나 女眞學은 『經國大典』(1469)이 간행되었을 때 비로소 그 이름이 司譯院에 보인다. 따라서 적어도 世宗 12년(1430)까지는 女眞學이 司譯院에 설치되지 않은 것이다. 즉,『세종실록』(권47) 세종 12년 3월 18일의 기사에 보이는 詳定所의 제학 취재에서 譯學으로는 漢學, 蒙學, 倭學만이 보이고 女眞學은 없다. 따라서 이때까지는 여진어 교육이 이루어지지 않은 것으로 보아야 한다(졸저, 2014).

다만 『경국대전』이전에도 司譯院에서 女眞語를 교육한 것으로 보이는 기사가 실록에 전한다. 즉, 『世宗實錄』(권64) 세종 16年 甲寅 6月 庚午(25일) 조에

○ 庚午/禮曹啓: "解女眞文字者, 不過一二人, 將爲廢絶。 侍朝人及咸吉道女眞子弟中解女眞文字者, 選揀四五人, 屬於司譯院, 定爲訓導, 兼差通事之任。" 從之。 - 경오일에 예조에서 아뢰기를, "여진 문자를 이해하는 자가 불과 1, 2인이어서 장차 폐절(廢絶)하게 되겠사오니, 시조인(侍朝人-관리를 말함) 및 함길도의 여진인 자제 중에서 여진 문자를 이해하는 자 4, 5인을 추려 뽑아서 사역원에 소속시켜 훈도(訓導)로 삼으시고, 겸하여 통사(通事)로 임명하도록 하옵소서" 하니, 그대로 따랐다.

라는 기사로 보아 朝官으로 있는 우리나라 사람이나 함길도에 사는 여진족의 자제 중에서 여진문자를 해독하는 사람을 뽑아서 사역원의 訓導나 通事의 임무를 겸하게 한다는 내용이다. 이를 보면 이때에 사역원에서 女眞語 및 女眞文字의 교육이 있었음을 알 수 있게 한다.

---

46) 金 太祖의 女眞大字와 熙宗의 女眞小字는 金代에 女眞語 표기에 널리 사용되었으며 金 世宗(1161~1187)에는 이 文字로 中國의 經史類의 서적을 번역하고 女眞大學을 세워 학문적 발전을 도모하였다. 高麗에서는 元代이전에 이들과의 접촉이 빈번하였음을 여러 史籍의 기록을 통하여 알 수 있다.

『경국대전』(권3)「예전」'사역원'조에 漢學, 蒙學, 倭學과 더불어 女眞學이 있어 사역원의 四學이 완비되었는데 여진어를 배우는 교재로는 대전의 같은 곳 '譯科 寫字'조에 "千字, 天兵書, 小兒論, 三歲兒, 自侍衛, 八歲兒, 去化, 七歲兒, 仇難, 十二諸國, 貴愁, 吳子, 孫子, 太公, 尙書" 등 15종의 여진어 학습서를 들었다. 그러나 이 여진학서는 오늘날 전하는 것이 없어 어떤 문자로 여진어를 기록하였는지 알 수가 없다. 다만 이 가운데 <소아론>과 <팔세아>가 만주어 학습의 청학서가 되어 그 내용을 알 수 있고 조선 사역원에서 사용하던 만주문자의 <千字>가 프랑스 파리국립도서관에 전해진다.

4.3

여진어 학습의 女眞學이 만주어의 淸學으로 바뀐 것은 康熙 丁未(1667)의 일이다. 『통문관지』(권1)「연혁」'官制'에 "康熙丁未女眞學改稱淸學 – 강희 정미에 여진학을 청학으로 개칭한다"라는 기사가 있다. 그러나 실제는로 淸學, 즉 만주어의 교육이 이보다 훨씬 전부터 이루어졌다고 보아야 한다. 『譯官上言謄錄』의 崇禎 10년 丁丑 12月 初5日의 기사를 보면 義州府尹 林慶業이 淸學 譯官과 吏文學官의 필요성을 啓奏한 상소문이 실렸다.

그에 의하면 淸學 譯官으로 서울에 있는 자는 단지 약간 명뿐이어서 나누어 보내 주기는 어렵지만 사역원 女眞學官 중에서 '稍解淸語者 – 청나라 말을 조금 아는 자'를 선택하여 보내주기를 바란다는 상소가 있어 本院(사역원)에서 어떻게 하였으면 좋겠는가를 물었으며 그대로 시행하라는 내용이어서 이미 崇禎 丁丑(1637)에 女眞學에서 淸學, 즉 만주어를 교육하고 있었음을 알 수 있다.[47]

따라서 淸 太祖 누르하치(弩爾哈赤)가 만주족을 규합하여 後金을 세우고 (1616) 중원을 정복한 다음에 淸 太宗이 後金을 淸이라 고친(1636) 이후 明나라를 완전히 멸망시키는(1662) 사이에 두 차례(1627, 1636)에 걸친 침략을 받

---

47) 前略] 況臣不解文字, 多事之地不可無吏文學官, 亦令該曹從速下送事. 據曹粘目內 淸譯在京者 只若干人 似難分送. 司譯院女眞學中, 稍解淸語者, 擇送爲白乎旀, 吏文學官定送事段, 前例有無, 自本曹詳知不得, 令本院處置何如? 啓依允. (『譯官上言謄錄』崇禎 10年 丁丑(1637) 12月 初5日條).

은 조선에서는 만주어에 대한 필요가 급격하게 증대되었다. 비록 사역원에서는 明이 완전히 망한 후인 康熙 丁未(1667)에 비로소 女眞學을 淸學으로 개칭하였으나 그 이전부터 여진어를 대신하여 만주어의 교육이 이루어지고 있었음을 알 수 있다.

사역원 女眞學에서 만주어를 교육하는 방법은 이미『경국대전』(권3)「예전」'譯科'조 올라있는 여진어 교재를 만주문자로 바꾸어 만주어 학습서로 하였을 것임은 추측하기 어렵지 않다.[48] 그렇다면『경국대전』에 등재된 <千字>를 비롯한 15종의 여진학서는 어떤 문자로 기록된 것일까? 오늘날 이들 여진학서가 하나도 전해지지 않아서 분명히 알 수 없지만 세 가지 가능성이 있다.

첫째는 女眞文字(小字 또는 大字)로 기록된 것, 둘째는 漢文으로만 기록된 것, 셋째는 다른 表音文字로 女眞語를 기록한 것이다. 첫째와 둘째의 가능성은 이들의 書名으로 미루어볼 때 대부분 중국의 經史類 내지는 兵書라는 점에서 가능할 수 있으나 司譯院 역학서의 성격을 살펴보면 대부분이 실용회화를 위한 발음중심의 학습이라는 점에서 첫째, 둘째보다 셋째의 가능성이 큼을 알 수 있다.

4.4

주지하는 바, 이 시대의 표음문자로는 중국, 몽고, 만주 및 한반도에서 널리 알려진 것으로 위구르문자와 元代에 제정된 파스파 문자를 들 수 있다. 파스파字는 몽고어 이외의 언어를 표기하는데 사용된 예를 찾기 어렵지만 위구르문자는 다른 여러 언어의 표음적 표기에 사용되었으며 후일의 만주문자도 이 위구르문자를 약간 변형시킨 것이다. 여기에서 女眞學書에 사용된 표음문자가 혹시 몽고어의 표기에 사용됐던 蒙古畏兀字, 즉 몽고-위구르자가 아닐까 하는 의구심을 갖게 된다.

프랑스 巴里國立圖書舘에 소장된 <千字>는 원래『경국대전』의 여진학서에 있던 여진어 교재의 서명이나 후대에 사역원에서 만주어 학습에 실제로

---

48)『經國大典』(권3)「예전」'女眞學'조에는 女眞語를 배우는 譯學書로 "千字、天兵書、小兒論、三歲兒、自侍衛、八歲兒、去化、七歲兒、仇難、十二諸國、貴愁、吳子、孫子、太公、尙書 등 15種을 들고 있다.

사용된 책으로 보인다. 이 책은 한자의 <천자문>을 上下 二段으로 나누어 上段에는 만주문자로 千字의 중국어 발음을 쓰고 下段에는 漢字로 千字를 썼으며 上·下 곳곳에 붉은 글씨의 한글로 발음을 적어 놓았다.[49]

만주문자는 淸 太祖 누르하치(弩爾哈赤)가 에르데니(額爾德尼) 등을 시켜 蒙古畏兀字를 차용하여 만주어를 기록한 것으로 萬曆 27년(1599)에 제정하여 공표한 문자다. 후에 淸 太宗이 崇禎 5년(1632)에 몇 개의 문자를 더 첨가하고 圈點을 붙여 수정하였으며(Ligeti, 1952) 達海 박사 등에 명하여 많은 중국의 서적을 만주어로 번역하여 이 문자로 기록하게 하였다.

이 문자는 蒙古畏兀字와는 서로 다르지만 만주문자 이전의 여진학서가 몽고-위구르문자로 기록되지 않았는가 하는 가정을 하게 되는 것은 한자를 변개시켜 만든 女眞字(大字, 小字)가 때로는 몽고문자와 함께 쓰인다는 기사가 있기 때문이다. 즉 『成宗實錄』(권241) 성종 21년 6월 戊子(7일)조의 5번째 기사에

○ 兵曹奉旨, 下書于建州右衛酋長羅下。王若曰, 爾管內童約沙, 今年春來寓我滿浦江外之地, 邊將雖反覆開諭以不可留之意, 而頑不聽命, 結廬耕田, 遷延不去。是不有我國也, 以我國之勢, 逐偸生假息之虜, 有何難焉? 第以約沙窮困來歸, 不卽迫逐, 今姑隱忍以聽其自去耳。 皇朝天覆海涵, 罔間內外, 皆爲臣妾, 爾亦受天子之命, 爲本衛長, 所管部落, 皆天子之編氓, 不能存撫, 使之流移, 事若上聞, 豈無咎乎? 且我國事朝廷, 益虔不懈, 今使爾衛之人, 停留境上, 迫近我邊, 氷合無礙, 則往來不難, 跡以交通, 上國必加譴責, 其在彼此, 豈可爲安? 爾兵曹體此意, 明曉彼人, 期於勒還。 今將事理, 備錄以示, 爾豈不知是非利害之機? 其亟還約沙, 無貽後悔。用女眞字、蒙古字, 翻譯書之。 - 병조에서 교지를 받들어 건주 우위추장(建州右衛酋長) 나하(羅下)에게 하서(下書)하니 "왕은 말하노라. 너희 관내의 동약사(童約沙)가 금년 봄에 우리의 만포강(滿浦江) 바깥 땅에 와서 사는데, 변장(邊將)이 비록 반복해서 머물 수 없다는 뜻으로 개유(開諭)하였으나, 완악(頑惡)해서 명을 듣지 아니한 채 집을 짓고 밭을 갈면서 지체하고 떠나가지 않는구나. 이것이 우리 나라의 소유가 아니라 하나, 우리 나라의 위세로 투생(偸生)하여 임시로 사는 오랑캐를 쫓는 데 무슨 어려움이 있겠는가? 단지 동약사가 곤궁하여 돌아온 것을 즉시 핍박하여 쫓지 아니한 것은 우선 꾹 참고 스스로 떠났다는 것을 들으려는 것일 뿐이다. 황조(皇朝)는 하늘을 덮고 바다를 담을

---

49) 이 資料는 國會圖書館에 그 Microfilm이 소장되어 있다.

만큼 내외에 막힘이 없어서 모두 신하가 되었고, 너 또한 천자의 명을 받아 본위(本衛)의 추장(酋長)이 되었으므로, 관할하는 부락이 모두 천자의 편맹(編氓 – 백성을 말함-필자 주))인데, 능히 어루만지지 못하고 흘러다니게 하였으니, 일이 위에 들리게 된다면 어찌 나무람이 없겠는가? 또 우리 나라는 중국 조정을 섬겨 더욱 삼가서 게을리하지 않는데, 지금 너희 위(衛)의 사람이 경계상에 머물러 우리의 변경과 가깝게 붙어 있으므로, 어름이 얼어 막힘이 없으면 왕래하는 데 어렵지 아니하여, 그 자취가 마치 교통한 것과 같으니 중국에서 반드시 견책을 더할 것이라, 우리와 너희들에게 있어서 어찌 편안함이 되겠는가?'라고 하고, 그대 병조(兵曹)에서는 이 뜻을 본받아 그들에게 분명히 깨닫게 하여 반드시 쇄환할 것을 기약하라. 지금 사리를 가지고 갖추어 기록하여 보이기를, '너희들이 시비(是非)와 이해의 기미를 알지 못하겠는가? 빨리 동약사를 쇄환하여 후회를 끼침이 없도록 하라.'고 하라."하였다. 여진 문자와 몽고문자로 쓴 것을 번역하여 썼다.

이 기사를 보면 兵曹에서 建州右衛 酋長에게 여진자와 몽고자로 번역한 글을 보냈음을 알 수 있다.

실제로 여진어를 기록하는데 사용한 위구르문자를 蒙古女眞字로 불렀던 예가 있다. 『成宗實錄』(권261) 성종 23년 1월 庚寅(19일) 8번째 기사에 "○右承旨權景禧啓曰: "諭都骨兀狄哈之書, 已用蒙古女眞字飜譯, 何以處之?" 傳曰: "予亦思之久矣。 今不可輕易傳送, [하략]"– 우승지 권경희가 아뢰기를, "도골올적합(都骨兀狄哈)에게 효유할 글을 이미 몽고여진의 글자로 번역하였는데 어떻게 처리해야 하겠습니까?"하자, 전교하기를, "나도 또한 오랫동안 생각해 왔으나 지금 경솔히 전달할 수는 없겠다. [하략]라고 하다"는 기사가 있어 蒙古女眞字로 번역한 諭書를 여진인들에게 보내려고 하였음을 알 수 있다. 당시 사역원에서는 元의 데르베르진(帖兒月眞, 파스파문자)뿐 아니라 蒙古의 위오르진(偉兀眞-위구르 문자)에 대해서 잘 알고 있었음을 추측하기가 어렵지 않다.50)

---

50) 『세종실록』(권47) 세종 12년 3월 18일(무오)의 기사에 諸學取才 譯學을 蒙訓이라하여 蒙學書가 기록되어 있으며 書字로 '偉兀眞'과 '帖兒月眞'의 이름이 보인다.

4.4

여진어 교재들이 위구르문자로 쓰였다는 보다 신빙성 있는 증거는 女眞學書를 청학서, 즉 만주어 학습서로 바꾸는 과정에서 발견된다. 丙子胡亂 이후 급격히 그 필요성이 강조된 만주어의 학습은 『경국대전』(권3) 「예전」 '女眞學' 조에 등재된 15종의 여진어 교재 중에서 倭亂과 胡亂을 거치고 남아있는 5책의 여진학서, 즉 <仇難>, <去化>, <尙書>, <八歲兒>, <小兒論>에 의하여 실시되었다고 한다.

즉, 『통문관지』(권2) 「과거」 '淸學八冊' 조에 "初用千字文、兵書、小兒論、三歲兒、自侍衛、八歲兒、去化、七歲兒、仇難、十二諸國、貴愁、吳子、孫子、太公尙書並十四冊。兵燹之後、只有仇難、去化、尙書、八歲兒、小兒論五冊。故抽七處寫字, 以准漢學冊數。"라는 기사로부터 여진학서였으나 병란 이후에 남은 5책, 즉 <仇難>, <去化>, <尙書>, <八歲兒>, <小兒論>만을 가지고 만주어를 교육하였으며 譯科 淸學의 시험에도 이 책을 출제서로 사용하였다는 것이다. 그러나 이 5책은 여진어를 학습하는 책이며 내용은 다하이(達海) 박사 등이 圈點을 붙여 만든 신 만주문자가 아니라 앞에서 가정한 바와 같이 蒙古女眞字, 즉 몽고-위구르문자로 표기되었을 가능성이 있다.

여진어와 만주어가 서로 별개의 언어이며(Grube, 1896; Benzing, 1956) 문자 또한 달랐으므로 이 5책의 여진학서를 만주어의 학습에 사용하게 되면 語音과 문자에서 중요한 차이가 노정될 것이다. 실제로 이에 대해서 『통문관지』(권7) 「人物」 '申繼黯' 조에

申繼黯平山人, 女眞學舊有國典所載講書, 而與淸人行話大不同, 淸人聽之者莫解。秋灘吳相國允謙 以公善淸語, 啓送于春秋信使之行, 十年往來專意硏究, 盡得其語音字劃。就本書中仇難、巨化、八歲兒、小兒論、尙書等五冊, 釐正訛誤, 至今行用於科試。出啓朝謄錄官至僉樞 - 신계암은 평산 사람이다. 여진학은 옛 대전의 여진학에 강서가 실려 있는데 청나라 사람들과 대화할 때에 매우 달랐다. 추탄(秋灘) 오상국 윤겸(允謙)이 신계암이 청나라 말을 잘 하므로 춘춘의 사행에 보내도록 장계를 하여 10년 동안 왕래하면서 이것에만 전념하여 연구하게 하여 그 말과 발음, 글자를 모두 알게 하였다. 이 [여진학서의] 책 가운데 <구난>, <거화>, <팔세아>, <소아론>, <상서> 등의 5책을 취하여 잘못된 것을 고쳐서

지금 과거시험에 사용하도록 하였다. 『계사등록』에서 나온 것이고 그의 벼슬은 중추원 첨지사(정3품)에 이르다.

라는 기사가 있어 전날의 여진학서로 배운 말이 청나라 사람들과의 대화에서는 매우 다른 언어임을 말하며 淸人이 들어도 이해하지 못하였음을 알 수 있다. 그리고 申繼黯이 10년 동안 淸을 왕래하면서 만주어의 語音과 만주문자의 字劃을 모두 배워서 女眞學書 가운데 <仇難>, <巨化(去化)>, <八歲兒>, <小兒論>, <尙書>를 만주어와 신 만주문자로 고쳐서 역과 청학에 쓰게 하였다는 것이다. 또 이 기사를 통하여 우리는 女眞語와 淸語, 즉 滿洲語가 서로 다른 언어임을 알 수 있을 뿐 아니라[51] 女眞學書에 사용된 문자와 만주문자가 서로 字劃이 다름을 알 수 있다.

만일 女眞學書가 한자나 4.1에서 살펴 본 여진문자(女眞大字나 小字)라면 만주문자와 비교될 때 전혀 이질적인 이 두 문자를 단지 字劃이 다르다고만 말할 수 있겠는가? 이것은 앞에서 말한 蒙古女眞字로 불린 몽고 위구르문자와 만주문자와의 관계로 이해할 때 비로소 합리적인 설명이 될 수 있다. 이에 대해서 『譯官上言謄錄』의 崇禎 12년(1639) 5월 11일조의 기사가 매우 많은 암시를 던져준다. 즉 그 기사는,

司譯院官員以都提調意啓曰: 女眞學傳習之事, 其在于今時, 他學尤重, 自前流來番書未知出自何代, 而淸人見而怪之, 全未曉得。彼中方今行用之書, 卽前汗所著, 而音則淸音, 字則與蒙書大略相似。而點劃實異, 曉解者絶無。彼此相接之時, 無以通情。都提調吳允謙時, 具由入啓, 多方勸獎。本學中有才申繼黯, 春秋信使之行, 連續差送俾無, 與淸人來往問難, 語音精熟, 然後及學其書。繼黯專意硏究, 于今十載, 方始就緒。傳來冊本中 所謂巨化、仇難、八歲兒、小兒論、尙書等五冊, 以淸語寫出, 而淸旁註質之。上年勅使時, 從行淸人無不通曉, 以此可知其不誤也。[下略]-사역원의 관원이 도제조의 뜻으로 장계하여 말하기를 "여진어를 배우는 일은 오늘날에 있어서 다른 언어를 배우는 것보다 매우 중요한데 전부터 내려오는 책

---

51) 만주어는 주로 淸代의 언어를 말하지만 현대에는 文語만이 남아있고 소수의 만주족과 솔롱, 다구르族에 의해서 이 滿洲文語가 사용되고 있다. 女眞語는 징기스칸 이전부터 明代까지 만주지역에서 사용되었다. 女眞語는 고대 만주어의 한 方言으로 간주된다 (Cincius, 1949; Grube, 1896; Benzing,1956; 渡部薰太郞,1935).

들은 어느 시대로부터 나온 것인지 알 수 없으며 청나라 사람들이 보아도 이상하
다고 하면서 전혀 알지를 못합니다. 그 가운데 현재 사용하고 있는 책은 전 임금
때에 지은 것으로 발음은 청나라 말이고 글자는 몽고글자와 대체로 같지만 점획
(點劃)이 실로 달라서 아는 사람이 하나도 없고 피차가 서로 접할 때에 뜻이 서로
통하지 않습니다. 오윤겸이 도제조였던 때에 이런 사정을 갖추어 장계하여 여러
방법으로 [여진어의 공부를] 권장하였습니다. 여진학 가운데 재주가 있는 신계암
을 봄가을에 보내는 사행에 연속해서 보내어 빼지 않았으며 청인과 내왕하여 어
려운 것을 묻고 말과 발음이 익숙하게 된 다음에 이 [여진학의] 책들을 배우게
하였습니다. 계암이 뜻을 오롯이 하여 연구한지 이제 10년이 되어서 비로소 가닥
을 잡기 시작하였습니다. 전래되어오는 책 가운데 소위 말하는 <거화>, <구난>,
<팔세아>, <소아론>, <상서> 등의 다섯 책을 청나라 말로 베껴내고 옆에 주를
달아 질문하였습니다. 지난 해 칙사가 왔을 때에 청나라 사람들을 따라 다니며
통하여 알지 못하는 것이 없었으니 이는 틀림이 없었음을 알 수가 있습니다. [하
략]"라고 하다.

와 같은데 이 기사에 의하면 여진어를 배우는 교재들이 어느 시대에 만들어진
것인지 알 수 없고 淸人이 보아도 전혀 해독하지 못한다는 내용이다.

이것은 女眞學書와 淸學書가 전혀 다른 것임을 말하는 것이다. 그리고 그
중에서 현재 쓰고 있는 것도 前汗[52] 시대에 지은 것이어서 발음은 비록 淸音
(만주어음)이나 문자는 몽고 글자와 대체로 같지만 點劃이 달라서 해독하는
사람이 전혀 없었다는 내용이다. 이것은 병란 이후에 남아있던 5책의 여진학
서, 즉 <去化>, <仇難>, <八歲兒>, <小兒論>, <尙書>를 이제 사용하고 있는
책(方今行用之書)라 부른 것으로 보면 신계암 이전에는 이 5책의 여진학서를
갖고 淸語, 즉 만주어를 학습한 것이다.

申繼黯이 고치기 이전의 5책에 사용된 만주문자는 淸 太祖가 蒙古畏兀字를
빌려 만든 옛 만주자로 쓰였음을 말한다. 이때의 만주문자는 淸 太宗이 이를
수정하고 圈點을 붙여 만들기 이전의 것이다. 따라서 이 5책은 前汗(淸 太祖)
시대의 所著로 본 것이며 발음은 만주어이지만 문자는 蒙書(蒙古畏兀字)와 대
체로 같고 淸 太宗이 수정한 만주문자와는 點劃이 다르다고 본 것이다.[53] 淸

---

52) 小倉進平은 이때의 前汗을 淸 太祖로 보았다.(小倉進平, 1964:611)
53) 청 太祖 누르하치(弩爾哈赤)가 에르데니(額爾德尼)를 시켜 몽고 위구르문자를 빌려 만

太宗 이후의 신 만주문자에 의한 淸學書는 위의 기사대로 신계암에 의해 수정
되었다. 그는 10년간 연속으로 淸나라에 가는 春秋信使에 差送되어 만주어의
語音과 문자를 연구하고 앞에 든 5책의 여진학서를 만주어와 새 만주문자로
바꾼 다음부터 본격적으로 만주어 교재로 사용하기 시작한다는 뜻이다.

이 5책 가운데 <仇難>, <去化>, <尙書>는 사역원에서 청학서로 새로 편찬
된 <三譯總解>와 <淸語老乞大>에 의해서 교체된다.[54] 이 새로운 두 청학서
는 康熙 甲子(1684)부터 과거시험에도 사용하였다. 따라서 <팔세아>와 <소아
론>만이 후대의 만주어 교재로 계속해서 사용되었고 오늘날에도 그 판본이
전한다. 전술한『통문관지』(권2)「과거」'淸學八冊'조와『受敎輯錄』[55]에서 확
인되는데『수교집록』(권3)「禮典」'勸奬'조에 "蒙學則舊業守成事鑑、伯顏波
豆、孔夫子待漏院記之外, 添外新飜老乞大. 淸學則舊業八歲兒論之外, 添外新
飜老乞大、三譯總解, 仍爲定式敎誨使之. 通行於科擧與試才之時. {康熙癸亥
承傳}"라는 기사로 淸學은 康熙 癸亥(1683)부터 <八歲兒>, <小兒論>[56] 이외
에 <新飜老乞大>(<淸語老乞大>를 말함)와 <三譯總解>를 정식으로 과거와
試才에 사용키로 결정하고 康熙 甲子(1684)부터 이 두 淸學書를 처음 쓰기 시
작하였음을 알 수 있다.[57]

따라서 譯科 淸學의 과거 시험에 <八歲兒>, <小兒論> 이외에 <淸語老乞
大>, <三譯總解> 등 4종의 교재에서 7곳을 추첨하여 외워 쓰게 하고(寫字)

든 만주문자는 萬曆 27년(1599)에 공표하였다. 이것은 無圈點 만주자라 한다. 이것이
만주어를 표기하는데 부족하여 청 太宗 홍타이시가 崇禎 5년(1632)에 문자의 개혁을
다하이(達海)박사 등에게 명하였다. 그는 몽고문자의 옆에 圈과 點을 붙여 몇 개의 문자
를 추가하였다. 이 만주문자가 有圈點 만주자라고 하며 보통 만주문자라 하면 이것을
가리킨다. 辛亥革命(1911)으로 淸이 망한 이후에는 사용되지 않고 현재는 19세기에 新
疆省에 주둔하고 있던 만주족의 후예인 시보(錫伯)족이 일부 사용할 뿐이다.
54) <三譯總解>는 만주어의 <淸書 三國志>를 발췌하여 그 발음을 정음으로 쓰고 뜻을 언
해한 것이며 <淸語老乞大>는 조선 성종 때에 刪改한 <노걸대>를 만주어로 번역하여
교재로 한 것이다. 그러나 과연 <청서삼국지>를 발췌한 것인가 아니면 <한문본 삼국
지>를 번역한 것인가에 대하여는 논란의 여지가 있다.
55)『受敎輯錄』은 李畲의 서문에 康熙 37년(肅宗 24, 1698) 戊寅 三月의 간기가 있다.
56)『受敎輯錄』의 '八歲兒論之外'는 "八歲兒、小兒論之外"를 말한다.
57)『通文舘志』「科擧」'淸學八冊'조에 "康熙甲子始用新飜老乞大、三譯總解, 而前冊書中仇
難、去化、尙書訛於時話, 改並去之."라는 기사 참조.

漢學과 같이『경국대전』을 번역하게 하여 譯語를 試取하게 하였으니[58] 모두 8개의 문제가 출제되게 규정한 것이다. 이러한 기사들을 살펴보면 만주어로 된 청학서들 가운데 원래 여진학서였던 <팔세아>, <소아론>을 신계암이 새 만주자로 고쳐 만주어 교재로 사용하게 한 것임을 말한다. 즉 몽고 글자와 같은 옛 만주자로 된 것을 고쳤다는 뜻이다.[59]

4.5

그러면 몽고어와 만주어 표기에 사용된 위구르문자는 무엇인가? 위구르문자(Uyghur script)는 페니키아문자(Phoenician script) 계통인 아람(Aramaic scripts) 문자에서 파생한 소그드문자(Sogdian scripts)의 하나다.[60] 古代 소그디아나(Sogdiana)로부터 중앙아시아 일대, 그리고 중국 본토에 이르기까지 활동하던 소그드인들이 사용하던 소그드문자를 이들과 교섭하던 위구르인들이 도입하여 이 문자로 여러 문헌을 작성하였다. 따라서 문자학계에서는 위구르문자가 소그드문자와 같이 北西셈(Northwest-Semitic) 문자에 속한다고 보며 그 글자도 Aleph, beth, gimel의 순서로 시작되어 첫째와 둘째 글자가 희랍어와 라틴어, 그리고 영어의 알파벳과 유사하다.

소그드 문자에는 楷書体와 草書体가 있는데 위구르문자는 해서체를 차용하였으나 현재 중국의 新疆省 위구르 자치구와 甘肅省에 남아있는 위구르문헌에는 극소수지만 초서체의 소그드문자로 쓰인 것도 있다. 이 문자는 초기(9~11세기)와 후기(13~14세기) 문헌으로 나눌 수가 있으며 문자의 형태와 목록이 많이 다르다. 초기의 소그드문자를 도입해서 위구르어를 기록하던 때의 문자 모양은 두 문자가 크게 다르지 않았으나 후기 문헌에 보이는 위구르문자는

---

58)『通文舘志』 상게 부분에 "八歲兒、小兒論、老乞大、三譯總解四冊, 抽七處寫字, 大典 飜語同漢學。"이라는 기사 참조.

59) 이 논문을 미리 읽은 만주어 전문가의 한 분이 신계암이 10년을 고생하여 여진학서를 청학서로 고쳤다고 하는데 단순히 옛 만주자를 권점을 붙인 신 만주자로 고치는데 이렇게 많은 시간이 거렸을 것인가라고 지적하였다. 아마도 문자만이 아니라 언어도 여진어에서 만주어로 바꿔야 했을 것이며 그로 인하여 시간이 걸린 것이 아닌가 한다.

60) 더 정확하게 말하자면 페니키아-아람문자(Phoenician-Aramaic script)로부터 발달한 문자다.

초기의 소그드문자와 많이 달라서 확연하게 구분된다.

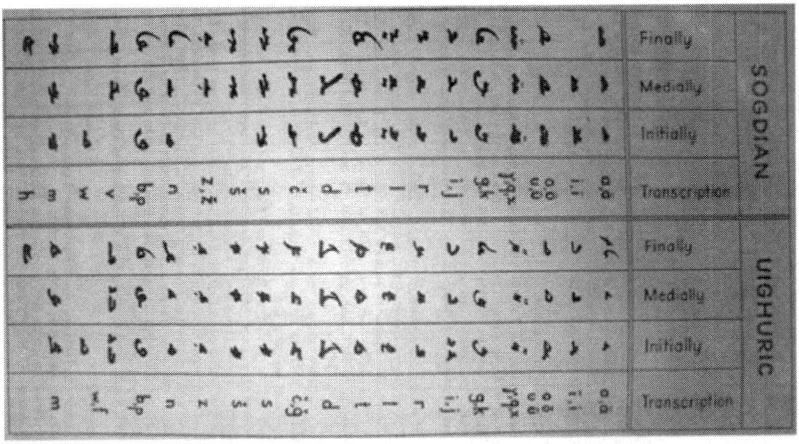

[사진 2] 소그드문자와 위구르문자의 대비표[61]

　몽고인들은 칭기즈 칸(成吉思汗)이 등장할 때까지 문자를 알지 못했다. 『元史』에 의하면 1203년에 위구르족의 나이만(乃蠻)을 정복하고 포로로 잡은 타타통가(塔塔統阿)로 하여금 칸의 자식들과 신하들에게 위구르문자를 교육하게 하여 몽고어를 기록하였다고 한다. 『長春眞人西遊記』에는 1222년에 칭기즈 칸에게 長生의 術을 가르쳐줄 때에 위구르인의 阿里鮮이란 서기가 이를 위구르문자로 기록했다는 기사가 있어 위구르인이 사용하던 이 문자가 점차 몽고인들도 사용하기 시작한 것으로 본다.

　1224년이나 1225년에 만들어진 칭기즈 칸의 돌(Stone of Chinggis Khan)이 현재로서는 몽고어를 위구르문자로 쓴 가장 오래된 것으로 알려졌다.[62] 몽고인들이 차용하여 쓴 위구르문자를 몽고-위구르(蒙古畏兀) 문자라고 한다. 차용한 것이기 때문에 몽고어를 기록하기에 적당한 문자가 아니어서 후대에 다

---

61) Poppe(1965:66)에서 인용함. 편집의 편의를 위하여 옆으로 뉘였다.
62) 이 칭기즈 칸의 돌(Stone of Chinggis Khan)은 러시아 列寧格勒의 亞洲博物館에 소장되었다고 함. 이에 대하여는 졸저(2012) 및 村山七郞(1948)과 Laufer(1907)을 참고할 것.

른 문자로 교체하려고 끊임없이 노력하였으나 모두 실패하고 현재 몽골의 교육 문자로 사용한다.[63)]

4.6

여진학서가 위구르문자로 작성되었다는 것은 많은 의문의 여지가 있다. 우선 여진족이 세운 金나라에서는 그들의 문자를 새로 제정하여 사용하였으므로 여진학서는 이 문자로 작성된 것으로 보는 것이 일반적인 태도다. 그러나 오늘날 전하고 있는 여진학서 <팔세아>, <소아론>은 비록 신계암이 만주어 교재로 수정하였지만 모두 만주-위구르문자로 불릴 수밖에 없는 만주문자로 작성되었다. 따라서 女眞學書였던 <팔세아>와 <소아론>도 몽고 畏兀字, 즉 위구르 문자로 작성되었던 것으로 추정할 수 있다. 왜냐하면 여진문자는 金이 망하면서 문자도 함께 그 사용이 폐지되었기 때문이다.

또 파리 국립도서관에 소장된 <千字>는 비록 사역원에서 만주어 학습에 사용하던 자료로 쓰인 것 같지만 원래는 여진어의 교재로 그 서명이 『경국대전』에 명시되었다.[64)] 이 <천자>도 위구르 문자로 표기되었다. 이와 같이 몽고어의 蒙學과 여진어의 女眞學에서 사용한 교재들이 모두 위구르문자로 된 것은 역시 조선의 건국 초기에 사역원을 다시 설치하는 주역이었으며 사역원의 모든 제도를 새로 만들고 그를 감독하는 提調의 직에 있던 偰長壽가 위구르 사람이라는 것을 떠 올리지 않을 수 없다. 왜냐하면 그는 위구르족의 高昌國 출신으로 집안이 위구르족이었으며 그도 계승, 또는 世襲언어(heritage language)로 위구르어와 외구르 문자를 熟知하고 있었기 때문이다.

사역원의 몽고어 교재도 데르베르진(帖兒月眞), 즉 파스파 문자로 된 것이 있었으며 여진학서도 金에서 제정한 여진문자로 된 것이 있었음에도 불구하고 위구르 문자의 교재를 택한 것은 아무래도 설장수의 의지가 작용한 것이 아닌

---

63) 몽고인들은 元代에 이미 이 문자의 결함을 알고 파스파 문자를 만들어 사용하였으나 元 帝國의 멸망과 함께 소멸되었다. 후에도 소욤보 문자(Soyombo script), 봐긴드라 문자(Vagindra script) 등으로 불리는 몽고-위구르 문자의 변형을 만들어 사용하였으나 끝내 문자로 정착하지 못하였다.

64) 프랑스 파리 국립도서관에 소장된 만주어 학습서 <千字>에 대하여는 졸저(2002))에 상세히 소개되었다.

가 한다. 왜냐하면 파스파 문자나 여진문자는 모두 표음적인 문자였으며 고려와 조선 전기에 이 땅에서도 널리 알려진 문자여서 이 문자로 여진학서가 편찬되었을 가능성이 없지 않지만 위에서 살펴본 바와 같이 위구르 문자로 되었을 것으로 추정되기 때문이다.

5. 結語

이상 설장수의 가계와 학문, 그리고 생애를 고찰하면서 그의 조선 사역원에 대한 공헌에 대하여 논의하였다. 그가 위구르족의 高昌國 출신으로 위구르의 언어와 문자를 세습적으로 배워서 알고 있었으며 그가 조선 건국 초기에 사역원을 다시 설치할 때에 이를 주관하는 提調로서 몽고어와 여진어의 학습에서 위구르 문자를 주로 사용하게 하였다고 보았다.

이것은 그동안 역학서 연구에서 전혀 논의되지 않은 여진학서의 연구에 새로운 방향을 제시한 것으로 앞으로 많은 논란이 있을 것으로 보인다. 본고에서는 조선 초기의 여진어 교육에 사용한 교재들이 金나라의 여진문자가 아니라 元代에 유행한 몽고-위구르문자로 작성되었을 것이라는 주장에 대하여 몇 가지 근거를 제시하였다.

첫째는 여진학서였던 <소아론>과 <팔세아>를 申繼黯이 만주어 학습서로 고칠 때에 글자의 點劃만을 수정하였다는 기사가 있다. 이것은 몽고-위구르자, 그리고 만주-위구르자의 관계에서 성립할 수 있는 말이다. 둘째는 프랑스 파리 국립도서관에 소장된 <千字>는 원래 여진학서로 『경국대전』에 규정되었던 책이라 여진학서였을 가능성이 있다. 그런데 현전하는 파리도서관의 판본에 한글, 즉 정음으로 주음한 곳이 있어서 조선 사역원에서 실제로 사용하던 자료로 볼 수 있다. 이 자료는 천자문을 만주-위구르자로 먼저 그 발음을 적고 하단에 한자를 적었다. 셋째는 실록과 여러 史料에서 함경도 접경지역의 여진인들에게 여진 몽고-위구르자로 諭書를 내렸다는 기사가 보인다. 역시 여진어를 몽고-위구르자로 기록한 증거가 될 것이다.

　　이상의 논거로 보아 조선 사역원의 설치에 주역이었으며 위구르인이었던
설장수에 의하여 여진어 교재들도 여진문자가 아니라 몽고-위구르 문자로 편
찬되었을 것이라고 주장한 것이다. 여진문자는 金나라가 망한 후에는 사용되
지 않았다. 이것은 설장수의 세습언어와 문자가 위구르어와 위구르 문자라는
사실에 입각한 것이다. 또한 이렇게 이해함으로써 원래 여진어 교재였다가 후
대에 만주어 교재로 전환된 <소아론>과 <팔세아>를 둘러싼 여러 문제들이
해결될 수 있기 때문이다.

<参考文献>

한국문헌은 필자의 가나다순
박성주(2000), " 조선 초기 견명사절에 관한 일고찰,"『경주사학』 제19호, pp. 137-194
박원호(2002), 『明初 朝鮮關係史 研究』, 서울: 일조각
백옥경(2008), "여말 선초 설장수의 정치활동과 현실인식,"『조선시대사 학보』, 제46호.
　　　　　　pp. 5~40
_____(2009), "조선전기에 활동한 중국인 이주민에 대한 고찰",『한국문화연구원 논총』,
　　　　　　제16호, pp. 199~231
蘇啓慶(1999), "元代蒙古色目進士背景的分析,"『경북사학』, 제17, 18호, pp. 20~40
손성옥(2015), "21세기 미국에서의 한국어교육 현황과 과제," <국제한국어교육문화재
　　　　　　단 창립기념 국제학술세미나> 일시: 2015년 3월 14일, 장소: 서울대학
　　　　　　교 사범대학예고집 pp. 43~58
이원택(2001), "조선전기의 귀화와 그 성격,"『서울 국제법 연구』(서울국제법연구원),
　　　　　　제8-2호, pp. 225~246
정광・남권희・양오진(1999), "元代 漢語 <老乞大> -신발굴 역학서 자료 <구본노걸
　　　　　　대>의 한어를 중심으로-,"『국어학』(국어학회), 제33호, pp. 3~68
정다함(2008): "朝鮮前期 兩班 雜學兼修官 研究," 고려대 대학원 한국사학과 박사학위
　　　　　　논문
졸고(1987), "朝鮮朝 譯科漢學과 漢學書--英正祖시대의 譯科漢學試券을 중심으로--,"
　　　　『震檀學報』(震檀學會), 제63호, pp. 33-72
_____(1999), "元代漢語の<舊本老乞大>,"『中國語學研究 開篇』(早稻田大學), 제19호,
　　　　　　pp. 1~23

___(2000), "<노박집람>과 <노걸대>・<박통사>의 舊本,"『震檀學報』(진단학회), 제
　　　89호, pp.155-188
___(2009), "朝鮮半島での外国語教育とその教材- 司訳院の設置とその外国語教育を
　　　中心に-,"『譯學과 譯學書』(譯學書學會), 創刊號, pp.1~22
___(2006), "吏文과 漢吏文,"『口訣研究』(구결학회) 제16호, pp.27~69
졸저(1988),『司譯院 倭學 研究』, 서울: 태학사
___(2002),『역학서 연구』, 서울: 제이앤씨
___(2004),『역주 원본노걸대』, 서울: 김영사, 수정본(2010), 서울: 박문사
___(2012),『훈민정음과 파스파 문자』, 서울: 도서출판 역락
___(2014);『조선시대의 외국어 교육』, 서울: 김영사

일본어 논저는 가나의 五十音圖順
入矢義高(1973); 陶山信男 "<朴通事諺解 老乞大諺解語彙索引>序", 東京: 采華書林.
太田辰夫(1953); "老乞大の言語について",『中國語學研究會論集』1.
_____(1991);『漢語史通考』中文版(日文原版: 1988), 重慶: 重慶出版社.
河野六郎・千野榮一・西田龍雄(2001),『言語學大辭典』, 東京: 三省堂
志村良治(1995);『中國中世語法史研究』中文版, 北京: 中華書局.
田中謙二(1962); "元典章における蒙文直譯體の文章",『東方學報』第32冊.
田村實造(1976), "大金得勝陀頌碑 女眞字解讀,"『東洋史研究』, 제35-3호
村山七郎(1948); "ジンギスカン石碑文の解讀,"『東洋語研究』4輯, pp. 59~95
　　　이 논문은 Murayama(1950); Shichiro Murayama : "Über die Inschrift
　　　auf dem 'Stein des Cingis'," Oriens No. 3, pp. 108~112에 독일어로
　　　번역되어 게재됨.

중국어 논저는 한자음의 가나다순
季永海・劉景憲・屈六生(1984);『滿語語法』, 北京: 民族出版社
金啓綜(1979), "陝西碑林發現的女眞文字,"『內蒙古大學學報』(哲學社會科學版) 1979,
　　　1, 2期
_____(1984),『女眞文辭典』, 北京: 文物出版社
金光平・金啓綜(1980),『女眞語言文字研究』, 北京: 文物出版社
劉鳳翥・于寶林(1981), "女眞文字 <大金得勝陀頌> 校勘記,"『民族語文論集』(北京 中
　　　國社會科學出版社)

영어 논저는 필자의 알파벳순

Campbell(1984), R. N. Campbell; "The immersion education approach to foreign language teaching," In *Studies on immersion education: A collection for United States educators*, pp. 114~142

Doerfer(2004), Gerhard Doerfer: Etymologishe-Ethnologisches *Wörterebuch tungusischer Dialekte (vornehmlich der Mandschurei)*, Georg Plms Verlag, Hildesheim, Zürich. New York

Grube(1896), Wilhelm Grube; *Die Sprache und Schrift der Jučen*, Leipzig

Kiyose(1973), G. Kiyose; *A Study of the Jurchen Language and Script in Hua-I-I-Yu*, 東京: 法律文化社

Laufer(1907); Berthold Laufer : "Skizze der Mongolischen Literature," *KSz* 7:191

Möllendorf(1892), P. G. von Möllendorf; *A Manchu grammar, with analysed Texts*, Shanghai

Poppe(1954), Nicholas Poppe; *Grammar of Written Mongolian*, Otto Harrassowitz, Wiesbaden

_____(1965), *Introduction to Altaic Linguistics*, Otto Harrassowitz, Wiesbaden

Shirokogoroff(1944), S. M. Shirokogoroff: *A Tungus Dictionary*, The Minzokugaku Kyōkai, Tokyo, 독어판 Doerfer(2004)

□ 성명 : 정광(鄭光)
   주소 : (139-221) 서울시 노원구 중계1동 두타빌 A동 301호
   전화 : +82-10-8782-2021
   전자우편 : Kchung9@daum.net

□ 이 논문은 2015년 10월 15일 투고되어
        2015년 11월 1일부터 11월 20일까지 심사하고
        2015년 12월 1일 편집회의에서 게재 결정되었음.

朝鲜朝大典与司译院译学政策

金兰

(中國, 北京大)

<Abstract>

Laws in Joseon Dynasty and Translation Policies of Sayekwon

Translation policies of Sayekwon in Joseon Dynasty take shape in various forms, including the laws, royal ordinance, memorial to the throne, proposals, regulations and discussions on translation policies, etc. Among these forms, the most representative one is the laws. As the fundamental laws of a kingdom, they are legally authoritative and obeyed by the rulers of Joseon Dynasty as the criterion of conduct in their dominance. The Korean kings as from the first King Taejo give prominence to the laws in order to manage their ruling affairs. Since the successive dynasties experience different social conditions, the revision of the laws by kings of Joseon Dynasty has never interrupted. Some precious historical materials in these laws related to the translation activities can be seen as the dominant markers of the translation policies in Joseon Dynasty. This research is to sort out the historical materials in the laws concerning translation policies and analyze the characteristics of those policies conducted at Sayekwon in Joseon Dynasty. 11 laws of Joseon Dynasty are mentioned and 3 of them are treated as the most valuable materials to be studied in the research of translation policies of Sayekwon in Joseon Dynasty.

Key words : Joseon Dynasty, translation policies, laws

朝鲜朝译学政策的形式有很多种，包括法典、政令、诏书、旨令、奏疏、议案、规章制度及关于译学政策的讨论等等。在这些形式中，能够反映朝鲜朝译

学政策的最高形式便是历代法典。朝鲜朝自太祖立国到后代治国，对于法典都非常重视。由于太祖之后历代王朝均经历了不同的社会状况，因此对于法典的调整也从未中断。一般来说，新订法典都会在前朝法典的基础上进行修撰，并加入新的内容。朝鲜朝历代法典有≪经济六典≫、≪经济六典续集≫、≪六典誊录≫、≪经国大典≫、≪大典续录≫、≪大典后续录≫、≪修正续录≫、≪续大典≫、≪大典通编≫、≪大典会通≫、≪六典条例≫等11部。

除国家大典外，朝鲜朝还有≪启辞誊录≫、≪受教续录≫、≪钦恤典则≫等法令类文件作为对法典的补充。如燕山君二年(1496)，领事鱼世谦说："先王所为之事，固不可纷更。然曰≪元典≫，曰≪大典≫，曰≪续典≫，皆因时参酌，而沿革者也。如经常美法，则不可毁也，弊法固当更张。凡先王所定者谓之律，后王所定者谓之令，今中朝之兼用律令此也。我朝于≪大典≫之外，又有≪受教续录≫，以适时宜。"[1] 此外，朝鲜朝还依照≪大明律≫的规定执法，并参照≪大明会典≫和≪大清会典≫进行法律解释。

作为国家大法，大典具有法律的权威性，因此被朝鲜朝统治者奉为其统治活动的行为准则，也是译学政策研究的重要依据。我们对朝鲜朝法典的研究主要从以下几个方面展开：首先是对朝鲜朝法典的梳理，我们从法典的沿革情况，可以掌握朝鲜朝大典的概貌；第二是通过对大典中译学政策具体规定的分析，证明大典在译学政策中的作用；第三是从朝鲜朝11部大典中，选出对译学政策研究最具价值的大典，对其进行分析，并评价其译学研究价值，以利于今后的研究。

一. 朝鲜朝法典沿革

(一)≪经济六典≫

≪经济六典≫又称≪元典≫、≪元六典≫、≪六典≫或≪旧六典≫，编制颁

---

1) ≪朝鲜王朝实录≫燕山 14卷, 2年(1496 丙辰 / 明弘治9年) 4月 21日(戊戌) 第1条纪事。

行于太祖朝，是朝鲜朝第一部法典。《经济六典》颁行于太祖六年(1397)，"都堂令检详条例司，册写戊辰以后合行条例，目曰《经济六典》，启闻于上，刊行中外。"[2]《经济六典》由左政丞赵浚等编写，他们收集了1388年至1397年间的法律制度，并加以分门类聚，定名为《六典》。[3] 所谓"经济"，即"其可行者，谨而守之；其不可行者，别为变通；其可追补者，亦为添入，是所谓经济之义也。"[4] 而"六典"则指吏典、户典、礼典、兵典、刑典、工典等六卷。这一体例与中国的《唐律》和《大明律》相似。作为朝鲜朝第一部法典，《经济六典》成为之后新订法典的基础。其后编纂的《经国大典》"新立之条，皆不出《元》、《续》二典所载。"[5]

(二)《经济六典续集》

《经济六典续集》又称《续六典》、《经济续典》、《续典》，是对《经济六典》的补充和修正。太宗四年(1404)，一些大臣建议将太宗即位以来的条令判旨汇集成书。当时前汉城府尹尹穆、前鸡林府尹韩理、户曹典书尹思修等陈言说："自古有国家者，不可轻变祖宗之法。其创业之君，虑患也深，故其立法也密。惟我太上王，参酌古今之宜，勒成《经济六典》，其立经陈纪，可谓详且备矣。比年以来，人持异见，屡更其制，中外人民，罔知所措。愿自今，一遵《六典》之制，为万世持守之具。殿下即位以后，条令判旨，《六典》所未载而可为万世法者，简择成书，以《续六典》，刊板施行。"[6] 太宗七年(1407)，"置《续六典》修撰所，以晋山府院君河仑领其事。"[7] 太宗十二年(1412)，更定《经济六典》的工作基本完成，编成《元集详节》三卷、《续集详节》三卷。作者为领议政府事河仑、星山君李稷等。河仑上言说："谨将《六典》元集及续集，参考雠校，去其重复，易其繁俚，其事理有可拟议者，奉旨更

---

2)《朝鲜王朝实录》太祖 12卷，6年(1397 丁丑 / 明洪武30年) 12月 26日(甲辰) 第2条纪事。
3)《朝鲜王朝实录》世宗 42卷，10年(1428 戊申 / 明宣德3年) 11月 29日(丁丑) 第2条纪事。
4)《朝鲜王朝实录》肃补 19卷，14年(1688 戊辰 / 清康熙27年) 6月 14日(乙卯) 第1条纪事。
5)《朝鲜王朝实录》成宗 35卷，4年(1473 癸巳 / 明成化9年) 10月 2日(庚申) 第2条纪事。
6)《朝鲜王朝实录》太宗 8卷，4年(1404 甲申 / 明永乐2年) 9月 19日(丁巳) 第2条纪事。
7)《朝鲜王朝实录》太宗 14卷，7年(1407 丁亥 / 明永乐5年) 8月 18日(己亥) 第2条纪事。

定，修撰≪元集≫、≪续集≫以进，伏望睿览，许令攸司印出颁行。"太宗批
准颁行。8) 太宗十三年(1413)，≪续六典≫与≪经济六典≫的改编版≪元六典
≫同时颁行。据≪太宗实录≫记载："颁行≪经济六典≫。国初，政丞赵浚
等，撰受判可为遵守者，目为≪经济六典≫以进，刊行中外。至是，政丞河仑
等存其意，去其俚语，谓之≪元六典≫，又选上王卽位以来可为经济者，谓之
≪续六典≫，令铸字所印出，颁布中外。"9) 太宗十五年(1415)，太宗又下令
"≪元典≫更改，≪续典≫所载，并皆削除。其中不得已事，≪元六典≫各其
条下，书其注脚。"10)

(三)≪六典謄录≫

世宗朝对太祖朝≪元典≫和太宗朝≪续典≫进行了两次修订和注释，并作
≪謄录≫，将"一时可行，而非永世之典"11)收入其中。

世宗四年(1422)，"置≪六典≫修撰色，以星山府院君李稷、左议政李原为
都提调，赞成事孟思诚、参赞许稠为提调。"12) 开始对前朝大典进行修订。世
宗五年(1423)，世宗向≪六典≫修撰色传旨说："今≪六典≫修撰时，各年受敎
内削除事、更改事、增补事，每典各别启闻施行。"13) 世宗八年(1426)，≪元
六典≫、≪续六典≫及≪謄录≫修订撰写完成。"详定所提调星山府院君李稷
等，撰≪六典≫五卷、≪謄录≫一卷以进。"14)太宗朝时，太宗曾下谕礼曹：
"≪续六典≫内，更改≪元典≫者，其悉削除。如不得已存之者，注于≪元典≫
本条之下。"15) 但并未实现。世宗此次修订，将≪续典≫内更改≪元典≫的部
分逐一删除，并汇集1408年以来的法律条文，加入≪续典≫之中。其更改增补
≪元典≫部分，互注于≪元≫、≪续典≫本条之下。将"一时权宜，非经久之

---

8) ≪朝鲜王朝实录≫太宗23卷，12年(1412 壬辰 / 明永乐10年) 4月 14日(戊辰) 第2条纪事。
9) ≪朝鲜王朝实录≫太宗25卷，13年(1413 癸巳 / 明永乐11年) 2月 30日(己卯) 第3条纪事。
10) ≪朝鲜王朝实录≫太宗30卷，15年(1415 乙未 / 明永乐13年) 8月 13日(丁丑) 第1条纪事。
11) ≪朝鲜王朝实录≫世宗34卷，8年(1426 丙午 / 明宣德1年) 12月 3日(壬戌) 第4条纪事。
12) ≪朝鲜王朝实录≫世宗17卷，4年(1422 壬寅 / 明永乐20年) 8月 11日(乙未) 第1条纪事。
13) ≪朝鲜王朝实录≫世宗21卷，5年(1423 癸卯 / 明永乐21年) 7月 13日(辛卯) 第3条纪事。
14) ≪朝鲜王朝实录≫世宗42卷，10年(1428 戊申 / 明宣德3年) 11月 29日(丁丑) 第2条纪事。
15) ≪朝鲜王朝实录≫世宗42卷，10年(1428 戊申 / 明宣德3年) 11月 29日(丁丑) 第2条纪事。

法"编入《元典誊录》，并完成《续六典》六册、《续录》一册。[16]同年
(1426)十二月十五日，礼曹启奏说："今修撰色所进新《续六典》及《元六
典》，请令铸字所印八百件。"同时还勘印《誊录》100本。[17]

世宗十五年(1433)，详定所都提调黄喜等又完成了《经济续六典》。这次修
订编成正典六卷，誊录六卷。世宗命铸字所印制颁行。[18] 世宗十七年(1435)，
世宗又下令将《续典》脱漏的三十余条补录，[19]并"令铸字所印之，以附其
末。"[20]

(四)《经国大典》

《经国大典》是朝鲜朝最著名的法律文献，被誉为"国家的立国盘石"。《经
国大典》的撰写始于朝鲜世祖时期。世祖一年(1455)，集贤殿直提学梁诚之上
疏说："本朝太祖、世宗之时有《元典》、《续典》，又有《誊录》，皆良法
也。然田制、仪注未成一定之制，兵制、贡法多为权宜之法，岂非盛代之阙典
欤？乞命大臣更加商确，以定一代之制，以为万世子孙之则，幸甚。"[21] 世祖
三年(1457)，又定下了撰写大典的步骤及内容，即先撰《新典》，然后将《新
典》与之前的三大典合并，撰成《六典》。"立法定制，当熟究利病，将期百
年无弊，不可一时草草为之也。当今之计，先取《续典》以后条章，撰《新
典》，《新典》既成，合《元典》、《续典》、《誊录》、《新典》等，四书
而参考之，作六典大成。"[22] 此后新大典的撰写便开始付诸实施。世祖六年
(1460)，《经国大典》户典完成并颁行。"命颁行新定《经国大典》户典，收《元
》、《续典》及《誊录》内户典。"[23] 世祖七年(1461)颁行《经国大典》刑典。[24] 据

---

16)《朝鲜王朝实录》世宗 34卷，8年(1426 丙午 / 明宣德1年) 12月 3日(壬戌) 第4条纪事。
17)《朝鲜王朝实录》世宗 34卷，8年(1426 丙午 / 明宣德1年) 12月 15日(甲戌) 第4条纪事。
18)《朝鲜王朝实录》世宗 59卷，15年(1433 癸丑 / 明宣德8年) 1月 4日(戊午) 第3条纪事。
19)《朝鲜王朝实录》世宗 67卷，17年(1435 乙卯 / 明宣德10年) 1月 22日(甲午) 第1条纪事。
20)《朝鲜王朝实录》世宗 70卷，17年(1435 乙卯 / 明宣德10年) 11月 20日(丁亥) 第1条纪事。
21)《朝鲜王朝实录》世祖 1卷，1年(1455 乙亥 / 明景泰6年) 7月 5日(戊寅) 第3条纪事。
22)《朝鲜王朝实录》世祖 7卷，3年(1457 丁丑 / 明天顺1年) 3月 15日(戊寅) 第3条纪事。
23)《朝鲜王朝实录》世祖 21卷，6年(1460 庚辰 / 明天顺4年) 7月 17日(辛卯) 第2条纪事。
24)《朝鲜王朝实录》世祖 25卷，7年(1461 辛巳 / 明天顺5年) 7月 9日(丁未) 第2条纪事。

世祖十四年(1468)记载，"丙戌(1466)，王以累朝立法，科条寔繁，商埈损益，定为《经国大典》。"25) 《经国大典》最终完成书于睿宗一年(1469)九月，作者为崔恒、金国光等。睿宗同年(1469)下旨礼曹："《经国大典》，自庚寅年正月初一日，遵行。"26)　成宗即位后并未马上颁行《大典》，而是在一年(1470)十一月"传于礼曹曰:'新定《经国大典》未颁条件，来辛卯正月初一日，始遵用。'"27)，成宗二年(1471)，《经国大典》正式开始施行。

(五)《大典续录》

成宗朝除了颁行《经国大典》，还同时编制颁行《大典续录》。《续录》主要收集记录了朝鲜历朝国王所下达的旨令，"成宗取累朝受敎可行者，与大臣商确，以成《续录》。"28)

(六)《大典后续录》

中宗朝在《大典续录》的基础上制成《后续录》，但最初并未得到中宗认可。中宗九年(1514)，大司谏孙仲暾说:"臣观《后续录》，非金科玉条，祖宗朝《大典续录》，至详且密。务在得人不宜复有增加，请以受敎用之。" 持平任权亦论《后续录》事，上曰:"凡法旋立而旋改，则百姓不知适从矣。已令政府、六曹复勘矣。"29) 中宗朝《后续录》并未马上颁行，《经国大典》和《大典续录》的使用贯穿整个中宗朝，《后续录》也称《新续录》，记录了《大典续录》之后的国王政令。《后续录》(《新续录》)虽未颁行，但中宗朝也有遵行的记载。中宗三十九年(1544)，宗簿寺提调启奏说:　"宗亲祭官，厌惮六朔内，满三度无故托病者，罢职之法，不载《新续录》(裒集《大典续录》以后各年受敎，为《新续录》)，故近不举行。今若申明举行，则当以改奉承传乎?" 传曰:"有关祭享之事，不可疎漏。虽不载《新续录》，而宗簿寺依前受敎，为公事启下，则不

---

25) 《朝鲜王朝实录》世祖 47卷，14年(1468 戊子 / 明成化4年) 11月 28日(甲申) 第1条纪事。
26) 《朝鲜王朝实录》睿宗 8卷，1年(1469 己丑 / 明成化5年) 11月 16日(丙申) 第4条纪事。
27) 《朝鲜王朝实录》成宗 8卷，1年(1470 庚寅 / 明成化6年) 11月 8日(壬午) 第3条纪事。
28) 《朝鲜王朝实录》燕山 12卷，2年(1496 丙辰 / 明弘治9年) 1月 4日(癸未) 第3条纪事。
29) 《朝鲜王朝实录》中宗 20卷，9年(1514 甲戌 / 明正德9年) 2月 22日(丙辰) 第1条纪事。

必奉承传也。"30)

(七)《修正续录》

根据肃宗十四年(1688)的记载，肃宗认为，"我国《大典》，成于成宗，金科玉条，固已详密，而行之二百年，疵弊日生，中经兵乱，或废或变，无有准的。今当依李珥说，别设一司，以大臣领之，选卿宰以下通经学习世务者，为堂上，通训以下，为僚属，俾依《大典》本文，详加斟酌，其可行者，谨而守之；其不可行者，别为变通；其可追补者，亦为添入，是所谓经济之义也。"31) 肃宗取太祖"经济"之义，认为应对《经国大典》施行200年来的"疵弊"进行修正。修订大典的小目，参用《经济六典》，称为《修正续录》。目的是"采先正章疏"、"革旧弊"和"颁新制"。之所以参用《经济六典》，是因为《经国大典》对"祖宗朝良法美意"并未尽数登载。《经国大典》之后已有《续录》、《后续录》，均为历代国王的旨令，其中有很多相互矛盾之处，原因是时代的变迁，这使"官吏临事，莫适所从"。而编纂《修正续录》，可颁行新制，并将《续录》和《后续录》同加修正。32)

(八)《续大典》

《续大典》的编纂始于英祖十六年(1740)，英祖"令儒臣及大臣，抄定律令，入侍禀处，盖方修《续大典》也。"33) 英祖二十年(1744)，《续大典》完成，并开始校正。34) 英祖"亲制《续大典》序文"35)，之后又"亲制《续大典》小识，命继书于御制序文之下。"36) 英祖二十一年(1745)，英祖"命艺阁，《原大典》、《续大典》一体刊行。"37) 英祖二十二年(1746)，"《续大典》印本成。"38)

---

30)《朝鲜王朝实录》中宗104卷，39年(1544 甲辰 / 明嘉靖23年) 8月14日(庚辰) 第4条纪事。

31)《朝鲜王朝实录》肃补19卷，14年(1688 戊辰 / 清康熙27年) 6月14日(乙卯) 第1条纪事。

32)《朝鲜王朝实录》肃补19卷，14年(1688 戊辰 / 清康熙27年) 6月14日(乙卯) 第1条纪事。

33)《朝鲜王朝实录》英祖51卷，16年(1740 庚申 / 清乾隆5年) 5月4日(癸卯) 第1条纪事。

34)《朝鲜王朝实录》英祖60卷，20年(1744 甲子 / 清乾隆9年) 11月28日(辛丑) 第3条纪事。

35)《朝鲜王朝实录》英祖60卷，20年(1744 甲子 / 清乾隆9年) 8月24日(戊辰) 第1条纪事。

36)《朝鲜王朝实录》英祖60卷，20年(1744 甲子 / 清乾隆9年) 12月5日(戊申) 第1条纪事。

37)《朝鲜王朝实录》英祖61卷，21年(1745 乙丑 / 清乾隆10年) 5月28日(己亥) 第2条纪事。

(九)≪大典通编≫

≪大典通编≫编纂于正祖朝, 作者金致仁, 正祖九年(1785)完成[39], 正祖十年(1786)正月起正式颁行遵用。[40] ≪大典通编≫由正祖下令编写, 他认为:"≪续典≫成于甲子, 而先王教令之后于甲子者尚多, 其敢专于近而忽于远乎？ 且原典、续典, 各为一书, 艰于考据, 宜取二典及旧今受教, 通为一编。"[41] ≪大典通编≫内容为"国朝掌故之书"[42]。它将≪元六典≫、≪续六典≫二典及历朝国王旨令编为一书, 分门列目。在≪原典≫的基础上, 标注≪原≫≪续≫与增补, 改横看为直行。增加条目凡72第3条, 其中吏典增21第2条, 户典增7第3条, 礼典增加10第1条, 兵典增加25第6条, 刑典增60条, 工典增1第2条。[43]

(十)≪大典会通≫

高宗朝对≪大典通编≫进行了修订。高宗二年(1865), 高宗为新大典命名:"≪通编≫补刊, 名以≪大典会通≫。"[44] 同年十一月三十日, ≪大典会通≫编成。[45] 十二月印讫并颁发。[46] ≪大典会通≫颁行后, 还对其进行了补葺。如高宗六年(1869)记载, 领议政金炳学启奏说:"宗英之科宦厘正, 即万世久远之谟, 不容不编入≪大典会通≫。且条例之变通者亦多, 请设局刊印, 次第补葺。"高宗批准将此内容编入≪大典会通≫。[47]

(十一)≪六典条例≫

与≪大典会通≫同时编写的还有≪六典条例≫。据高宗二年(1865)记载,

---

38) ≪朝鲜王朝实录≫英祖 63卷, 22年(1746 丙寅 / 清乾隆 11年) 4月 11日(丙子) 第2条纪事。
39) ≪朝鲜王朝实录≫正祖 20卷, 9年(1785 乙巳 / 清乾隆 50年) 9月 11日(丁巳) 第2条纪事。
40) ≪朝鲜王朝实录≫正祖 20卷, 9年(1785 乙巳 / 清乾隆 50年) 9月 12日(戊午) 第2条纪事。
41) ≪朝鲜王朝实录≫正祖实录附录, 正祖大王行状。
42) ≪朝鲜王朝实录≫正祖 20卷, 9年(1785 乙巳 / 清乾隆 50年) 9月 11日(丁巳) 第2条纪事。
43) ≪朝鲜王朝实录≫正祖 20卷, 9年(1785 乙巳 / 清乾隆 50年) 9月 11日(丁巳) 第2条纪事。
44) ≪朝鲜王朝实录≫高宗 2卷, 2年(1865 乙丑 / 清同治4年) 9月 25日(丁亥) 第2条纪事。
45) ≪朝鲜王朝实录≫高宗 2卷, 2年(1865 乙丑 / 清同治 4年) 11月 30日(辛卯) 第1条纪事。
46) ≪朝鲜王朝实录≫高宗 2卷, 2年(1865 乙丑 / 清同治4年) 12月 17日(戊申) 第3条纪事。
47) ≪朝鲜王朝实录≫高宗 6卷, 6年(1869 己巳 / 清同治8年) 3月 8日(庚辰) 第1条纪事。

"≪大典会通≫，今既颁行矣。京各衙门大小事例，略仿≪会典≫规式，名曰≪六典条例≫，继为纂辑，而堂上郎厅，以会通校正监印时人员，仍为举行何如？"高宗允之。[48]≪六典条例≫仿≪大清会典≫，以政府机构进行分类，下叙各项法条政事。是对≪大典通编≫的重要补充。

二. 朝鲜朝大典中的译学政策

朝鲜朝国家大典的翻译学意义首先在于它对译学政策的严格规定，并将这些政策以法律的形式加以固定。法典中所确立的译学政策，是朝鲜朝所有翻译活动必须严格遵守的金科玉律，因此，国家大法对翻译活动的规定是译学政策最重要的显性标志。译学政策指导翻译活动的进行，对翻译活动进行规范与控制，并对翻译活动的效果产生影响。

本文拟从三个方面对大典与译学政策的关系进行考察：首先是大典针对事大外交政策而规定的译学政策；其次是大典针对译官培养所规定的译学政策；第三是朝鲜朝统治者在翻译活动中对大典中的译学政策所作出的调整。

(一)事大外交与译学政策

一个国家的政策，一般分为对内与对外两大部分。对内政策包括财政经济政策、文化教育政策、军事政策、土地政策、宗教政策等；对外政策即外交政策。朝鲜朝译学政策以科举制的形式体现在教育政策中；而在朝鲜朝外交政策中，译学政策则首先以事大使行为主要载体。事大外交作为朝鲜朝第一国是，是译学政策最集中的一个部分。"藩国事大之礼，关系甚重"，[49]　这种事大之礼付诸实施，便要对朝贡制度中的翻译活动作出详细规定。朝鲜朝大典对事大使行的各个方面均有涉及，其中包括赴京使行次数、使行路线、使行人员官品数量、事大文书、贡礼内容、朝贡仪式等，对于接待天朝来使，也有非常具体

---

48) ≪朝鲜王朝实录≫高宗 2卷，2年(1865 乙丑 / 清同治4年) 12月 17日(戊申) 第2条纪事。
49) ≪朝鲜王朝实录≫世宗 98卷，24年(1442 壬戌 / 明正统7年) 11月 27日(癸未) 第6条纪事。

的规定。≪通文馆志≫又在大典的基础上进一步明确了细则："国初，岁遣朝京之使，有冬至、正朝、圣节、千秋四行。谢恩、奏请、进贺、陈慰、进香等使则随事差送，使或二员一员而不限品，从事官或多或少而无定额(皇朝随报单赐宴领赏)。故≪经国大典≫只书使、副使、书状官、从事官、从人之品马乘驮，而未言该数中间有上通事，又有堂上通事，仍居从事官之上。而从事官则自教诲以下各有名目外，有医员、写字官、画员，共四十余员。"50) 每次赴京，有正使、副使，通常由大臣、正一品、正二品和正三品官员担任；书状官和写字官一般由承文院官员担任51)；医员由两医司派遣；画员由图画院派遣；使行主要人员由司译院派遣，为院官、译学教师和学生。如冬至行中除使、副使、书状官外，有堂上官二员(司译院院官)、质问从事官一员(司译院教诲中次第居先者，后改称质正官，由承文院派出)、押物从事官八员(司译院)、押币从事官三员(司译院)、押米从事官二员(司译院)、清学新递儿一员(司译院)、偶语别差一员(司译院)等。52)

由于事大使行是关乎宗藩关系稳定的重要环节，因此赴京使行人员的行为规范必须在大典中加以限定。朝鲜朝大典为此制定了一些约束条款和惩戒措施。如"本国使臣赴京者，凡事不与一行人佥议，只以臆见告礼部及朝官等处，或致误错，非惟有乖大体，因此两国之间，生变可虑。今后入朝者，凡有告禀事，须与使及从事官等可否商确，佥议一定，然后告禀施行。"53)

朝鲜朝大典对于事大使行的规定相当具体，对通事以权谋利之事亦有相关法律规定，"赴京人赍去布数及杂物挟带人论罪之法，载在≪续典≫。""从事官等赴京时，无时出入，与中国人交通，或滥行买卖，或漏泄事机，关系至重。今后或因私事，或因公务有出入事，则使及检察官处，辞缘告课，然后方许出入。"54)对通事的管理条款是译学政策的重要部分，反映了朝鲜朝统治者的政治态度及对使行译官的严格约束。

50) ≪通文馆志≫卷三，事大(上)，第1页。
51) ≪通文馆志≫卷三，事大(上)，第2页。
52) ≪通文馆志≫卷三，事大(上)，第2页。
53) ≪朝鲜王朝实录≫世宗98卷，24年(1442 壬戌 / 明正統7年) 11月 27日(癸未) 第6条纪事。
54) ≪朝鲜王朝实录≫世宗98卷，24年(1442 壬戌 / 明正統7年) 11月 27日(癸未) 第6条纪事。

(二)译官培养与译学政策

事大外交和赴京使行离不开通事的翻译活动，司译院是事大翻译活动的专门机构，也是翻译人才培养的外语教学机构。司译院的设置及其翻译活动，是大典中译学政策的重要内容之一。朝鲜朝历代法典中针对司译院译官培养的译学政策内容相当广泛，主要包括翻译机构的设置、翻译活动的劝励、译学教材的选用、考试方式的选择以及译官的任用及人数等等。

译学政策的一个重要显性标志是翻译机构的设置，司译院的机构设置及归属在朝鲜朝大典中有明确记录。"国初，置司译院掌译诸方言语，其属官有蒙、倭、女真学，通为四学。属礼曹(出≪经国大典≫)"55) 在翻译机构设置之后，所有翻译活动便有了归属。

朝鲜朝翻译机构除负责事大使行外，另一个重要内容是翻译人才的培养。大典中的译官培养政策内容非常丰富，其中对翻译人才的选拔培养及劝励条文占有很大比例。如对司译院汉学取才考试用书及考试方式，≪经国大典≫有如下规定："司译院汉学四等取才时，四书、≪小学≫、≪老乞大≫、≪朴通事≫中，抽试三书；≪四书≫则临文，≪小学≫、≪老乞大≫、≪朴通事≫则皆背诵。"56)

在司译院译官培养中，教材选用是一个非常重要的环节。≪经国大典≫对司译院教材的规定分为汉学、蒙学、倭学、女真学等四类。以蒙学教材为例，≪经国大典≫指定的司译院蒙学教材包括：≪王可汗≫、≪守成事鉴≫、≪御史箴≫、≪高难≫、≪加屯≫、≪皇都大训≫、≪老乞大≫、≪孔夫子≫、≪帖月眞≫、≪吐高安≫、≪伯颜波豆≫、≪待漏院记≫、≪贞观政要≫、≪速八实≫、≪章记≫、≪何赤厚罗≫、≪巨里罗≫等。57) 而≪经国大典≫规定的女真学教材则包括≪小儿论≫、≪七岁儿≫、≪天兵书≫、≪十二诸国≫、≪仇难≫、≪千字≫、≪贵愁≫、≪太公≫、≪八岁儿≫、≪孙子≫、≪吴子≫、≪尚书≫、≪三岁儿≫、≪去化≫、≪自侍卫≫等。58)

---

55) ≪通文馆志≫卷一，沿革，官制，第1页。
56) ≪朝鲜王朝实录≫成宗10卷，2年(1471 辛卯 / 明 성화(成化) 7年) 5月 19日(辛卯) 第4条纪事。
57) ≪通文馆志≫卷二，劝奖，升差，第3页。

此外，为了更好地发挥法典的效用，朝鲜朝还将大典作为司译院教材，在译官培养中进行使用。作为教材使用的朝鲜朝法典有≪元典≫、≪续六典≫、≪翻经国大典≫、≪翻大典会通≫等。如世宗二十八年(1446)，即将≪元典≫、≪续六典≫作为武科考试科目。59)

司译院教材中的大典主要使用≪翻经国大典≫。60) 司译院还将≪翻经国大典≫作为翻译考试科目，其考试方式为临讲。61) 随着大典的更新，又有新的大典取代≪经国大典≫成为译官培养教材。如≪六典条例≫规定，在司译院翻译教材中使用≪翻大典会通≫。62)

大典对司译院译官培养的一系列规定，成为朝鲜朝翻译活动的纲领性原则，为朝鲜朝翻译活动确立了长久之法。

(三)大典实施中的政策调整

尽管法律和政策在指导思想、基本原则、社会目标等方面高度一致，但二者也有明显的区别。朝鲜朝法典是朝鲜封建政治集团意志的体现，表现为立法机关依照法定职权和程序制定规则，并面向社会公布推行。大典是整个国家的大政方针，以国家强制力保证其实施，朝廷可以对任何违反者实施制裁，具有普遍的适用性。作为国家大法，它具有较高的稳定性，一般会在较长时期内保持不变。而某一种译学政策则可以主要由或完全由原则性的规定构成。政策可能只适用于某一范围，比如朝鲜朝译学政策的具体实施主要是在司译院内进行。司译院的译学政策有较大的灵活性，大量的具体政策往往会随着形势的变化而随时进行调整，否则便失去了即时性，不能发挥其指导作用。因此，朝鲜朝在实施大法中规定的译学政策时，需要对此作出一定调整。

如成宗二年(1471)，礼曹启奏说："≪大典≫内：'司译院汉学四等取才时，四书、≪小学≫、≪老乞大≫、≪朴通事≫中，抽试三书；≪四书≫则临文，

---

58) ≪经国大典≫卷三，礼典，取才。

59) ≪朝鲜王朝实录≫世宗114卷，28年(1446 丙寅 / 明正統11年) 10月 19日(癸丑) 第1条纪事。

60) ≪通文馆志≫卷二，劝奖，科举，第2页。

61) ≪通文馆志≫卷二，劝奖，升差，第3页。

62) (韩)林东锡，≪朝鲜译学考≫，台湾师范大学博士论文，1982，第111页。

≪小学≫、≪老乞大≫、≪朴通事≫则皆背诵。'若≪老乞大≫、≪朴通事≫
帙少可诵，≪直解小学≫背讲为难。今后请春、夏等，讲一、二卷；秋、冬
等，讲三、四卷，分卷试取。蒙学，≪高难加屯≫、≪皇都大训≫、≪王可汙≫、
≪守成事鉴≫、≪御史箴≫卷帙多，故前此，临文讲试。今≪大典≫，并在写
字之列，须得背诵后，可以写字。此五书，固难成诵，恐因此废而不学。请依
前例，临文试取。"成宗认为可行，批准了这两点请求。[63]

成宗十二年(1481)，礼曹根据釜山浦倭学生徒曹招山等上言启奏："≪大典≫
科举条：'倭学司译院录名试取。'则三浦生徒乡试，固不可设，令所居邑，择
成才人，给状送本院，依他生徒例，录名试取为便。且训导虽恒教训，然生徒
不与倭人，同处质正，故语未精熟，今后客人押来时，乡通事及生徒，相递差
送，其中成才人，移定司译院生徒，试才叙用。"[64] 成宗根据礼曹建议对大典
规定进行了调整。

又如端宗三年(1455)，议政府据礼曹呈及司译院呈启奏说："司译院别设讲
隶官三十人、别斋学官五十人，常习译语。且≪六典誊录≫节该，'译科出身
七品以下人，每月六衙日翌日，提调试其所读书，兼试言语，圆点置簿，当赴
京之际，以圆点多者，差打角夫'，近年汉、蒙二学出身人，分为上中下三
等，轮次赴京，自是圆点之法废坏。其中懒慢不习其业者，亦依次赴京，非唯
无以功课，亦且欺罔国家，甚为不可。请今后兼考仕日多少差送，以杜冒滥之
弊。"[65]

在大典使用过程中，虽有新订或修订的大典，但也会根据需要用旧典内容对
译学政策作出调整。如中宗三十五年(1540)，领议政尹殷辅等说："臣等见≪经
济六典≫，祖宗朝有汉吏学，各别设局教习，而又设汉吏科，如阴阳医译之
科。但杂科则唱榜于礼曹，而汉吏则于文武科唱榜时，后行随班，欲其殊异于
杂科，而使人劝勉也。祖宗朝之法如此，而其后择文士，教习汉吏之学，故革
去汉吏之科，只令文士肄习也。但文官各有职掌，业必不专，而虽不为汉语、
吏文，亦无碍于显职，故人皆窥免，未见成效也。依祖宗朝旧法，俾得专业讲

---

63) ≪朝鲜王朝实录≫成宗 10卷，2年(1471 辛卯 / 明成化7年) 5月 19日(辛卯) 第4条纪事。
64) ≪朝鲜王朝实录≫成宗 127卷，12年(1481 辛丑 / 明成化 17年) 3月 23日(丁酉) 第1条纪事。
65) ≪朝鲜王朝实录≫端宗 13卷，3年(1455 乙亥 / 明景泰6年) 1月 26日(壬申) 第4条纪事。

习何如?且天使若出来，则以我国为文献之邦，必以诗文相接也。中朝之重我国，亦以此也。"66) 在汉语人才匮乏的情况下，鼓励文官俾习汉语，是一项重要的人才培养措施。

在大典使用过程中，类似的政策调整还有很多，由此可以看出法律和政策的区别。也证明了译学政策的调整是翻译活动管理中必不可少的环节。

三．朝鲜朝大典的译学研究价值

整理大典的目的，不仅仅是为了梳理朝鲜朝大典的形成历史，更主要的是为了对朝鲜朝译学政策的最高文字形式进行考察，从中发现其译学研究价值。本文首先对朝鲜朝大典编纂及使用情况进行分析，了解上文提及的11种大典在朝鲜朝五百年间的使用状况及其变化；然后通过研究大典编纂的背景资料，找出朝鲜朝法典中最具代表性和译学研究价值的大典；最后是从最具研究价值的大典中寻找译学研究的线索。

(一)大典使用情况研究

朝鲜朝大典的使用情况因时代而异，有些大典只用于某一时期，但有些大典则具有持久的法律效力，受到朝鲜朝历代统治者的尊崇。这一现象可通过统计数据得到证明。我们首先从大典使用的频度上进行考察，对上文所列10种大典在《朝鲜王朝实录》中的出现频度进行了统计，并根据统计数字画出图表。在统计过程中，我们尽量考虑大典在名称上的多种变化，将所有涉及同一种大典的不同名称分别进行了输入查找。如《经济六典》，我们同时也查找了《原典》、《元典》、《元六典》、《元续六典》、《旧大典》等，共有305条记录；《经济六典续集》，我们也查找了《经济续典》、《续六典》和《续典》，共有355条记录；《经国大典》共有123条记录。《经国大典》在朝鲜朝多称为《大典》，共有3292条记录，但我们在"大典"词条下查到的数字并非全指《经国大

典≫，其中一部分是指"典仪"，一部分是≪大典通编≫、≪大典条例≫的前半部分，还有其他一些意思。≪朝鲜王朝实录≫对这些大典的记载虽然大部分与译学无关，但从大典的使用频率可以看出某一种大典在朝鲜朝历史上所占据的地位。具体统计数字及图表如下：

朝鲜朝大典使用频度表67)

大典名	≪经济六典≫	≪经济六典续集≫	≪六典誊录≫	≪经国大典≫	≪大典续录≫	
频度	305	355	7	3415	76	
大典名	≪大典后续录≫	≪修正续录≫	≪续大典≫	≪大典通编≫	≪大典会通≫	≪六典条例≫
频度	1	1	55	58	47	6

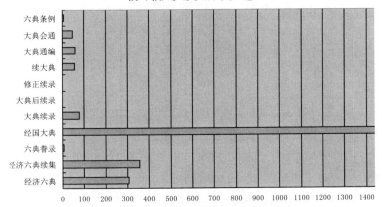

朝鲜朝大典使用频度示意图

从上图可以看出，≪经国大典≫的使用在朝鲜朝占有绝对优势，其次是≪经济六典续集≫和≪经济六典≫。但是，单从频度上还不足以说明某一大典的影响力，因此我们又从大典使用的年代跨度上对≪经国大典≫、≪经济六典续集≫和≪经济六典≫进行了考察。≪经济六典≫于太祖六年(1397)刊行，[68] 最后

---

67) 根据≪朝鲜王朝实录≫整理。

使用时间是高宗三十二年(1895)三月十日，[69] 使用时间跨度为498年；《续典》于太宗十二年(1412)颁行，[70] 最后使用时间为高宗三十七年(1900)11月2日[71]，使用时间跨度为488年；《经国大典》于成宗二年(1471)正月初一开始施行[72]，最后使用记录为高宗四十二年(1905)1月7日，[73] 使用时间跨度为434年。这三部大典均使用至高宗时期，足以说明其价值和影响力。

通过对朝鲜朝大典的使用频度和年代跨度的考察，我们认为，朝鲜朝法典中最具译学研究价值的应属《经济六典》(《元典》)、《经济六典续集》(《续典》)和《经国大典》，这三部大典堪称朝鲜朝大典之最。

(二)《元典》、《续典》的译学研究价值

《经济六典》是后代各朝译学政策立法的依据，也是译学政策的原始文本。太祖朝对翻译机构和翻译人才培养的明确规定，对朝鲜历朝统治者有很大影响，即使有新的法律规定出台，也会参照《元典》中的政策条文进行翻译活动。《续典》为《元典》颁行十五年之后所撰，因为时间较近，后人常将二典并称为《元》《续》二典。世宗时，对《元典》和《续典》进行了修订，其过程极为繁复，绝不亚于撰写一部新大典，但世宗却始终无意订立新法。"自古一代之兴，必有一代之治。大经大法，虽百世而不易。"[74]世宗认为："《续典》所载，皆祖宗已行之事，岂可更改？"[75]领议政黄喜也认为："《六典》所载严密无余，不可轻改以失信。且《续典》者，裒集太宗朝受教及特旨，其沿革损益，逐一取裁，以成一代之盛典。印颁未几，辄随更改，恐未为全书，将为无用之物。……《六典》之法，昭如日星，祖宗之民，安如盘石，何用汲汲纷更，为多事哉？ 臣愿凡所施为，一从《六典》，示信于民，以行安静之化，

---

68) 《朝鲜王朝实录》太祖 12卷, 6年(1397 丁丑 / 明洪武30年) 12月 26日(甲辰) 第2条纪事。
69) 《朝鲜王朝实录》高宗 33卷, 32年(1895 乙未 / 清光緒21年) 3月 10日(辛巳) 第1条纪事。
70) 《朝鲜王朝实录》太宗 23卷, 12年(1412 壬辰 / 明永樂10年) 4月 14日(戊辰) 第2条纪事。
71) 《朝鲜王朝实录》高宗 40卷, 37年(1900 庚子 / 大韩光武4年) 11月 2日(陽曆) 第4条纪事。
72) 《朝鲜王朝实录》成宗 8卷, 1年(1470 庚寅 / 明成化6年) 11月 8日(壬午) 第3条纪事。
73) 《朝鲜王朝实录》高宗 45卷, 42年(1905 乙巳 / 大韩光武9年) 1月 7日(陽曆) 第3条纪事。
74) 《朝鲜王朝实录》世宗 42卷, 10年(1428 戊申 / 明善德3年) 11月 29日(丁丑) 第2条纪事。
75) 《朝鲜王朝实录》世宗 40卷, 10年(1428 戊申 / 明善德3年) 閏4月 15日(丙申) 第2条纪事。

以定民志，治道幸甚。"76)　成宗也认为"祖宗之法，难以遽改"。77) 中宗朝大司谏孙仲暾在比较≪后续录≫和≪大典续录≫时说："臣观≪后续录≫，非金科玉条，祖宗朝≪大典续录≫，至详且密。务在得人不宜复有增加，请以受敎用之。"中宗也认为："凡法旋立而旋改，则百姓不知适从矣。"78) 因此，后来的大法均以≪元典≫为基础进行修订。

即使后来有了≪经国大典≫，≪元典≫和≪续典≫也作为对≪经国大典≫的补充，与≪经国大典≫并存了相当长的一段时间。成宗四年(1473)司谏院大司谏郑佸在上疏中说："我太祖承高丽板荡之余，为维持世道之制，创立≪元典≫，其后世宗犹虑节目之未悉，又作≪续典≫。凡此二典所载大纲小纪，极其详明，实万世不易之典也。世祖中兴，诞新一代之制，删烦就简，务要省约，名曰≪经国大典≫，此亦经纶之至要也。然而事机无穷，科条有限，官吏遇事，而欲考之于法，则法无可据，事有难断，于是不得不新立敎条，以应一时权宜之变，而立法渐烦矣。然其新立之条，皆不出≪元≫、≪续≫二典所载。≪元≫、≪续≫二典，则束之高阁，良可叹已。臣等愿常用≪大典≫，以遵世祖贻谋之善，而其≪大典≫所无之条，不许新立，通用≪元≫、≪续≫二典，以存先王之旧，以除纷更之渐。"79) 因此，≪元≫、≪续≫二典作为朝鲜朝最早的国家大法，不仅记录了太祖至太宗时期的翻译政策，而且还对其后五百年的翻译活动产生作用。这两部大典对于翻译研究的价值在于，它们是朝鲜朝大法的开山鼻祖，是朝鲜朝翻译政策研究的原始依据。

(三)≪经国大典≫的译学研究价值

朝鲜朝法典，以≪经国大典≫最为全面，使用最为广泛，译学研究价值也最高。≪经国大典≫承袭了≪经济六典≫的体例，分吏典、户典、礼典、兵典、刑典、工典等六卷，内容上则沿袭了太祖以来历代法典，对译学政策的规定也最为完备。它继承了太祖、世祖所确立的政治目标，对事大外交和译官培养均

---

76)≪朝鲜王朝实录≫世宗 90卷，22年(1440 庚申 / 明正統5年) 7月 13日(癸丑) 第5条纪事。
77)≪朝鲜王朝实录≫成宗 98卷，9年(1478 戊戌 / 明成化14年) 11月 30日(丁亥) 第2条纪事。
78)≪朝鲜王朝实录≫中宗 20卷，9年(1514 甲戌 / 明正德9年) 2月 22日(丙辰) 第1条纪事。
79)≪朝鲜王朝实录≫成宗 35卷，4年(1473 癸巳 / 明成化9年) 10月 2日(庚申) 第2条纪事。

有明确规定。据成宗十五年(1484)记载，"我朝自开创以来，代各有典，曰≪元典≫，曰≪续典≫，曰≪大典≫，金科玉条，莫不因时制宜，务合至理。"[80]又据明宗十三年(1558)记载，"≪经国大典≫之撰，出于≪经济六典≫，此太祖朝≪元典≫也。太宗朝撰≪续六典≫，至于世宗朝，参考≪元典≫、≪续典≫，增损成之曰≪续集≫，至于八年，又改之，是≪续集≫二件也。其时黄喜为领相，圣君、贤相，相遇而衷成，岂偶然哉？其后有≪元典≫、≪续典≫、≪眷录≫，有≪元集≫、≪续集≫、≪详节≫。此等册，厥帙不多，但累经撰定，官吏患其浩汗，难于奉行，故乃成≪大典≫耳。"[81]≪经国大典≫在编制过程中不断进行调整，世祖朝统治者参照原有法典，并对此进行补充。世祖三年(1457)吏曹启奏："≪元典≫考察之法，至为详悉，而但无褒贬凭考之法。"[82]虽然仅刑、户二典为世祖御制，其余部分为后世陆续完成的版本，但总体上还是遵行世祖所定原则。≪睿宗实录≫对此有如下记载："世祖以我国法制烦密，乃改定≪六典≫，参究古今宪章，去细节存纲领，以约之。开局五六年，仅成刑、户二典，至是≪六典≫毕就，其刑、户典，率皆世祖御制。"[83]可以说，≪经国大典≫没有动摇≪经济六典≫的基础，但却对它进行了完善。≪经国大典≫中所规定的朝贡制度及译官培养政策，成为后代治国的法宝，也成为我们进行译学研究的宝藏。

当然，≪经国大典≫对≪经济六典≫的修改也并非十全十美，在使用过程中经常会发现不合理之处，因此也需及时进行调整。如睿宗即位年(1468)，礼曹跟据司译院牒呈启奏说："旧例讲隶训导二人，以文臣通晓汉语者差之，教训生徒。今新定≪大典≫，革训导，故生徒废业，实为不可，请仍旧。"睿宗对此表示同意。[84]从研究的角度看，正因为新旧法典在译学政策上的差异，使我们得以了解当时司译院的翻译活动情况，也使朝鲜朝法典更具译学研究价值。

≪经国大典≫在使用频度和年代跨度上占据绝对优势，是朝鲜朝最重要的法典。它所确立的政治制度，影响了整个朝鲜朝几百年的历史。≪经国大典≫对

---

80) ≪朝鲜王朝实录≫成宗163卷，15年(1484 甲辰 / 明成化20年) 2月 26日(癸未) 第2条纪事。
81) ≪朝鲜王朝实录≫明宗24卷，13年(1558 戊午 / 明嘉靖37年) 4月 22日(己亥) 第1条纪事。
82) ≪朝鲜王朝实录≫世祖7卷，3年(1457 丁丑 / 明天顺1年) 4月 6日(己亥) 第3条纪事。
83) ≪朝鲜王朝实录≫睿宗7卷，1年(1469 己丑 / 明成化5年) 9月 27日(丁未) 第2条纪事。
84) ≪朝鲜王朝实录≫睿宗1卷，即位年(1468 戊子 / 明成化4年) 10月 16日(壬寅) 第3条纪事。

朝鲜朝语言政治、语言立法及译学政策的研究具有非常重要的史料价值，是译学研究的第一手背景材料。

四. 结论

作为译学政策的一种重要形式，大典在朝鲜朝译学活动中发挥了举足轻重作用。对朝鲜朝大典的研究，是译学研究不可或缺的组成部分。通过对朝鲜朝法典的分析，我们进一步认识了朝鲜朝法典在译学政策中的地位和作用。作为译学政策的最高形式，朝鲜朝大典具有国家大法的法律效力。朝鲜朝大典中规定的译学政策主要围绕事大使行和司译院译官培养而进行。在译学政策的实施过程中，朝鲜朝统治者又会根据社会语言状况及翻译活动的需要，随时对法典作出政策上的调整。朝鲜朝最重要的三部大典是《经国大典》、《经济六典》和《经济六典续集》，这几部大典对译学研究具有很高的文献价值。我们虽然从朝鲜朝大典中梳理出了一些线索，但大典的价值在译学政策研究中还有深入挖掘的空间。

<参考文献>

(朝鲜)崔恒等编，《经国大典》，一志社，1978。
(朝鲜)金指南等，《通文馆志》，刻本，北京大学图书馆藏本。
(韩)国史编纂委员会，《朝鲜王朝实录》，2005。
(韩)林东锡，《朝鲜译学考》，台湾师范大学博士论文，1982。
(英)彼得·伯克，《语言的文化史：近代早期欧洲的语言和共同体》(Peter Burke, Languages and Communities in Early Modern Europe, Cambridge University Press, 2004.)，北京大学出版社，2007。
Chun, Hai-Jong, Sino-Korean Tributary Relations in the Ch'ing Period. In Fairbank, John King (ed.)(1968). *The Chinese World Order-Traditional China's Foreign Relations*. Harvard University Press.

Garvin, Paul. (1973). Some comments on language planning. In Joan Rubin & Roger
　　　　　　Shuy (Eds.), *Language planning: Current issues and research*.
　　　　　　Washington DC: Georgetown University Press. pp. 24-73.
姜信沆, ≪李朝时代的译学政策和译学者≫, 韩国塔文化社, 1978。
姜信沆, ≪李朝時代의 譯學政策에 관한 考察≫≪大東文化研究≫第二辑, 1966。
梁伍镇, ≪汉学书研究≫, 博文社, 2010。
乌云高娃, 14-18世纪东亚大陆的"译学"机构, ≪黑龙江民族丛刊≫, 2003(3)。
郑光, ≪朝鲜朝译科试卷研究≫, 成均馆大学校出版部, 1990。
郑光, ≪译学书研究≫, 首尔：J&C, 2002。

□ 성명 : 김란(金兰)
　　주소 : 中国北京海淀颐和园路5号 北京大学对外汉语教育学院 100871
　　전화 : +86-10-13651014143
　　전자우편 : jinlxx@pku.edu.cn

□ 이 논문은 2015년 10월 1일 투고되어
　　　　　　2015년 11월 1일부터 11월 20일까지 심사하고
　　　　　　2015년 12월 1일 편집회의에서 게재 결정되었음.

『捷解新語』의 編纂者들

鄭丞惠

(韓國, 水原女大)

<Abstract>

「捷解新語」の編纂者たち

本研究では、朝鮮後期に作られた日本語学習書である「捷解新語」及びその編纂に関わった人々について考察している。

朝鮮初期は司訳院で日本から輸入した教材を使って訳官を養成したが、文禄の役（壬辰倭亂）以降は日本へ捕虜として連れられた後、帰還した康遇聖が著した「捷解新語」が日本語教育に用いられるようになる。「捷解新語」は長い間使われるうちに2次改修がなされるが、改修過程を主導して関わった訳官に対する記録も残っている。

「捷解新語」は日朝関係において最も重要な場面であった「通信使」の行路を辿りながら作られ、倭館での貿易と日本人との疎通のために作った会話書と言える。私たちは「捷解新語」に関わった人々の行蹟を通して、このテキストは想像から作られたものではなく、編纂者たちが自ら経験した事件を土台に作ったものであり、この本の改修過程も各種の歴史記録を通じて確認することができた。その間の訳学書の研究がテキストそのものに関心が持たれていたとすれば、本を作った人に対する研究はこの教材が作られた外延をより豊富にしてくれるだろう。

Key words : 捷解新語, 康遇聖, 日本語教育, 訳官, 通信使

1. 序言

한국과 일본은 역사적으로 긴밀한 접촉을 가져오면서 해당 외국어의 학습이 필요했고, 특히 조선시대에는 활발한 교류를 통해 양국의 언어를 배우기 위한 교재의 편찬이 본격적으로 이루어졌다.

조선시대에 국가주도로 '사역원(司譯院)'이라고 하는 관청을 두고 '사학(四學)'을 통해 체계적으로 외국어를 교육한 것은 이미 알려진 사실이다. 조선시대 사역원은 두 가지 기능을 가지고 있었다. 첫째는 사대교린(事大交隣)에 필요한 인재를 양성하기 위해 漢語·蒙語·女眞語(淸語)·倭語 등 외국어를 교육하는 교육기관으로서의 기능이고, 둘째는 외국어의 통역과 번역 등을 맡아보는 일반 관부로서의 기능이다. 교육기관으로서의 기능은 이미 고려시대인 1276년(忠烈王 2)에 통문관(通文館)을 설치하고 한어(漢語)를 교육한 데서부터 시작되었고, 일반 관부로서의 기능은 조선시대부터 시작되었다. 사역원과 역관(譯官)을 선발하는 시험인 역과(譯科)는 역학서(譯學書), 즉 외국어 교재의 편찬과 매우 밀접한 관계에 있다. 사역원 역관의 선발에 필요한 과시서(科試書)가 곧 역학서였기 때문이다. 따라서 오늘날 외국어 국정 교과서에 해당하는 역학서는 그만큼 중요한 위치에 있었다.

본고에서는 조선시대 사역원 역학서 가운데 일본어 교재인 왜학서(倭學書), 특히 『첩해신어(捷解新語)』의 편찬과정과 그에 관련된 인물들에 대하여 살펴보고자 한다.

2. 司譯院 倭學과 倭學書

선초(鮮初)에 사역원에서 일본어를 처음 익히게 한 사실은 『태종실록』 권28 태종 14년 10월 26일(丙甲) 조에 보인다.

> 사역원(司譯院)에 명하여 일본어(日本語)를 익히게 하였다. 왜객통사(倭客通事) 윤인보(尹仁甫)가 상언(上言)하기를, "일본인(日本人)의 내조(來朝)는 끊이지 않으나 일본어를 통변하는 자는 적으니, 원컨대, 자제(子弟)들로 하여금 전습(傳習)하게 하소서." 하니, 그대로 따랐다.
> (命司譯院習日本語. 倭客通事尹仁甫上言: "日本人來朝不絶, 譯語者少, 願令子弟傳習." 從之.)

또『세종실록』권49 세종 12년 8월 29일(丁酉) 조에 다음과 같은 기록이 있어
을미년(태종 15년, 1416)에 정식으로 倭學을 司譯院에 設置하였음을 알 수 있다.

예조에서 아뢰기를,
"지난 을미년 수교(受敎)에, '왜학(倭學)을 설치하고 외방 향교(鄕校)의 생도와 양
가(良家)의 자제들로 하여금 입속(入屬)하게 하여, 사역원(司譯院)과 병합하여 몽
학(蒙學)의 예에 따르라.' 하였으나, 본학(本學)은 다른 학의 예와는 달리 거센 파
도와 위험한 검극(劍戟) 사이를 갔다왔다하는 것이라서, 실상 꺼리는 일이기 때문
에 이에 입속을 구하는 자가 적사오며, 생도 30여 명이 다만 한 체아직(遞兒職)에
만 전임되기 때문에 생도들이 흔히 연고를 핑계하고 나오지 않사옵니다. 혹 1,2명
이 겨우 붙어 있다 하더라도 문자(文字)를 해독하지 못하고 다만 언어만 통하고
있어, 한갓 통사(通事)를 이어대기가 어려울 뿐 아니라, 왜서(倭書)를 역해(譯解)한
다는 것도 장차 끊어지지 않을까 염려되오니, 당초의 수교대로 몽학(蒙學)의 예에
따라 한 체아(遞兒)를 더 주어 2명씩 옮겨 나가도록 하여 뒷날을 권장하옵소서."
하니, 그대로 따랐다.
(禮曹啓: "去乙未年受敎: '設倭學, 令外方鄕校生徒良家子弟入屬, 合于司譯院, 依
蒙學例遷轉.' 本學非他學之例, 往還滄波劍戟間, 實爲可憚, 故求屬者少, 而生徒三
十餘人, 唯用一遞兒遷轉, 故生徒多托故不仕. 雖或一二人僅存, 不解文字, 只通言
語, 非徒通事者難繼, 譯解倭書, 恐將廢絶. 請從初受敎, 依蒙學例加給一遞兒, 每二
人遷轉, 以勸後來." 從之)

사역원 역생들의 외국어 학습 교재인 역학서는 그들을 시험하여 역관에 임
명하는 출제서로서『경국대전』(1485),『속대전』(1746) 등의 법전에 규정되어
갑오경장까지 지속된다. 법전에 규정된 역과 및 역과 취재의 과시서들은 거의
바뀌지 않고 사역원 등에서 각종 시험에 대비하여 사용하는 외국어 교재가
되었다. 그러나 시대의 흐름에 따라 언어는 변화하는 것이어서 우리말과 상대
국의 언어가 변화함에 따라 역학서 역시 개편되었다.[1]

이 가운데 일본어 교재인 왜학서를 살펴보자.『세종실록』권47 세종 12년
3월 18일(戊午) 조에 보이는 상정소(詳定所)의 계(啓)에 의하면, 왜훈(倭訓)으

---

1) 譯學書의 改訂은『經國大典』에 규정된 譯科 및 譯官 取才의 출제서를 바꾸게 된다. 그러
나 법전의 변경은 대단히 어려운 일이어서 사역원에서는 같은 서명의 역학서를 수정하
는 방법으로 역학서를 개정하였다.

로 '소식(消息), 서격(書格), 이로파(伊路波), 본초(本草), 동자교(童子敎), 노걸
대(老乞大), 의론(議論), 통신(通信), 정훈왕래(庭訓往來), 구양물어(鳩養勿語),
잡어(雜語)' 등 11종의 왜학서가 사용된 것을 알 수 있다. 이에『경국대전』역
과 출제서에는 '응영기(應永記), 잡필(雜筆), 부사(富士)'가 더해져 14종의 왜학
서가 사용되었다. 이 가운데 '노걸대'는 漢語『노걸대』를 일본어로 번역한 것으
로 짐작되며, 나머지는 주로 당시 일본에서 사용되던 훈몽(訓蒙) 교과서였던
것으로 보인다. 이 교재들은 대부분 소실되었으나,『庭訓往來』,『童子敎』[2] 와
같이 후에 재간되어 일본 또는 우리나라에 전하고 있는 자료들도 있다.

　　壬辰倭亂 이후 왜학서는『첩해신어(捷解新語)』로 대표된다.『첩해신어』는
2차에 걸쳐 개수되고 중간되어 사역원이 폐지되기까지 사용되었으며, 이와 함
께 일본어 어휘집으로『왜어유해(倭語類解)』가 사용되었다. 법전에 정식 과시
서에는 등재되지 않았으나, 일본에서 조선어 교재로 사용되었던『隣語大方』이
조선에 들어와 새롭게 목판으로 간행되어 사용되었다.

3.『첩해신어』의 編纂 過程과 관련 인물들

3.1.『첩해신어』원간본(原刊本)의 편찬과 강우성

(1) 강우성(康遇聖, 1581-1653?)

『통문관지(通文館志)』卷7 人物 康遇聖 條

---

2) 동경대 오구라문고 실어교 동자교 = 手習指南抄 2, 實語敎 15 童子敎 19
　　일본 문자교육의 초기 형태 - 한자보다는 이를 약화시켜 일본어 표기에 사용한 48자의
　　가나문자를 교육. 그 최초의 교재는 <천자문>에서 유래한 '아메쓰치노코토바(阿女都千
　　の詞라는 데나라이노고토바노우타(手習詞歌). 아메쓰치(阿女都千)(이로하와 같은 고
　　대 가나문자의 명칭)

본관은 진주(晉州)이다. 임진왜란 때에 사로 잡혀갔다가 10년 만에 돌아왔으므로, 왜인의 풍속을 익히 알고 또 그 말을 잘하였다. 일찍이 우리나라 법전에 실려 있는 왜어 책자는 말이 많이 소략하였으므로, 관왜(館倭)를 접대하고 통신사(通信使) 와 수작했던 말들을 더하여 모아서 10권을 만들어 《첩해신어(捷解新語)》라 이름하였는데, 갖가지 절목(節目)이 모두 상세히 갖추어졌다. 강희(康熙) 경술년(庚戌年, 1670, 현종 11)에 상국(相國) 양파(陽坡) 정태화(鄭太和)가 계청하여 주자(鑄字)로 인쇄해 반포하였는데, 무오년(戊午年, 1678, 숙종 4)부터 오로지 이 서적을 과시(科試)에 썼다.[《계사등록(啓辭謄錄)》에 나와 있다.] 모두 두 번 통신사를 따라갔고 다섯 번 부산 훈도(釜山訓導)를 맡았다. 벼슬은 가선대부에 이르렀다. (康遇聖, 晉州人. 壬辰被擄十年乃還, 熟諳倭俗, 且善其語. 嘗以國典所載倭語冊子, 語多疏略, 乃設爲館倭接待, 信使酬酢之說, 彙作十卷, 名曰 捷解新語, 各樣節目, 無不詳備. 康熙庚戌, 陽坡鄭相國啓請, 鑄字印布, 自戊午後, 專以此書行用於科試(出 啓辭謄錄). 凡再赴信使, 五任釜山訓導, 官至嘉善.)

『누판고(鏤板考)』(正祖20년;1796 徐有榘 편찬) 卷第4 子部 上 112 의 기록

捷解新語 十卷
李朝司譯院官康遇聖撰. 康遇聖萬曆壬辰被擄日本, 十年而還用其語說爲信使問答之說.
司譯院藏印紙七牒十一張

강우성의 가계는 진주(晋州) 태생으로 어려서 몽고에 끌려갔다가 역관이 되어 다루가치[達魯花赤]의 신분으로 여러 차례 고려에 사신으로 왔고 충렬왕조에 찬성사(贊成事)에까지 오른 강화상(康和尙, ?-1289)이 시조이다. 강화상은 몽고에서 이름을 守衡으로 바꾸었다. 강화상 이후부터 강우성의 고조부 이전까지의 가계는 미상이다.

『象院科榜』에 의하면, 강우성의 증조부는 사과(司果) 康順이고 조는 사옹원(司饔院) 봉사(奉事) 康承輔이다. 부는 주학교회(籌學敎誨)를 지낸 康有慶이며, 외조 邊潤寶(원주인)의 관직은 기재되어 있지 않으며, 장인 慶禪(청주인) 는 관직이 籌學計士이다.[3] 叔父 康餘慶의 관직은 籌學主簿이고 사촌동생 康就

---

3) "萬曆己酉增廣 光海元年創位稱慶 康遇聖 辛巳 晋州人 倭敎誨 官至嘉善 父籌學敎授有慶 祖甕奉承輔 曾順 外原州邊潤寶 岳慶禪計士引儀淸州人"(『象院科榜』乾坤, 하버드대학

聖도 籌學計士를 지냈다. 강우성 역시 주학(籌學) 출신이 많은 가문답게 역과
에 응시하기 전 먼저 주학취재에 입격한 바 있다.『籌學入格案』을 통해 강우성
의 가계를 살펴보면 아래 [표1]과 같다. 강우성 이후로 현존하는 방목이나 입격
안 등에서 이 가문의 존재가 미미하게 나타나지만 사마시(司馬試)에 3명, 문과
(文科)에 2명의 합격자를 냈고 그들의 거주지가 거의 대부분 황해도·평안도라
는 사실을 알 수 있다.

　　1592년 10월 진주성이 임진왜란으로 함락되면서 많은 사람들이 왜군의 포
로가 되었는데, 당시 12살이었던 강우성도 포로 속에 섞여 일본으로 끌려간듯
하다. 주로 오사카[大阪] 또는 교토[京都]부근에서 10여 년 동안의 억류생활을
보내었다. 1600년 9월 세키가하라전투(關ケ原戰鬪)가 일어났을 때에는 도쿠가
와(德川家康)의 군중에서 전투광경을 직접 목격하기도 하였다.　1601년 6월
임진왜란 때 일본으로 끌려갔던 포로 중 남녀 250명이 송환되어 부산으로 돌
아왔는데, 그때 그도 고국에 돌아올 수 있었던 듯하다. 1606년(선조38) 26세
때 籌學取才에 입격하였고, 3년 후인 1609년 萬曆己酉增廣試에서 三等十三人
으로 譯科에도 입격하였다.

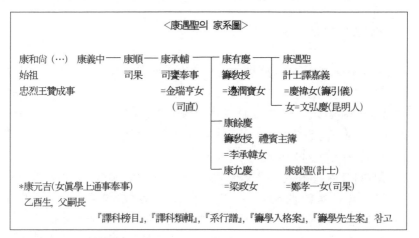

[표1] 康遇聖의 家系圖

강우성이 역관으로 활약한 17세기 전반은 조선의 대외관계에서 대단히 중요한 비중을 차지한다. 임진왜란으로 단절된 일본과의 외교 관계가 1609년 기유약조(己酉約條)를 통해 재개되는 시점이었고 한편으로 명청 교체기를 맞아 조선은 쇠약해가는 명에 의리를 다해야 했고 급부상하는 후금(淸)과의 간계에도 소홀할 수 없었다.

호란(胡亂)을 겪으면서 한일관계에서의 역조현상으로 인해 대마도의 사선의 도해례(渡海例)가 생겨났고 조선이 지급해야 할 쌀이나 기타 지급량(현물, 인삼 등)은 증감 일로였다. 그리고 동래부의 왜관, 즉 두모포(豆毛浦) 왜관 시기(1607-1678)는 특히 임진왜란 여세가 강하게 작용하여 대마도측의 강성 전략에 조선이 효과적인 대응을 하진 못한 수세기였다. 전란으로 인해 모든 제도의 흐름이 막힌 상황에서 일본의 사정에 훤하고 언어적 능력이 갖춰진 포로 출신을 역관으로 선발한 경우는 강우성 말고도 몇 예가 더 있다.4) 사역원이 외국어 교육을 위해서 포로 귀환자 또는 현지인을 등용한 것은 현실적인 선택이었다.

왜학역관 강우성은 1609년(광해군 1)에 역관에 입격한 뒤로 왜학훈도 5회, 통신사의 수행역관으로 3회나 파견되었다. 그의 역관 경력은 기록상 1653년(효종4)까지 나타난다. 강우성의 일생을 정리하면 다음과 같다.

> 1581년(辛巳) 生 진주인. 籌學敎授였던 有慶의 아들로 태어남.(『譯科榜目』萬曆己酉增廣(1609) 三等十三人 字○○ 辛巳生 本晋州 倭學敎誨嘉儀 父籌敎授有慶)
> 1592년(선조 25년) 12세 : 포로로 잡혀감.
> 일본의 關ケ原戰鬪(1600) 참여(姜弘重『東槎錄』갑자년 11월 31일 조의 기록)
> 1606년(선조 38년) 26세 : 籌學取才 입격 (『籌學入格案』)

---

4) 임진·정유 양란의 피로인으로 귀환해서 역관이 된 사람 가운데 강우성 외에도 尹大先과 1604년 惟政의 探賊使와 1624년 회답겸쇄환사에 2차례 역관으로 파견된 朴彦璜이 있다. 윤대선은 『역과방목』에 명단이 누락되어 있으나 동래부의 훈도로 근무하고 1636년 통신사의 次上通事로 파견된 인물이며, 박언황은 1601년(선조34) 8월 "일본의 재삼 위협을 운운하며 일본과의 국교 재개를 하는 것이 좋을 것"이라는 정세를 전달하도록 대마도가 南忠元이라는 인물과 함께 쇄환해 보낸 인물이다. 1603년 박언황은 피로인 시기에 배운 일본어 능력을 발휘하여 역과에 입격하여 1624년 사행의 상통사로 파견되기도 하였다.(이상규 2006, 108쪽)

1609년(광해군 1년) 29세 : 譯科 萬曆己酉增廣試 3등13인으로 입격(『譯科榜目』)
1613-1615년(광해군 5-7년) 33-35세 : 동래 釜山浦의 <u>倭學訓導</u>로 부임(『인조실
록』 권20 인조7년 5월 정유조의 기록). 이때부터 다섯 차례 부산포 倭學訓導 역임
(『通文館志』 권7 인물 강우성조)
1617년(광해군 9년) 37세 : 渡日(통신사의 上通事)
   일본의 <u>回答使兼俘虜刷還使</u> 正使 吳允謙, 副使 朴榟, 從事官 李景稷을 따라 大
阪 伏見에 감(이경직(石門)의 『扶桑錄』(1617), 吳允謙(楸灘)의 『東槎錄』의 기록).
피로인 321명 데려옴.
1618년(萬曆 戊午) 38세 : 첩해신어 초고 완성(『개수첩해신어』 범례의 기록)
1624-25(인조 2-3년) 44-45세 : 渡日(통신사의 上通事)
   <u>回答使</u> : 正使 鄭昱, 副使 姜弘重, 從事官 辛啓榮 등을 따라 江戶까지 감. 上通事
로서 따라감.(강홍중의 『東槎錄』에 기록)
1636-37(인조 14-15년) 56세-57세 : 渡日
   <u>通信使</u> : 正使 任絖, 副使 金世濂, 從事官 黃㦿 등을 따라 江戶까지 감. (임광의
『丙子日本日記』에 기록). 首譯 洪喜男과 함께 일본의 사정에 밝아서 대마도주의
긴박한 입장을 전달하는 매개자로 부상.
1637-1643(인조 15-21년) 57세-63세 : <u>倭學訓導</u>. 1637년에서 1643년까지의 특정
시기로 추정. 활동은 잘 드러나지 않고 공목 흠축의 여부만 판가름 난 상태.
1651(효종 2년) 71세 : 문위역관 강우성이 병이 나서 김근행을 대신 차정한다는
기록.
   (『各司謄錄』 孝宗 2년 1월 26일 조)
1652(효종 3년) 72세 : <u>倭學訓導</u> 왜역(倭譯)의 징채(徵債) 문제를 논의하면서 강우
성이 파직되었음을 언급함. 동래부사 任義伯이 훈도의 공목 회계문서를 일제 조사
하는 과정에서 강우성의 행적이 드러남. (『備邊司謄錄』 孝宗 3년 5월 16일 조)
- 중병을 앓았다는 기록 (『邊例集要』 卷16 壬辰(1652) 8월조)
   1653(효종 4년) 73세 : 倭人負債譯官을 언급하며 강우성 등이 공목 회계를 누락
   한 것을 언급하고 치죄할 것을 논의함. (『備邊司謄錄』 孝宗 4년 1월 6일 조 및
   9월 13일 조)
- 언제 사망했는지는 미상.

(2)『첩해신어』의 내용과 강우성

『첩해신어』 원간본의 체제를 살펴보면 다음과 같다.

제1권-제4권 : 釜山의 倭館에서 벌어지는 조선의 통사(역관)와 대마도측과의 대화
제5권-제8권 : 통신사 파견을 준비하는 과정부터 통신사 사행에 돌아오기까지의 여정 가운데 주고받는 대화
제9권-제10권 : 제9권은 왜관에서 연향을 설행할 시기를 놓고 대마도 사자와 조선인 역관 간의 대화. 제10권은 대마도의 연례송사, 차왜가 왜관에 체류하는 기간에 이루어진 외교·무역의 절차를 놓고 의사를 주고받는 내용이 들어간 소로체[候體] 문장. 일본 8道 66州의 지명. 일본어 한자어의 언문 풀이.

강우성이 쓴 초고는 1670년(현종 11)에 사역원 도제조 정태화의 계청으로 교서관에서 주자로 간행할 예정이었으나, 실제로 간행된 것은 1676년의 일이다. 그런데 중간『개수첩해신어』의 범례에 따르면 '新語之刊行, 雖在肅廟丙辰(1676), 而編成則在萬曆戊午(1618)間, 故彼我言語, 各有異同, 不得不筵稟改正'이라 하여, 비록 간행은 1676년에 되었지만 그 편성은 이미 1618년(광해군 10)에 이루어졌음을 알 수 있다. 또한 강우성이 역과에 입격(1609, 광해군 1)한 후 부산의 왜학훈도로 있으면서 관왜들과의 통역 및 왜학 역생들의 일본어 교육을 담당하였으며, 1617년(광해군 9)부터 1636년(인조 15)까지 세 차례에 걸쳐 통신사행에 참여하여 도일한 경험이 있음을 감안하면, 『첩해신어』의 원고는 1618년에서 1636년 사이에 그 초고가 이루어져서 1676년에 간행되기까지 몇 차례 수정이 이루어졌을 것으로 본다.

① 倭學訓導로서의 경험과 권1-4의 내용
  (강우성의 1613년 공목 감소 협상 타결 외)
강우성은 1613년부터 1615년까지 동래 釜山浦의 倭學訓導로 근무한 시기인 1613년 대마사선에 지급할 公木의 양을 줄이는 협상을 왜인들과 전개하여 기유약조 이후 처음으로 공목의 양을 감소시켰다. 이 내용이 권1-4의 대화 속에 반영되어 있다.

a. 대마사자가 조선의 저울이 부정확한 것을 문제 삼기도 하고 목면의 품질을 시비를 걸어 자주 조선측의 소통사에게 불만을 터뜨리고 경우에 따라서는 급한 공목을 선지급해 줄 것을 요구하는 장면

b. (대마도측의) 代官이 나서서 誠信을 깨뜨리려는 저의가 있다고 훈도에게 밀어
붙이는 반면, '東萊의 백성도 견디지 못할 일은 五日雜物 들이는 일이고 남부여
대(男負女戴)해서 마소에 公木을 실어나르는'(代官들도 他國 일이라 싱각 말고
곰곰 싱각ᄒ여 보옵소 送使는 텹텹ᄒ여 이러ᄐ시 되기 어려이 폐로이 굴모로
東萊ㅅ 百姓도 견더디 못홀 일은 五日雜物 드리기예 스나히는 지고 겨집은 이
고 날마다 드리는 公木들도 ᄆ쇼게 시러 ᄒᄅ 스이 두락 잇틀 스이 두락 왕닉ᄒ
니 사롬이나 ᄆ쇼나 엇디 견더올고 <捷解初4:24-25>) 사정을 들어 폐단이 많
은 공목의 조달을 강요하지 말 것이며 작황이 좋아지면 예년의 수준을 회복할
수 있을 것을 설득하는 장면
c. 대마사선의 正官이 茶禮에 출석하지 않아서 우리 역관이 아쉬워하는 장면 5)
d. '封進'의 용어 사용 : 권 1-3에 나타나는 '封進'이라는 용어는 이전의 용어인
'進上'이라는 용어가 일본의 격을 떨어뜨린다 해서 대등한 용어로 바꾼 것이다.
(封進 看品홀 ᄡᅥ시니 그리 아ᄅ셔 나옵소<捷解初2:15a>)

② 通信使 隨行譯官의 경험과 권5-8의 내용 (1617년, 1624년의 회답겸쇄환
사, 1636년 병자통신사의 상통사 파견 시기까지의 사실 반영)

권5-8의 내용에는 1635년 대마도의 國書改作事件(柳川事件)6)이후 幕府가
그간 대마도주에게 위임하였던 대조선 외교를 외교승을 파견하여 직접 장악해

---

5) 다례는 대마도의 연례송사·차왜가 왜관에 도해한 후 客舍에서 肅拜한 후 열리는 연향이
다. 조선측은 동래부사, 부산첨사가 나오고 대마사선의 등극에 따라 京·鄕接慰官이 파견
되어 합석하도록 규정되어 있다. 실무적인 절차는 동래부의 훈도·별차가 담당하고 접위
관을 배행하는 差備譯官도 참석하도록 되어 있었다. 양국간에 약조로 정해진 규례를
지키지 않고 병을 핑계로 대마사선의 정관이 나오지 않는 예는 일회적인 현상이 아니라
공식적인 외교 행사에 불참하는 대마측의 행태였다. 두모포왜관(1607-1678)까지는 조
선인에게 임진왜란 餘威를 이용하여 (무슨 일이든지) 대마 사자는 강공책을 쓰거나 왜
관을 집단으로 난출해서 훈도, 별차를 욕보이고 接慰官의 수염까지 붙잡아 조선의 위엄
을 실추시켜 자신들의 요구를 관철시키는 습성이 지속되었다.(『增訂交隣志』
6) 1592년(선조 25) 도요토미 히데요시[豊臣秀吉]의 조선 침략은 동아시아 국제질서를 파
괴하고 교린관계를 붕괴시키는 행위였다. 조선에서는 일본의 강화요청에 대하여 일본
국왕 명의의 장군국서와 전쟁의 책임을 묻는 범릉적(犯陵賊) 소환의 두 가지 조건을
제시하여 그것에 따르도록 하였다. 조선이 명의 책봉을 요구한 이유는 동아시아의 평화
와 조·일 관계가 안정되기 위하여 일본에게 책봉체제를 바탕으로 한 동아시아의 국제질
서를 재인식시키고, 이를 전제한 교린체제를 부활하려는 데 있었다. 조선측의 요구는
쓰시마에 의하여 국왕호의 변경을 위주로 한 국서개작(國書改作)이라는 변칙적인 방법
으로 이행되었고, 1607년 회답겸쇄환사(回答兼刷還使)와 1609년(광해군 1) 기유(己酉)
약조에 의하여 조선 전기의 교린관계를 회복하게 되었다.

가는 시기, 즉 1636년 통신사 파견시에 나타난 사실을 담고 있다.

    a. 昭長老 : 권7에 등장하는 '昭長老'는 야나가와[柳川] 사건의 판결로 대마도의
      외교승이었던 玄方이 귀양가고 그를 대신하여 막부에서 대마도의 외교문서를
      담당하기 위해 파견한 京都五山의 東福南昌院 棠陰玄召東堂이라는 승려였다.
      玄召는 隣長老(玉峰光隣)과 함께 대마도에 파견되어 통신사를 안내하면서 도
      주측의 일거수 일투족을 감시했던 인물이다.[7]
      (島主과 昭長老ㅣ 뵈오며셔 信使씌 술오믄 江戸로셔 信使씌 問安의 어룬의 官
      員 二人이 三島짜지 와 기도른다 ᄒ오니<捷解初7:9b>)
    b. '大君'의 칭호 사용 : 권 7, 권8에 등장하는 '大君'은, 국서개작사건 이후 자의적으
      로 대마도가 막부 장군의 칭호를 '日本國國王'이라고 써온 것을 바꾼 것이다.[8]
    c. 信使不受金 : '信使不受金'은 『중간개수첩해신어』의 8권 목차에 표기되어 있는
      데 이것은 사신이 1937년 1월 10일에 歸路인 아라이[荒井]를 지나기 앞서 今絶
      河의 중류 얕은 강물에다 막부에서 받은 과도한 답례품을 두고 온 것에서 유래
      한다.[9] 이것은 통신사 안내로 고역을 치룬 대마도의 하급직에게 은을 가져가
      게 해서 물화를 소중히 하는 마음을 나타내고 과도한 답례품을 거절하는 뜻을
      내비치기 위함이었다. 원간본에서는 권8에 雜物을 남기어 '金子 百枚'를 바꾸
      어 보낸 것을 사양하는 내용으로 되어 있다.

이렇게 마련된 수고본(手稿本)은 필사되어 전해졌으며 어느 시기엔가 정음으
로 대역(對譯)과 주음(注音)이 이루어졌을 것으로 보인다. 이 원간본의 정음
대역과 주음은 누구의 손으로 이루어졌는지 알 수 없으며, 복수의 인원이 분담

---

  7) 이 두 승려는 야나가와 사건으로 유배된 柳川調興의 영향력이 미치고 있던 인물이어서,
     사행이 가마가리(鎌刈)에서 도주가 현소, 광린이 사신을 문안하고 나간 뒤 도주가 미처
     와서 사신에게 "대군(장군)이 조선 사절을 힘써 支供하도록 하고 한편으로 飛船을 보내
     끊임없이 탐지하여 보고하도록 하므로 두 중을 피해 洪同知(喜男)나 康判事(遇聖)가
     서로 방문한다고 핑계하고 은밀한 전갈을 해 줄 것을 요청할" 정도였다.(金世濂, 『海槎
     錄』 61-63쪽.)
  8) 국서개작사건 이후 대마도에서 조선으로 보내는 외교문서에 將軍을 '大君'이라고 쓰고
     조선에서 오는 외교문서에는 '日本國源某'로 쓰도록 막부의 판결이 내려졌다. 대마도가
     명과 조선에 통용한 '日本國國王'은 이미 1401년에 명에게 足利幕府가 책봉 받고 2세기
     이상 경과했는데도 대마도는 조선과의 외교관계의 파탄을 걱정하여 중도에서 그렇게
     표기해 왔던 것이다.
  9) 金世濂, 『海槎錄』 127쪽.

하여 만든 것으로 보인다. 그 증거로 각 권의 對譯과 注音이 차이가 나는 것을
들 수 있다. 뿐만 아니라, 『첩해신어』의 간행 시(1676년)에는 강우성이 살아
있었다고 해도 96세의 노령이 되는 해이고, 강우성이 72세 이후 중병을 앓았다
는 『邊例集要』의 기록으로 보아 그때까지 살아있었을 가능성은 거의 없다. 따
라서 강우성은 『첩해신어』의 초고본만을 만들었다고 볼 수 있다.

3.2. 『첩해신어』의 活字와 안신휘(安愼徽)

『通文館志』 卷8 집물(什物) 捷解新語板 條

【첩해신어판(捷解新語板)】 [동지중추부사 안신휘(安愼徽)가 썼다. 강희 병진년
(丙辰年, 1676, 숙종 2)에 상국 양파(陽坡) 정태화(鄭太和)가 아뢰어 교서관(校書
館)에서 주자(鑄字)로 인행(印行)하고, 경진년(庚辰年, 1700, 숙종 26)에 제주 겸
군관(濟州兼軍官) 박세영(朴世英)이 제주에서 판을 간행하였다.]
(捷解新語板 – 安同樞愼徽書. 康熙丙辰, 陽坡 鄭相國啓, 令芸閣鑄字刊行, 庚辰, 濟
州兼軍官朴世英, 刊板于濟州)

『통문관지』

【사학 우어청(四學偶語廳) 1백 員】 [한학(漢學) 50원, 몽학(蒙學) 10원, 왜학(倭
學) 20원, 청학(淸學) 20원인데, 강희(康熙) 임술년(壬戌年1682, 숙종 8)에 상국(相
國) 노봉(老峯) 민정중(閔鼎重)이 사학(四學)에서 나이 어리고 재주가 있는 자를
널리 골라서 이 관청을 설치하였다. 중국인[漢人] 문가상[文可尚]·정선갑(鄭先甲)
을 한어 훈장(漢語訓長)으로 삼고, 몽학 훈상(蒙學訓上) 서효남(徐孝男)과 송도
(松都) 사람으로서 몽고에 피로(被擄)되었다가 속환(贖還)된 자인 무과(武科) 김
효원(金孝源)을 몽어 훈장(蒙語訓長)으로 삼고, 왜학 훈상(倭學訓上) 박재흥(朴再
興)·안신휘(安愼徽)를 왜어 훈장(倭語訓長)으로 삼고, 청역(淸譯) 이즙(李濈)·최후
택(崔厚澤)을 청어 훈장(淸語訓長)으로 삼은 다음에, 공해(公廨)에 모여서 날마다
강습(講習)하게 하였다.

『통문관지』 연혁 관사(官舍)

【왜학청(倭學廳)】 [9칸인데, 교회청(敎誨廳)의 남쪽에 있으며, 형조와 경계를 접하고 있다. 숭덕(崇德) 계미년(癸未年 1643, 인조 21)에 창건하였는데, 청관(廳官) 김이진(金以璡)이 감독하여 완성하였다. 강희(康熙) 계축년(癸丑年 1673, 현종 14에 청관(廳官) 안신휘(安愼徽)와 이지방(李之芳)이 중수(重修)하였다.]

안신휘(安愼徽, 1640-?)는 『역과방목』에 "康熙壬寅增廣(1662, 현종3) 三等十六人 字 伯嵒 庚辰生(1640) 本順興 倭學敎誨嘉義 父 司果 仁達"이라 되어 있어, 강희임인증광시에 3등 16인으로 역과에 입격하여 왜학교회 가의대부까지 지낸 인물이다. 왜학우어청의 훈장을 지내고, 왜학청의 중수를 맡았으며, 통신사행을 수행하기도 하는 등 17세기에 활발한 활동을 한 역관 중의 하나이다. 특히 안신휘는 글씨를 잘썼던 것으로 보이는데, 『통문관지』와 『승정원일기』에 다음과 같은 기록이 있어 안신휘가 이미 외국에도 명필로 이름을 날렸던 것으로 보이며, 첩해신어의 자본(字本)까지 쓰게 된 것이다. 그가 쓴 자본을 가지고 만든 것이 '校書館 倭諺字'라고 불리는 활자이다.

『통문관지』 숙종 21년(1695) 을해

○ 칙사가 고금의 시문(詩文) 및 《동문선(東文選)》·《난설헌집(蘭雪軒集)》과 최고운(崔孤雲, 최치원(崔致遠))·김생(金生)·비해당(匪懈堂, 안평대군(安平大君))·죽남(竹南, 오준(吳竣)의 필적을 구하였으며, 또 사역원 관원 안신휘(安愼徽)·김양립(金揚立)과 사자관(寫字官) 이수장(李壽長)을 시켜 글씨를 쓰게 하고 제술관(製述官) 홍세태(洪世泰)를 시켜 시를 짓게 하여 가져갔다.

『승정원일기』 숙종 24년(1698) 2월 5일 (경술)

대신·비국당상이 인견할 때, 우의정 최석정이 계하였다. 접반사의 장계 중 청시랑이 글 잘쓰고 시 잘 짓는 자를 이르기를, 역관 홍세태가 시로써는 세상에 이름났고, 문관 이현과 이용징 또한 글 잘한다 하니, 이 세 사람으로 하여금 마땅히 시율 수삼수를 짓게 하고 사자관 이익신, 역관 안신휘는 평소에 잘 쓴다고 칭찬을 받습니다. 홍세태 서법은 또한 스스로 쓸 수 있다 하니 이들에게 분부하여 짓고 쓰게 하여 보내는 것이 어떻겠습니까?

(大臣·備局堂上引見入侍時, 右議政崔錫鼎所啓, 接伴使狀啓中, 淸侍郞, 能書能詩者云, 譯官洪世泰, 以詩名世, 文官李爾及李龍徵, 亦善文, 此三人, 宜令製詩律數三首, 而寫字官李翊臣, 譯官安愼徽, 素稱善寫, 洪世泰書法, 亦可自寫云, 此人等處, 分付, 使之製寫下送, 何如? 以上承文院膽錄)

[단자식활자]   [연자식활자]

3.3. 『捷解新語』의 改修와 관련 인물

『通文館志』 卷8 書籍續附

【개수첩해신어(改修捷解新語) 12본】 [왜학서이다. 건륭 무진년(戊辰年, 1748, 영조 24)에 왜어 훈장 최학령(崔鶴齡) 등이 수정하여 주자로 인행하였다.] (改修捷解新語, 十二本. 倭學書. 乾隆戊辰, 倭語訓長崔鶴齡等修整, 鑄字印行)

『改修捷解新語』(1차 개수본) 洪啓禧의 序文

나라에 譯을 둔 것은 周禮의 九譯에서 비롯하였으니 대개 그로써 다른 나라 말을 통하게 하여 交隣의 일을 주관하게 함이 실로 나라에 없어서는 안 될 것이기 때문이다. 우리나라와 일본이 바다를 끼고 이웃이 되어 聘信之禮를 한 지 오래 되었지만 儀文이 갖추어지지 못하여 소원함과 친근함이 일정하지 않았다. 丁未年에 화친을 맺고부터 다시 부산포에 館을 설치할 것을 허락하고, 만일 그 나라에 일이 있으면 그때마다 通信使를 보내니 드디어 그것으로 관례를 삼았는데, 이로부터 倭譯의 중요함이 漢學과 더불어 차이가 없게 되었다. 그 생도가 익히는 바와 科選에서 시험하는 바에 捷解新語 1書가 있었는데, 일찍이 들으니 역관 강우성은 임진란 때 잡혀갔던 사람으로서, 사역원에 소속되어 자주 使行을 따라가 통역을 잘한다고 칭찬을 받아 이 책을 지었는데 자못 상세하고 치밀하였다. 그러나 책이 이루어진 이후로 100년이 넘어 두 나라의 언어가 예와 지금의 다름이 없지 않아 이 기록한 바로는 능히 소통할 수 없었다. 가끔 영민하고 근면한 자가 있어 본서를 사용치 않고 따로 익혀서 능히 그들과 응대하였으니 이는 곧 천백의 하나일 따름이었다.

(첩해)신어에 (있어서) 만 번을 넘게 읽어 말이 물 흐르듯 입에서 술술 나오는 자라도 選試에서 높은 성적을 얻는 데 지나지 않을 뿐, 그로 하여금 저들과 말하게 하면 한마디도 통할 수 없었다. 익힌 바가 쓰이지 못하고 쓰이는 바는 익힌 바가 아니라, 심지어는 부산관(왜관)에서 일을 맡은 자라도 또한 通事에게 혀를 빌려 더듬더듬 맞지 않게 끌어다 붙여 번번이 일을 망치는 것을 면치 못하니, 늙은 역관이 이를 심히 근심하였다. 저들(일본인들) 또한 몰래 비웃는 일이 많았는데, 내 이 폐단을 익히 알아 정묘년 겨울 장차 일본에 사신이 되어 가려 할 때 임금께 아뢰기를 "(첩해)신어를 마땅히 고쳐야 함이 오래되었는데 미적거리다가 지금에 이르렀습니다. 이번 사행에서는 진실로 (개정하는 데) 미칠 수는 없으나 지금이라도 개정한다면 삼년 뒤에는 쓸 수 있을 것입니다." 하니 임금께서 허락하셨다. 사행길에 올라 여러 역관으로 하여금 저들의 안내자와 더불어 서로 묻고 따져서 단(락)마다 고치게 하였다. 왕래가 일곱 달이 걸렸는데 돌아올 때 대마도의 방포에 이르러 바람이 험하여 10여일을 머무르면서 마침내 일을 마쳤다. 귀국하여 조정에 고하고 각판하였다.

이로부터 배우는 것과 사용하는 것이 거의 한 가지가 되어, 다시는 맞지 않게 끌어다 막는 근심이 없을 것이다. 그러나 한학의 여러 책들이 상세하고 또 갖추어져 있는데도 北譯의 응대하고 주선함이 점점 옛날 같지 않다. 이것은 책에만 잘못을 돌려서는 안 된다. 반드시 이 책이 이미 개정된 것만 믿지 말고 가르치기를 더욱 엄히 하고 선발하기를 더욱 정밀하게 하여야 한다. 또 그 상벌을 분명히 하여 장려한 후에야 비로소 응대함에 익숙해지고 교린을 잘 할 수 있어서 周官 九譯의 본뜻을 잃지 않게 될 것이다.

상지이십사년 무진 팔월 하한

통정대부 승정원동부승지 지제교겸경연참찬관 춘추관수찬관 홍계희 삼가 쓰다

(國之有譯, 自周禮之九譯始, 蓋以其通殊俗之言, 主交接之事, 實爲有國之不可無者也. 我國之於日本竝海爲隣, 聘信之禮厥惟久矣, 而儀文不備, 疎數不一. 自丁未通和, 復許釜浦設館, 若値其國有事, 則輒遣信使, 遂以爲例. 自是而倭譯之重, 與漢學無間, 其生徒所習, 科選所試, 有捷解新語一書. 聞譯士康遇聖, 以壬辰被擄人屬譯院, 累隨信行, 以善通話稱, 爲此書, 頗詳密. 然書成已逾百年 二邦言語不無古今之

殊, 以此所錄則不能通話, 間有敏而勤者, 不用本書, 別有所習, 能與酬酢, 而此則千百之一尒.

其於新語, 讀過萬遍, 口角瀾翻者, 不過高中選試而止, 使之與彼語, 則不能通一句話, 所習非所用, 所用非所習, 以至於釜館幹事者, 亦不免借舌於通事, 齟齬掣礙, 輒致敗事, 老譯爲之深憂. 彼人亦多竊笑, 余稔知是弊 及丁卯冬, 將奉使日本白上曰, "新語之宜改 久矣 而因循至今 今行固無可及 而及今改正 不害爲三年之艾." 上許之. 及登塗, 使諸譯與彼人之護行者, 互相質難, 逐段更改, 往來凡七朔, 還到馬州之芳浦, 阻風滯十餘日, 而後乃訖, 歸告於朝, 付之剞劂.

自此以往, 所習所用, 庶歸一途, 而無復有齟齬掣礙之患乎. 然漢學諸書非不詳且備矣, 而北譯之應對周旋, 漸不如古, 是不可一責於書矣. 必毋恃此書之已正, 而訓誨益嚴, 選擇益精, 又明其賞罰而聳動之 然後, 始可使嫺於酬酢善於交接, 不失周官九譯之本旨矣.

上之二十四年 戊辰八月下澣

通政大夫 承政院 同副承旨 知製敎兼經筵參贊官 春秋館 修撰官 洪啓禧 謹書)

『첩해신어』는 모두 2차에 걸쳐 개수된다. 1차 개수는 1748년(영조 24)에 이루어지는데, 홍계희를 정사로 한 '정묘통신사행(丁卯通信使行: 1747-1748)'에 따라간 여러 역관들이 원간본 『첩해신어』를 가지고 가서 일본측 안내자들과 서로 묻고 따져 내용을 수정하였고, 귀국 후 제1차 개수본을 간행하였음을 알 수 있다.

이 제1차 개수본을 그 이듬해인 기사년(1749년) 역과 초시에서 3권 이상 시험 보게 하라는 기록이 이 책의 권두에 실린 '연설(筵說)'과 『승정원일기』 영조 24년(1748년) 8월 5일(정해)의 기사에 똑같이 나타나 있다.

○ 戊辰八月初五日午時, 上御歡慶殿 (中略) 啓禧曰, 交隣惟在譯舌, 而近來倭譯, 全不通話.以今番使行言之, 苟簡特甚, 蓋以倭譯所習, 以捷解新語, 而與卽今倭語, 全不相似, 故雖萬讀爛誦, 無益於通話.臣於辭朝時, 以釐正仰請矣.今行使行中譯官, 逐一釐改, 今成全書, 以此刊行, 何如? 泰耆曰, 捷解新語, 今作無用之物, 而今番正使洪啓禧之所釐正者, 宜於時用, 自朝家使之刊布, 則大有所助矣.命采曰, 此冊子成出, 關係非常而亦極難矣.正使洪啓禧, 殫竭心力, 終能訖工.而譯官中, 故首譯崔尙㠍之孫鶴齡 及崔壽仁兩人, 年少譯官中, 最有自中之望, 而可任將來者也.此兩譯處, 亦主委此事, 而今爲成書, 誠可幸矣.上曰, 此則正使之勤也.行中已持來耶? 啓禧曰, 擇物通事崔鶴齡, 主其事, 而以禮單輸運事落後, 故其書未及持來.待其上來, 使寫字官

繕寫, 使崔鶴齡崔壽仁, 更爲校正.自芸閣開刊, 自明年大庇初試始用, 而明年則先用
三卷以上, 似宜矣.上曰, 依爲之.(下略)

영조의『첩해신어』에 대한 관심은 몇 달간 지속되어『승정원일기』영조 24년
8월 11일(계사)의 기사에는 수정된 첩해신어를 기다리는 영조의 모습이 그려
진다.

○ 上曰, 捷解新語, 何時可來也? 啓禧曰, 擇物通事崔鶴齡, 以輸運事落後, 故尙未持
來云矣.上曰, 信行卜駄, 尙未入來耶? 啓禧曰, 已到東萊, 而輸運則未知的在何時也.

이어서 英祖 24년 8월 17일(己亥)의 기사에서는 마침내 최학령에게 첩해신어를
가지고 입시하게 하여 책을 훑어보고 자음에 대하여 하문하는 장면이 보인다.

○ 八月十七日午時, 上御歡慶殿(中略) 崔鶴齡持捷解新語入侍事, 分付.臣台命, 卽
承命出來, 與鶴齡偕入進伏.上命上冊子一卷御覽, 下問字音後還給.

그 두 달 후인 영조 24년 10월 19일(경자)에는 첩해신어의 개수본과 청학서인
『동문유해』를 각각 20부씩 인출하여 판본과 함께 사역원에 보낼 것과 그 중
한 부씩을 진상하도록 한 기사가 있다. 따라서 첩해신어의 제1차 개수본(활자
본)은 초판으로 20부를 찍어내었음을 알 수 있다.

○ 戊辰十月十九日未時, 上御歡慶殿(中略) 命采曰, 前承旨洪啓禧呈辭下鄕時, 有
所言於臣矣.向因司譯院提調臣李周鎭所達, 同文類解則, 稟定二十件印出之數, 而至
於捷解新語幾許件印出與否, 尙未稟定云, 故惶恐敢達矣.上曰, 亦以二十件, 使之印
出, 可也.命采曰, 依下敎印出後, 竝與板本, 當送司譯院, 而自上若欲睿覽, 則宜有進
上別件矣.上曰, 同文類解及捷解新語, 各以一件印出進上之意, 出擧條, 分付, 可也.

『첩해신어』의 1차 개수에서는 양국 언어 간에 어음의 교정이 이루어졌다.
특히 화자를 (主)(조선인)와 (客)(일본인)으로 나누어 표시하여 발화 상황을
보여주는 절목의 설정이 이루어졌는데, 이 절목의 설정은 회화 장면을 공적인

것으로 규정하고, 내용, 표현, 문체에 이르기까지 일정한 틀에 맞춤으로써 회화 교재로서의 규범성을 보여 준 것이었다. 그러나 제1차 개수본이 사적인 내용을 가진 원간본의 구성을 답습하고 있는 한, 공사(公私)의 화제가 공존한다는 모순을 품을 수밖에 없었다. 따라서 제1차 개수 때에 설정한 절목들이 제2차 개수 때에는 삭제되기도 하고 변경되기도 한다.

첩해신어의 2차 개수본에 대한 개수의 경위는 다음과 같이 『중간 첩해신어』 이담(李湛)의 서문에 실려 있다.

『重刊(改修)捷解新語』 李湛의 序(正祖 5년:1781년)
이웃 나라와의 사귐은 辭令에 있는데, 사령의 요체는 언어문자에서 벗어나지 못한다. 그러나 땅이 멀고 풍속과 기후가 각각 다르며, 방언 속자는 배우지 않으면 통하고 이해할 수 없다. 이것이 왜학에 첩해신어를 둠(두는 이유)이다. 임진란 때 사역원 관리인 康遇聖이 오랫동안 포로로 잡혀갔다가 그 언어를 익히고 돌아와 이 책을 만들어 科試에 사용하였는데, 세월이 오래됨에 따라 語音이 차이나고 어긋나며, 더불어 응대하는 데 어그러지고 모순이 많았다.
丁卯通信使行에 이르러 사신이 조정의 명을 받들어 가서 묻게 하였는데, 知樞 최학령과 同樞 최수인이 使行 가운데 있어서 그 일을 맡았다. 왜인의 안내자와 더불어 서로 묻고 따져서 단(락)마다 고치고 돌아와 조정에 고하였다. 芸閣으로 하여금 인쇄하여 펴내게 하니 어음은 비록 교정을 다하였으나 왜언대자는 옛 책과 같아서 고침에 미치지 못하였다.
그 후 최지추가 公幹으로 동래에 있을 때 또 통사왜인을 따라가 전국의 문자를 널리 구하여 서로 참조하고 고증하였다. 점획편방의 그 자법에 맞지 않는 것을 모두 다 바로잡았으니 이 책이 비로소 완전한 책이 되었다. 이에 私力으로 활자로 인쇄하여 간행하였다. 그 전후에 마음을 쓴 것이 여기에 더욱 드러나게 되었는데, 다만 책이 이루어진 지 오래되어, 인쇄한 책이 흩어지고 없어져서 새로 배우는 사람이 공부를 그만둠을 면치 못하고 講試 또한 苟簡함을 근심하게 되었다.
접때 栢谷 김상국이 10년 동안 (사역원)提擧로 있으면서 과시를 권장하는 방법이 있어, 이에 衆論을 취하여 널리 펴냄으로써 오래 전하기를 도모하였다. 마침 김형우가 재물을 내기를 원하여 장인을 모아 활자를 본떠 판에 새겨서 院閣에 간직하여 후학이 읽을 바탕을 마련하였다. (김)상국이 이 학문으로 은혜 베풂이 또한 어찌 우연이겠는가! 비록 그러하나 傳에 가로되 "남에게 도구를 제공할 수는 있어도, 그 사람으로 하여금 솜씨를 지니도록 할 수는 없다."고 하였다.
이 책은 다만 관청에서 손님을 접대하는 말일 뿐이니 만일 임기응변으로 경우에

따라 어려움을 푸는 것은 그 사람의 절충하고 알선하는 여하에 달려 있다. 이것이
내가 이 학문을 업으로 하는 제군에게 깊이 바라는 바이다.

그 字法과 語錄, 源流의 같고 다름 및 동음 각 자의 통용하는 범례는 또한 崔知樞
(최학령)가 편찬한 바를 권말에 아울러 부쳤으니, 독자는 마땅히 스스로 이해하여
군말을 반복하지 말지어다.

　　신축년(1781년) 仲冬(11월) 하한 숭록대부 행지중추부사 이담 삼가 序하다.

(隣國交接在於辭令, 而辭令之要, 不越乎言語文字矣. 然區壤迥隔, 風氣各殊, 方言
俗字不由講習則莫得以通解. 此倭學之有捷解新語也. 奧在壬辰之難, 院官康遇聖,
久被擄習熟其語言, 歸成是書, 用於科試而歲月寢久, 語音差舛, 與之酬酢率多扞格
而矛盾.

逮至丁卯通信之行, 使臣承朝命往質之, 崔知樞鶴齡崔同樞壽仁在行中, 寔主其事,
與倭人之護行者, 互相質難, 逐段釐改, 歸告于朝. 令芸閣印布, 而語音雖盡釐正, 倭
諺大字猶仍舊本而未及改, 其後崔知樞以公幹在萊州, 又從通詞倭人, 博求大坂江戶
間文字, 參互而攷證.

凡點劃偏傍之不合其字法者一皆正之, 斯編始爲完書, 仍以私力活字印行, 其前後用
心之勤, 於是乎益著, 而但書成旣久 印本散逸 新學未免撤業 講試亦患苟簡.

乃者栢谷金相國十年提擧勸課, 有方爰採衆論, 圖所以廣布而久傳. 適金君亨禹願捐
財, 鳩工摹活字而刊諸板, 藏之院閣, 用備後學印讀之資.

相國之嘉惠是學亦豈偶然也哉. 雖然傳曰, 能與人規矩不能使人巧, 是書特賓接館餼
之酬答語耳, 至若臨機以應變, 隨遇而釋難, 存乎其人之折衷而幹旋之如何. 此不倭
所以深有望於業是學之諸君也.

其字法語錄源流之同異, 及同音各通用之凡例, 亦崔知樞所纂, 而並附于卷端, 讀者
當自解之不復贅焉.

　　　　　　　　歲辛丑仲冬下澣崇祿大夫行知中樞府使李湛謹序)

　위의 내용에 의하면, 첩해신어의 제2차 개수는 '정묘통신사행' 때 연소역관
이었던 최학령이 주도하였는데, 그는 제1차 개수에도 참여했던 인물이다. 그는
계속해서 『첩해신어』를 주시해 왔고, 제1차 개수 때에 미진했던 부분을 누구
보다 더 잘 알고 있었다. 또한 제1차 개수 당시의 일본어는 '고대로부터 근대로
의 과도기'에 해당하므로 매우 다양하여, 당대 일본어의 수용이 쉽지는 않았을
것이고, 일본어를 외국어로 하는 '제역(諸譯)'에게는 그 수용 정도도 같지 않았
을 것이다. 뿐만 아니라 제1차 개수에 참여한 역관이 9명이나 되므로 분담하여

교정을 보았어도 그 모두를 통괄할 능력은 없었던 것으로 보인다. 따라서 당시의 연소역관이었던 최학령이 제2차 개수를 주도한 것은 당연한 일인 것이다. 제1차 개수에서 교정하지 못한 왜언대자(倭諺大字)와 그밖의 내용들을 제2차 개수시에 교정하고 사력으로 활자 인행하였음을 알 수 있다. 그런데 그동안 활자로 인행한 정확한 연대는 알 수 없었고, 목판으로 된 중간본만이 전해져 왔다. 현전하는 책은 최학령이 활자로 인행한 제2차 개수본이 시간이 흘러 없어지자, 사역원의 제거로 있던 김백곡(金栢谷)이 그 책을 전하기를 권장하였고, 마침 김형우(金亨禹)가 재물을 내어 장인을 모아 최학령의 활자본을 목판으로 복각한 목판본으로서, 1781년에 간행된 '중간첩해신어' 또는 '중간개수첩해신어'라 명명되어온 것이다.

정승혜(2007)에서는 『첩해신어』의 제2차 개수가 계미통신사행(1763년) 이전인 1762년에 이루어졌음을 밝혔다. 『첩해신어』 제2차 개수본의 간행에 대한 자세한 기록이 『승정원일기(承政院日記)』에 보이는데, 그 내용은 다음과 같다.

영조 37년(1761) 4월 14일(계미)의 기사

○ 辛巳四月十四日卯時, (中略) 捷解新語, 臣亦奉下敎, 使崔鶴齡崔壽仁, 釐正開刊, 而倭字用舊本字樣矣.其後更得倭人善書之本, 則多有誤處, 故崔鶴齡甚以爲惶恐, 渠自出力校正改刊, 十二卷內, 四卷已訖役, 以此本用於科場, 何如? 上曰, 渠自出力爲之可嘉矣.此以後則當以官力爲之矣.啓禧曰, 渠已始役, 自當訖工矣.鳳漢曰, 雖使渠擔當畢役, 前頭自朝家追給無妨矣.上曰, 然矣.啓禧曰, 已改之四卷, 用於壬午式, 而乙酉式以後, 則並用十二卷之意, 分付, 何如? 上曰, 依爲之.(下略)

영조 38년(1762) 9월 15일(갑술)의 기사

○ 壬午九月十五日午時, (中略) 啓禧曰, 倭語捷解新語改修後, 猶有未盡者, 故頃年使譯官崔鶴齡, 又爲釐正, 曾以先修三卷進上矣, 今已畢役, 故方待令, 而前頭課試時, 當以此行之, 故敢達上曰, 依爲之, 冊則入之.(下略)

『첩해신어』의 개수에 대한 논의는 주로 정묘통신사행(1748)의 정사로서 『

첨해신어』의 제1차 개수를 주도하였던 홍계희와 영조의 대화 장면에서 이루어
지는데, 이 기록에 따르면『첨해신어』는 영조 37년(1761년) 4월에 이미 최학령
이 사력을 들여 12권 가운데 4권을 수정하였는데 이 가운데 3권을 진상하였고,
영조 38년(1762년) 9월에 제2차 개수를 모두 마쳐서 임금께 바쳤다. 전술한
중간본『첨해신어』에 이담이 쓴 서문의 내용대로 완전히 최학령의 사력으로
이루어졌는지, 혹은 위의 내용에 따라 비용의 일부를 왕실에서 추급하였는지
에 대한 언급은 없으나, 앞서 홍계희가 언급한 바에 따라 최학령의 사력으로
마친 것으로 보인다. 또한 그로부터 앞서 이루어진 네 권은 임오식년시(1762
년)에 먼저 과시서로 사용하고, 그 후에 수정된 책들을 포함하여 을유식년시
(1765년)부터는 수정된 제2차 개수본 12권으로 행용하도록 하였다는 내용이다.

『첨해신어』의 원간본과 1차 개수본과의 간격에 비하여, 1차 개수본과 2차
개수본과의 간격은 매우 짧다. 20년도 되지 않은 기간에 또 한 번의 개수가
이루어진 것은 어떤 동기가 있었을 것인데, 본문의 비교를 통해서 알 수 있겠
지만 1차 개수본과 2차 개수본의 언어적 차이는 뚜렷하다. 1차 개수본에서 왜
언대자를 고친 것이 미진하여 더 고친 것 이외에, 국어에 있어서도 원간본과
개수본, 중간본 사이에 단계적으로 발달하여 간 언어사실을 발견할 수 있다(ᄂᆞᆺ
치 7.22a(원) → 낟출 3.15a(개) → 낟출 3.14b(중), 낫낫치 4.21a(개) → 낟난치
4.19b(중)). 즉, 2차 개수를 통하여 1차 개수시에 고치지 못한 것들을 고쳐 ‘完
書’로 만들었음을 알 수 있는 것이다.

이 책을 형식면에서 1차『개수 첨해신어』와 비교하면, 본문의 수정과 함께
‘절목’ 및 ‘주객표시’의 수정이 있었음을 알 수 있다. 권1에 ‘與代官初相接’이하
절목이 설정된 것은 1차 개수본부터인데, 1차 개수본에서는 권10에 ‘절목’이나
‘주객표시’가 없었으나 2차 개수본은 새로 ‘주객표시’와 ‘절목’들을 설정하여
놓았으며, 각 권마다 일부 절목들의 수정이 있었다(권3의 ‘封進物件看品’, 권5
의 ‘請改小童衣服’, 권9의 ‘振舞時請若衆躍’이 삭제되고 권4에 ‘銅鐵看品停當,
銅鐵看品’이 추가되었으며, 권8의 ‘島主饌宴請鮮樂’이 ‘島主請信使餞宴’으로
수정되었다.)10)

10) 이 ‘절목설정’이나 ‘주객표시’는 공적인 회화장면을 나타내어 주며, 표현의 규범을 명확
히 함으로써 대화의 안정감을 주기 위한 것으로 보는데, 제1차 개수본은 사적인 화제를

또한, 이보다 더 중요한 개수의 필요성은 '왜언대자'등의 교정에 있었다. 그렇다고 해서 이 제2차 개수시에 오로지 왜언대자만을 수정했다고 볼 수는 없다. 제1차 개수본과의 비교에서 나타나는 바와 같이, 대역 국어의 표기 또한 부분적으로 수정되었음을 알 수 있다. 한편 이 책의 제10권 권말에는 '伊呂波眞字半字竝錄, 伊呂波吐字, 伊呂波合字, 伊呂波眞字草字竝錄, 簡格語錄, 伊呂波半字竪相通, 伊呂波半字橫相通' 등이 실려 있는데, 이는 일본 가나(假名)문자의 학습을 위해서였다.

(1) 최학령(崔鶴齡, 1710-?)

『첩해신어』의 1차, 2차 개수는 모두 최학령의 손으로 이루어졌다. 최학령은 본관이 무주(茂朱)이고, 字가 군성(君聲), 경인(庚寅)생(1710년, 숙종 36)이다. 23세 때 임자(壬子) 식년시(式年試, 1732)에서 3등(三等) 7인으로 입격하였다. 아버지는 사역원정(司譯院正)을 지낸 최수명(崔壽溟)이고, 안항으로 최구령(崔龜齡), 최봉령(崔鳳齡), 최기령(崔麒齡)이 있다. 아우인 최봉령(1722-?), 최기령(1737-?)도 역시 왜학교회(敎誨)를 지냈으며, 최기령은 『인어대방』을 구입하여 개판한 것으로 알려졌다.

최학령은 두 차례에 걸친 통신사행에서 다녀왔으며, 계미통신사행(1763)에는 首譯의 신분으로 아우인 최봉령(상통사), 최수인(崔壽仁, 차상통사), 현계근(玄啓根, 압물통사, 장무관)도 동행했다. 부산의 왜학훈도로서도 활약을 했으며, 1756년(영조 32, 47세)에는 현계근과 함께 동래에서 인삼매매 규정을 어기고 잠상(潛商)으로 죄를 입어 정의현(旌義縣)으로 유배되기도 하였다.[11] 1758년(영조 34, 49세)에 현계근, 최학령의 아들들이 의·소묘(懿·昭墓) 동가(動駕)시에 상소를 올려 탕전(蕩典)을 베풀어 특별히 사면되었다. 이후에도 지속적으로 역관활동을 하였으며 숭록대부(崇祿大夫)까지 올랐다.

지닌 원간본의 구성을 계승하고 있어서 공사의 내용이 공존한다는 모순을 가지고 있었다. 따라서 이런 문제가 제2차 개수시에 제1차 개수본의 절목을 삭제·변경함으로써 보완된 것으로 보인다.
11) 이 때 현계근도 같은 죄로 흑산도에 유배되었다.

(2) 홍계희(洪啓禧)와 『첩해신어』의 개수

첩해신어의 개수본 서문을 쓴 홍계희는 문신으로서 『첩해신어』의 제1차와 제2차의 개수를 주도한 인물이다. 전술한 각종 기록에서도 나타나듯이, 홍계희는 1748년 정묘통신사행의 정사로서 일본에 다녀오면서 원간본 『첩해신어』의 언어를 개수해야 한다는 필요성을 절실히 느꼈던 것으로 보인다. 그래서 『첩해신어』의 개수에 매우 적극적으로 개입하고 있다. 그는 왜학만이 아니라 한학에 대해서도 일가견이 있었음을 알 수 있는데, 1765년(영조41)에는 영조의 인정을 받아 사역원의 제거로 특차한다.

『영조실록』 41년(1765) 6월 18일(임술)

임금이 경현당(景賢堂)에서 한학 문신(漢學文臣)을 친히 시험 보였다. 구익(具㢞)이 잘 읽는다는 것으로 승륙(陞六)하게 하고, 지중추(知中樞) 홍계희(洪啓禧)는 한어(漢語)를 밝히 안다고 하여 사역원 제거(司譯院提擧)로 특차(特差)하였는데, 영의정 홍봉한(洪鳳漢)이 추천한 것이었다. 홍봉한이 또 이봉환(李鳳煥)·남옥(南玉)·성대중(成大中)은 서류(庶流) 중에 인재(人才)라고 하여 추천하고 차례에 따라 조용(調用)하기를 청하니, 임금이 윤허하였다.
(上親試漢學文臣于景賢堂. 以具㢞善讀, 命陞六, 以知中樞洪啓禧, 曉解漢語, 特差譯院提擧, 領議政洪鳳漢所薦也. 鳳漢又薦李鳳煥·南玉·成大中爲庶流中人才, 請次第調用, 上允之.)

영조는 역학에 매우 관심이 컸던 임금으로, 조선 전기에는 문신들이 한어를 능통하게 구사했음에도 불구하고 후기에는 문신들이 한어를 통사들에게 위임하고 소홀히 하는 것을 우려하였다. 그래서 1741년(영조17년)에는 한학 문신의 전강(殿講)에 입시하여 거수한 사람에게 상전을 하사하고 문신도 한학을 익숙하게 이해하는 자는 한학교수에 차임할 것을 명한다. 뿐만 아니라 한학 문신 전강에 친히 나가 상벌에 관하여 하교하기도 한다. 임금이 주도하는 譯學이 영·정조대에 발달한 이유이다.

『영조실록』 영조 17년(1741) 7월 11일(계유)

임금이 한학 문신(漢學文臣)의 전강(殿講)에 임시(臨試)하여 거수(居首)한 사람
인 학정(學正) 노태관(盧泰觀)과 부정자(副正字) 권항(權抗) 등에게 상전(賞典)을
하사하고, 이어서 하교하기를, "국가(國家)에 우려가 없는 것은 보장하기 어려운
것이니, 혹시 사변이 있는 때를 만나게 되어 상역(象譯)은 담당할 사람이 없으면
문관(文官)으로 통사(通事)를 삼는다. 임진왜란(壬辰倭亂)이 일어났을 때에는 고
(故) 상신(相臣) 이정귀(李廷龜)도 또한 역어(譯語)를 이해하는 것으로써 천사(天
使)에게 칭찬을 받기도 하였다. 이제부터는 문지(門地)는 물론하고 한학(漢學)을
익숙하게 이해하는 자로써 한학교수(漢學敎授)에 차임(差任)하도록 하라." 하였다.
(上臨試漢學文臣殿講, 賜居首人學正盧泰觀、副正字權抗等賞典, 仍敎曰: "國家難
保無虞, 或値有事之時, 象譯無人, 則文官爲通事. 壬辰亂時, 故相臣李廷龜, 亦以曉
解譯語, 見稱於天使. 今後勿論門地, 以熟解漢學者, 差漢學敎授.")

『영조실록』 영조 37년(1761) 1월 13일(계축)

임금이 경현당(景賢堂)에 나아갔다가 한학 문신 전강(漢學文臣殿講)에 친림(親
臨)하여 하교하기를, "순통인(純通人)에게는 각기 반숙마(半熟馬)를 내려 주고,
불통인(不通人)은 10일 안에 잘 읽도록 한 뒤에 시강(試講)하여 그날 만약 다시
불통하면 즉시 금추(禁推)하도록 하였다가 모두 읽은 뒤에야 방면하도록 하라."
하였다.
(上御景賢堂, 親臨漢學文臣殿講, 敎曰: "純通人各半熟馬賜給, 不通人, 十日內能讀
後試講, 其日若復不通, 直捧禁推, 畢讀後放.")

(3) 이담(李湛, 李洙 1721-?)
『개수첩해신어』의 중간 서문을 쓴 이담(李湛)은 이수(李洙)의 초명(初名)이
다. 이수는『譯科榜目』에 의하면, 乾隆辛酉式年(1741)에 一等三人으로 入格하
였다. 字는 樂夫이고 辛丑生(1721)으로 本은 金山이다. 漢學敎誨 崇祿永付知樞
를 지냈으며, 이명기(李命夔)의 아들로, 生父는 敎誨 知樞를 지낸 이명직(李命
稷)이다. 이로써 李洙가 60세 되던 해에 이 서문을 지었음을 알 수 있다.
이담은『통문관지』의 중간에도 관여하였으며 그 서문을 썼다.『통문관지』
중간(重刊) 서문(序文)을 보면, "나의 선조(先祖) 부자(父子) 2대(代)가 노력하

고 수고하였다."라고 하였는데, 그는 『통문관지』 초간본(初刊本)을 지은 김지남(金指南)·김경문(金慶門) 두 부자(父子)의 후손(後孫)인 것을 알 수가 있다. 서로 성씨(姓氏)가 다른 것으로 보아, 아마 친손(親孫) 관계가 아니고 외손(外孫) 관계였다고 생각된다.

이담(이수)은 본래 한학역관으로, 1779년(정조3)에는 중국어·만주어·한국어의 대역(對譯)사전인 『한청문감(漢淸文鑑)』 15권을 김진하(金鎭夏)와 함께 편찬, 간행하였고, 1790년(정조14)에는 首譯의 직분으로 의주부에 후시를 부활시키는 문제로 책임을 지고 처벌을 받았다는 기록이 있다. 후에 복귀하여 1795년(정조 19)에는 장렴(張濂)·김윤서(金倫瑞) 등과 함께 『중간노걸대』 1권을 엮었고, 『중간노걸대언해』 2권도 간행하였다.

(4) 백곡(栢谷) 김상국(金相國)

이담이 쓴 『개수첩해신어』의 중간 서에 보이는 '백곡 김상국'에 대해 알아보고자 한다. 그동안 백곡 김상국에 대해서는 이견이 많았으나 정확히 밝혀내지 못했다.[12] 그런데 첩해신어 중간 서를 쓴 이담이 거의 비슷한 시기(1779년)에 쓴 「重刊通文館志 序」 가운데 다음과 같은 내용이 있어서 주목을 끈다.

백곡(栢谷) 김상국(相國)이 사역원(司譯院) 제거(提擧)가 되어 5년 동안 근무하다가 폐출(廢黜)되었는데, 그는 남 먼저 《통문관지》의 속편(續篇)을 편찬할 것을 생각하였다. 오직 나도 또한 일찍이 그 상재(上梓)를 도와서 그 책을 널리 전파하였기 때문에, 무슨 핑계로써도 내가 그 일을 숨기지 못하고 사양할 수가 없다.

---

12) 栢谷 金相國에 대해서는 그동안 확실하게 밝혀진 바가 없다. 사역원의 도제조로 있었다는 栢谷은 『통문관지』의 重刊序(李湛, 정조 2년: 1778)와 『삼역총해』의 重刊序(李湛, 英祖 50년: 1774) 등에도 등장하는데, 정광(1998: 58)에 의하면, 영조 42년(1766)에 우의정을 지내고, 영조 51년(1775)에 영의정에 올랐으며 정조 5년까지 영중추부사를 지낸 華西 金尙喆(1712-1791)일 가능성이 높은 것으로 보았다. 김영황(1996: 207)에서도 '당시 좌의정으로서 사역원사업을 겸하여 책임지고 있었던 金尙喆'이라고 밝히고 있다. 그런데 정광(2002:467)에서는 영조 42년(1766)에 영의정을 지내고 정조 10년(1786)까지 여러 차례 상국의 자리에 올랐던 金致仁(1716-1790)일 가능성을 또 하나 제기하였다. 그는 건륭 갑오와 신축에 영의정으로 있었고, 영조가 승하하고 정조가 즉위하자 '告訃兼淸承襲奏請使'로서 청나라에 다녀오는 등 사신으로서 중국에 다녀온 일이 있으므로 역관의 역할이나 사역원의 외국어 교육에 대하여 지대한 관심을 가졌을 것이라 추정하였다.

이에 1, 2인의 사역원(司譯院) 관료(官僚)들과 함께 교정(校正)하고 편찬하였다. (栢谷金相國, 提擧院之五年修擧廢墜, 首及志之續纂, 惟不佞亦嘗贊其入梓, 以廣其傳, 無何命不佞藏其役辭不獲. 乃與一二院僚, 校讐編摩就.)

위와 같이 『통문관지』를 중수(重修)한 경위(經緯)를 이담(李湛)의 중간(重刊) 서문(序文)에서 보면, 사역원 제거(提擧)였던 백곡(栢谷) 김상국(金相國)이 남 먼저 『통문관지』의 속편(續篇)을 편수(編修)하여 원본(原本)을 보충할 것을 기획하였고, 이담(李湛)이 이 작업을 맡아서 사역원(司譯院) 관료 1, 2명과 함 께 원본(原本)을 교정(校正)하고 기년(紀年)의 속편(續編)을 편찬하였다고 하 였다. '백곡(栢谷) 김 상국(金相國)'이 누구인가를 알아보려면, 먼저 백곡(栢谷) 이라는 호(號)를 가진 사람을 찾아보고, 다음으로 중간본(重刊本)을 간행한 1778년(정조 2) 경에 사역원 제거(司譯院 提擧)를 지낸 인물을 찾아보아야 할 것이다. 백곡(栢谷)이란 '잣나무 골'이라는 뜻인데, 지명(地名)을 호(號)나 또는 별호(別號)로 삼는 사람이 많았다. 영조(英祖)·정조(正祖) 시대의 재상(宰相) 가운데 백곡(栢谷)이란 호(號)를 가진 사람은 현존(現存)하는 기록상으로는 아무도 없었다. 다만 시대를 거슬러 올라가서 '백곡(栢谷) 김상국(金相國)'을 찾는다면, 숙종(肅宗) 때에 김득신(金得臣, 1604-1684)의 호(號)가 백곡(栢谷) 이었다. 그는 진주 목사(晉州牧使) 김시민(金時敏)의 손자로서 현종(顯宗) 때 에 안풍군(安豐君)에 습봉(襲封)되었으나, 그는 상국(相國)이 아니었고, 1684 년(숙종 10)에 명화도적(明火盜賊)에게 피살(被殺)당하였다(『숙종실록(肅宗 實錄)』권15, 숙종(肅宗) 10년 9월 기사). 김득신(金得臣)은 『통문관지』의 초간 본(初刊本)이 간행되기 이전에 죽었으므로, 더구나 중수본(重修本)의 속찬(續 纂) 작업과는 아무런 관계가 없다는 것을 알 수가 있다. 그렇다면, 이담(李湛) 의 서문(序文)을 쓴 최초의 중수본(重修本)이 간행되던 1778년(정조 2) 경에 사역원 도제조(都提調)나 제조(提調)를 지낸 사람을 찾아볼 수밖에 없다.

『정조실록』 정조1년(1777) 3월 6일(임신)

사역원(司譯院)의 도제조 김양택(金陽澤), 제조 김노진(金魯鎭)을 파직시켰다. 칙사(勅使)의 사행(使行)이 곧 도착하게 되어 있는데도 사역원에서 거행하는 것이 전착(顚錯)하였기 때문이었다.(罷譯院都提調金陽澤, 提調金魯鎭職. 以勅行將至, 而譯院擧行之顚錯也.)

당시 영의정(領議政)이었던 김양택(金陽澤, 1712-1777)과 대사헌(大司憲) 김노진(金魯鎭, 1735-1788)이 사역원의 도제조(都提調)와 제조(提調)를 겸직하고 있다가 사역원의 준비 잘못을 책임지고 폐출(廢黜)당하였다는 기사이다. 이 기록은 이담(李湛)의 서문(序文)에서, "사역원 제거(司譯院提擧)가 되어 5년 동안 근무하다가 폐출(廢黜)되었다."라고 하는 내용과 바로 부합(符合)된다. 김양택(金陽澤)과 김노진(金魯鎭) 중에서 당시 상국(相國)의 자리에 있었던 사람은 영의정(領議政) 김양택(金陽澤)이다. 상국(相國)은 영의정이나 좌·우의정 정도의 정승을 일컫기 때문이다.

그런데 『첩해신어』 중간 서에는 '栢谷金相國十年提擧勸課'라고 되어 있어 『통문관지』 중간 서의 '提擧院之五年'과 5년이라는 차이가 난다. 이를 어찌 해석해야 할까. 『한국민족문화대백과사전』에서 김양택의 간단한 인물정보를 보면 다음과 같다.

> 본관은 광산(光山). 자는 사서(士舒), 호는 건암(健庵). 김장생(金長生)의 5세손으로, 할아버지는 숙종의 장인 만기(萬基)이고, 아버지는 예조판서 진규(鎭圭)이다. 1741년(영조 17) 생원시에 합격하였고, 1743년 알성문과에 병과로 급제한 뒤 헌납(獻納)·부제학(副提學)을 거쳐 원손사부(元孫師傅)·대사성·우빈객(右賓客)·대제학을 역임하였다. 1767년에 우의정이 된 뒤, 1776년에는 영의정에 올랐다. 그러나 아들 하재(夏材)가 역신(逆臣)으로 몰려 벼슬을 추탈당하였다가 뒤에 다시 복관되어 영돈녕부사(領敦寧府事)가 되었다. 할아버지와 아버지에 이어 3대가 대제학을 역임, 당대에 이름을 떨쳤다. 저서로는 『건암집』이 있다. 시호는 문간(文簡)이다.

이를 통해 보면, 1767년부터 1776년까지 10년간 우의정과 영의정을 지냈음을 알 수 있다. 따라서 사역원의 제거 또는 도제거를 10년간 했다는 것이 결코 이상하지 않은 것으로 보인다. 다만, 김양택(金陽澤)의 호(號)는 '건암(健庵)'이라고 일반적으로 알려져 있고, 그의 또 다른 호(號)가 백곡(栢谷)인지, 아닌지는 문집(文集)의 연보(年譜)가 없어서 확인할 수가 없다.13) 당시에는 여러 개의 호(號)를 가진 사람이 더러 있었으므로, '백곡(栢谷) 김상국(金相國)'은 김양택(金陽澤)이 틀림없다고 생각한다.

3.4. 『첩해신어문석』과 김건서(金健瑞, 1743-?)

『정조실록』 정조 20년(1796) 2월4일 (경진)

사역원이 아뢰기를,
"왜학(倭學) 《첩해신어(捷解新語)》는 다만 그 방언(方言)을 언문으로 주석하였기 때문에 이것을 배우는 사람들이 뜻을 알기가 어렵습니다. 역관 김건서(金健瑞)가 왜인들과 여러 번 문난(問難)하여 12편을 만들어 《첩해신어문석(捷解新語文釋)》이라 이름하였으니, 이것을 반포하여 시행하소서."
하니, 윤허하였다.
(司譯院啓言: "倭學 捷解新語, 只以諺字, 注釋其方語, 故業是學者, 莫辨旨趣. 譯官 金健瑞與倭人, 反覆問難, 彙作十二篇, 名曰 捷解新語文釋. 請頒行." 允之.)

『일성록』 정조 20년(1796) 2월4일(경진)

○ 사역원이 아뢰기를,
"본원에 한학(漢學)·청학(淸學)·몽학(蒙學)·왜학(倭學)의 사학(四學)이 있는데, 이른바 왜학은 《첩해신어》 1책이 있지만 거의 우리나라에 진서(眞書)와 언문이 있는 것과 같습니다. 이 책은 단지 언문으로 그 방언(方言)을 주석하였기 때문에 왜학을 배우는 사람들이 구어(句語)는 기억하여 외워도 그 뜻을 알 수가 없습니다. 왜학의 당상 역관 김건서(金健瑞)가 오랫동안 동래(東萊) 왜관에 있으

---

13) 그는 파직(罷職)된 지 3일 만에 영돈녕부사(領敦寧府事)로 복직되었으나, 그 해에 66세의 나이로 죽었다. 시호(諡號)는 문간(文簡)이고 『건암집(健菴集)』이라는 문집(文集)이 있었으나, 오늘날 남아 있는 책은 거의 없다. 김양택(金陽澤)의 저서로는 『건암일록(健菴日錄)』6책(冊)이 국립중앙도서관에 남아 있을 정도이다. 그의 아들 김하재(金夏材)의 반역(反逆) 사건으로 말미암아 그의 문집(文集)이 없어진 것이라고 생각된다. 『문헌비고(文獻備考)』제250권에 보면, 『건암집(健菴集)』이 있었다고 하였으나, 오늘날 전하지 않는다.

면서 왜인들과 반복 문난(問難)하여 12편을 모아 만들고 《첩해신어문석》이라 명명하였습니다. 이어 또 출판하여 강습(講習)하기에 편하게 하였는데, 무릇 책을 구입하거나 간행할 경우 1본은 내각으로 들여보내 입계(入啓)한 뒤에 비로소 초기(草記)하도록 일찍이 정식으로 삼았습니다. 위에서 말한 왜서 4책을 규례대로 봉납(封納)하니, 또한 반행(頒行)하여 후진을 장려하고 권면하는 것이 어떻겠습니까?"

하여, 윤허하였다.

(該院啓言, "本院有漢淸蒙倭四學, 而所謂倭學, 雖有捷解新語一書, 殆同我國之有眞諺, 只以諺字, 註釋其方語, 故業是學者, 雖記誦句語, 而莫辨其旨趣矣. 該學堂上譯官金健瑞, 久在萊館, 與倭人反復問難, 彙作十二篇, 名曰捷解新語文釋, 仍又入錄, 俾便講習, 凡購一書刊一册者一本, 入送內閣入啓, 然後 始爲草記事, 曾有定式矣. 上項倭書四册, 依例封納, 請亦令頒行, 以爲獎勸後進之地." 允之.)

『첩해신어문석』은 1796(정조 20) 왜학 역관 김건서(金健瑞)가 일본어를 배우기 위한 학습서인『중간첩해신어』 본어 전문을 초가명(草假名)으로 바꾸어 쓰고 한글주음과 번역문을 달지 않고 편찬한 책이다.

이 책은 일본과의 왕복문서가 평가명(平假名)이 아닌 진자(眞字)의 초서체(草書體), 즉 진가명(眞假名)의 초서체인 초가명으로 쓰이기 때문에, 왜학 역관들에게 이에 대한 학습을 필요로 하여 편찬된 것이다.

『중간첩해신어』의 일본문자 본문대자(本文大字)를 왜서의 초자(倭書草字), 즉 일본의 한자 가나를 초체(草體)로 써 놓은 것이다. 이 책의 범례에 의하면 문식(文識)이 있는 일본인과 반복하여 어려운 것을 묻고, 구절마다 증석(證釋)을 붙여 오랜 세월에 걸쳐 이루어졌다고 한다.『중간첩해신어』에서 한글로 씌인 부분인 발음이나 언해 부분을 빼고 본문만을 적어 놓았기 때문에 권수는 『중간첩해신어』와 동일한 12권이지만, 책의 분량은 줄어들었다.

앞에 8개로 구분하여 설명한 범례가 나오고 이어서 권1부터 본문이 시작되는데, 그 편목은『중간첩해신어』와 마찬가지로 권1이 '여대관초상집'(與代官初相接), '송사선문정'(送使船問情), 권2가 '다례강족'(茶禮講定), '다례문답'(茶禮問答) 등으로 되어 있다. 본문은 모두 초서로 쓰이어 있으며, 권10은 상중하로 나뉘어 있다. 권10하의 끝에 '이려파진자반자병록'(伊呂波眞字半字並錄), '이려파토자'(伊呂波吐字), '이려파합자'(伊呂波合字), '이려파진자초자병록'

(伊呂波眞字草字並錄), '간격어록'(簡格語錄)이 붙어 있다. 모두『중간첩해신어』에 보이는 것이나,『중간첩해신어』에 있는 '이려파반자수상통(伊呂波半字竪相通)'과 '이려파반자횡상통(伊呂波半字橫相通)'은 빠져 있다. 이 책의 끝에 붙어 있는 이로하(伊呂波)의 각 글자(진자, 초자, 토자, 합자)들은 다양한 자체(字體)를 보인 것이다. 한글은 이 '이로하'의 부분에만 보인다. 일본 글자의 음은 각 글자체의 오른쪽에 한글로 표시하였고, 왼쪽에는 그 글자체의 원자(原字)인 한자나 또는 한글로 그 의미를 풀이하고 있다.

김건서(金健瑞)를『譯科榜目』에서 찾아보면 "乾隆辛卯式年(1771) 三等十一人 字 君剛 癸亥生(1743) 本 牛峯 倭學敎誨崇政知樞 弘說子"로 간략히 나와 있다. 김건서의 본관은 우봉(牛峰)이다. 우봉은 고려시대에는 경기도 개성부에 예속되었다가 조선시대 태종대에 황해도에 편입된 지방이다. 우봉 김씨의 시조는 고려 성종 때 시어사(侍御史)로 공을 세운 김오(金澳)로 비교적 드문 성이었지만 조선 중기 이래로 역관을 많이 배출하였다. 특히 숙종대에『통문관지(通文館志)』를 편찬한 김지남(金指南)이 김건서의 증조부가 된다. 건서의 증조부인 김지남(1654-1718)은 역관으로서 많은 업적과 공로를 남겼으며 우봉 김씨가 역관의 명문으로 올라서는 데 결정적인 역할을 하였던 인물이고, 1708년(숙종34)에는 아들 김경문과 함께『통문관지』를 편찬하였는데, 형식은 사역원의 관지(官志)이지만 주된 내용은 대중국, 대일본관계를 정리한 것으로, 사대교린(事大交隣)의 궤범으로 평가받는 대저(大著)이다. 여기에 바탕하여 김건서가『증정교린지』를 편찬한다. 김지남과 함께『통문관지』를 편찬하고 국경문제 담판에도 참여하였던 김경문(1673-1737)은 김건서의 종조부이다. 김건서는 김홍설의 넷째 아들로서, 아버지를 비롯해 형제 모두가 역과에 급제한 역관 명문가에서 태어났다. 그는 1771년(영조 47) 비교적 늦은 나이인 28세에 역과에 합격하여, 왜학교회(倭學敎誨)와 당상역관을 거쳐 숭정지추(崇政知樞)에 올랐다.

4. 結語

이상에서『첩해신어』의 원간본, 개수본의 편찬에 관여한 인물들에 대하여 살펴보았다. 외국어를 가르치는 교재를 만드는 일은 과거나 현재나 매우 어려운 일이다. 어느 시대나 당대에 외국인과의 접촉에서 가장 많이 쓰이는 회화를 중심으로 교재의 텍스트가 이루어지고, 시대가 변하면서 해당 언어가 변하면 그에 따라 개정도 이루어진다.

조선시대에 사용된 대표적인 일본어의 교재인『첩해신어』는 조일관계에서 가장 중요한 장면이었던 '통신사'의 행로에 따라 만들어졌고, 왜관에서의 무역과 왜인들과의 소통을 위해서 만들어진 회화서라 할 수 있다.『첩해신어』에 관여한 사람들의 행적을 통해, 이들 텍스트는 상상 속에서 만들어진 것이 아니라 편찬자들이 경험한 사건들을 토대로 이루어졌다고 볼 수 있다. 역학서 역시 사람이 만든 교재이기에 사람을 떠나서는 생각할 수 없다. 그동안 역학서의 연구가 텍스트 자체에 관심을 두고 있었다면, 책을 만든 사람에 대한 연구는 이들 교재가 만들어진 외연을 보다 풍부하게 해 줄 수 있으리라 생각한다.

<참考文獻>

1. 年代記
『承政院日記』
『日省錄』
『朝鮮王朝實錄』國史編纂委員會 影印本
『國譯 朝鮮王朝實錄』世宗大王記念事業會

2. 法典 및 其他
『各司謄錄』
『備邊司謄錄』
『譯註 經國大典』(成宗16, 1485) 韓國精神文化研究院
『經國大典註解』(明宗10, 1555) 檀國大學校 東洋學研究所 影印本

『通文館志』: 서울大學校 奎章閣 所藏 ; 世宗大王記念事業會 國譯·影印 (1998)
『增訂交隣志』: 金健瑞 (1802), 서울大學校 奎章閣 所藏 重刊本; 民族文化推進會 影印
          (1998)
『譯官上言謄錄』奎章閣 韓國本【奎12963】
『譯科榜目』民昌文化社 影印本
『象院科榜』乾坤, 하바드대학 연경학사 K2291.7 1750.2-1
『象院榜目』(乾)국사편찬위원회 (坤) 단국대 연민문고,
『籌學入格案』金容雲 編, 『한국과학기술사자료대계(수학편)』10, 驪江出版社, 1985
『邊例集要』: 서울大學校 奎章閣 所藏 및 國立中央圖書館本 補完 ; 民族文化推進會 影印
          (2000)
『增補 文獻備考』韓國學振興院 影印本
『海槎日記』趙曮『國譯海行摠載』
『海槎錄』金世濂『國譯海行摠載』
<川寧玄氏家 古文書>: 국사편찬위원회 및 한국학중앙연구원 장서각
『CD 韓國歷史五千年』서울시스템

3. 倭學書
『伊路波』(弘治五年 朝鮮板) 京都大學文學部 國語學國文學研究室 編
『原刊活字本捷解新語』(1990) 弘文閣【奎1638】
『捷解新語』(2008)(奎章閣資料叢書語學篇9) 서울大學校奎章閣韓國學研究院【奎1639】
『改修捷解新語(本文·國語索引·解題)』(1987) 京都大學國文學會
『改修捷解新語(解題·索引·本文)』(1991) 安田章·鄭光共編. 서울 : 태학사.
『重刊改修捷解新語(本文·國語索引·解題)』(1960) 京都大學國文學會
『重刊本捷解新語』(1990) 弘文閣【奎3952-1-12】

김양수(2009). 「조선후기 왜어역관」. 『역사와 실학』37. 72-124
이상규(2006). 「17세기 전반 왜학역관 康遇聖의 활동」. 『한일관계사연구』 24집.
          101-141.
이희재 역(1994), M. Courant. 『韓國書誌』. 서울: 일조각.
정 광(1988a). 『사역원 왜학 연구』. 서울: 태학사.
_____(1988b). 『(諸本集成) 倭語類解 (解題·國語索引·本文影印)』서울 : 태학사(國立
          中央圖書館本)
_____(1991). 「倭學書『伊路波』에 대하여」. 『국어학의 새로운 인식과 전개』. 서울:민음
          사. 142-161.

_____(1998). 「淸學 四書의 新釋과 重刊」.『방언학과 국어학』. 서울: 태학사.

_____(2002). 「역학서연구」. 서울:태학사.

_____(2004).『(四本對照) 倭語類解』. 서울 : J&C.

_____(2014).『조선시대의 외국어교육』. 서울 :김영사.

정승혜(2002). 「한국에서의 외국어육에 대한 역사적 고찰」.『이중언어학』21. 이중언어 학회. 285-311.

_____(2003).『조선후기 왜학서 연구』. 서울: 태학사.

_____(2006a). 「일본에서의 韓語 교육과 교재에 대한 개관」.『이중언어학』30. 이중언 어학회. 335-353.

_____(2006b). 「對馬島에서의 韓語 敎育」.『語文硏究』130. 韓國語文敎育硏究會. 37-56

_____(2007). 「『捷解新語』第2次 改修本의 刊行年代에 대하여」.『일본문화연구』. 동아 시아일본학회. 167-188.

_____(2010a). 「『捷解新語』諸本의 編纂과 改修」.『역학과 역학서』1. 譯學書學會. 113-153.

_____(2010b). 「倭學書에 나타나는 日本語 注音表記에 대하여」. 崔明玉先生停年退任 記念『國語學論叢』. 서울:태학사. 632-655

_____(2015). 「조선후기 朝日 兩國의 언어 학습과 문자에 대한 인식」.『한국실학연구』 29.

小倉進平(1964). 河野六郎 增訂補注『朝鮮語學史』, 東京: 刀江書院

內藤雋輔(1977).『文祿慶長役における被擄人の硏究』. 日本 東京大學 出版部,

安田章(1980).『朝鮮資料中世國語』. 日本 笠間書院

_____(1987). "捷解新語の改修本".『國語國文』56-3. 日本 京都大學 國語國文學會

_____(1990).『外國資料と中世國語』. 東京: 三省堂

朴眞完(2013).『「朝鮮資料」による中近世語の再現』. 日本 臨川書店.

<참고 URL>
한국역사정보통합시스템 http://www.koreanhistory.or.kr
한국고전종합DB http://db.itkc.or.kr

□ 성명 : 정승혜(鄭丞惠)
　주소 : (16632) 경기도 수원시 권선구 온정로 72 수원여자대학교 인제관 406호
　전화 : +82-31-290-8135
　전자우편 : cshblue@chol.com

□ 이 논문은 2015년 10월 20일 투고되어
　　　　　2015년 11월 1일부터 11월 20일까지 심사하고
　　　　　2015년 12월 1일 편집회의에서 게재 결정되었음.

清代の満洲語文法書における文法記述
-『清書指南』・『清文啓蒙』を中心に-

竹越 孝

(日本, 神戸市外国語大学)

<Abstract>

　清代には、北京への遷都(1644)以後、急速に漢化し母語である満洲語を忘れていった満洲旗人のために、中国語による満洲語学習書が数多く出版されたが、その中でも満洲語の格語尾や活用語尾を解説した文法書の類は、近代以前では唯一、中国語によって非中国語の文法を体系的に記した文献群として注目される。本稿では、最初期の満洲語文法書である沈啓亮『清書指南・飜清虚字講約』(1682)及び舞格『満漢字清文啓蒙・清文助語虚字』(1730)を取り上げ、この二書がどのように満洲語の文法を記述しているか、またそこにはどのような文法観が反映されているか、という問題を検討した。その結果として、次の三点を指摘しうる：(a)動詞の活用に関する記述が詳細なのは、非中国語文法の記述にとって、中国語には存在しない形態論の方が、統語論よりも重要であったことを反映している；(b)動詞の活用において文法的意味を記したり、用例を無標/有標の対照で配置したりすることは、体系的な文法記述への志向を反映している；(c)各種の語尾に対する中国語訳は、満洲語の一形態素を中国語の一語に対応させるという直訳・逐語訳の発想に基づいている。

Key words：満洲語文法書，清書指南，飜清虚字講約，清文啓蒙，清文助語虚字

1. はじめに

　中国の言語をめぐる記述は、(a)中国語による中国語の記述、(b)非中国語による中国語の記述、(c)中国語による非中国語の記述、の三種類に大別す

ることができる。(a)はいわゆる「小学」であり、漢代以降、音韻・文字・訓詁の各分野において膨大な蓄積があることは言うまでもない。(b)は一般的に「域外資料」と呼ばれるもので、敦煌出土の内陸アジア言語資料に始まり、明代以降の朝鮮資料、日本資料、琉球資料、西洋資料など、広範囲にわたる豊富な資料群を擁している。最後の(c)の代表的な資料群としては、仏典の翻訳事業に付随するサンスクリットの関係を除けば、元代以降の「訳語」類がこれに当たるであろう。具体的には、元代の『至元訳語』と明代以降の『華夷訳語』である。これらの資料群の構成は大略次のようになっている:

1) 『至元譯語』:雑字(漢字音写＋中国語訳)
2) 甲種本『華夷譯語』:雑字(漢字音写＋中国語訳);来文(漢字音写＋中国語逐語訳＋中国語総訳)
3) 乙種本『華夷譯語』:雑字(文字＋漢字音写＋中国語訳);来文(文字＋中国語総訳)
4) 丙種本『華夷譯語』:雑字(漢字音写＋中国語訳)

　　類書『事林廣記』所収の『至元訳語』(一名『蒙古訳語』)は、元の至元年間(1264-1274)に成立した中国語とモンゴル語の対訳語彙集で、中国語の語彙に対応する漢字音写モンゴル語が付される。甲種本『華夷訳語』は、明の洪武年間(1368-1398)に現行の『元朝秘史』とほぼ時を同じくして成立したモンゴル語・中国語の対訳教材で、『至元訳語』と同様の体裁を持つ「雑字」部分と、漢字音写モンゴル語で記された詔勅類に中国語の逐語訳(傍訳)と大意訳(総訳)を付した「来文」部分からなる。乙種本『華夷訳語』は明の永楽年間(1403-1424)設置の四夷館で編纂された対訳教材であり1)、「雑字」・「来文」とも、原語の文字を記載する点が特徴である。最後の丙種本『華夷訳語』は、明の弘治年間(1488-1505)設置の会同館で編纂された対訳語彙集であり2)、その体裁は『至

---

1) 四夷館は外交文書の翻訳を担当する部署。現存する訳語は女真、韃靼、高昌、暹羅、百夷、八百、緬甸、西番、西天、回回の10種に及ぶ。
2) 会同館は外交使節の接待を担当する部署。現存する訳語は日本、琉球、朝鮮、女真、韃靼、畏兀児、安南、暹羅、百夷、占城、満剌加、西番、回回の13種。なお、この他故宮博物院には別系統の36種が所蔵されており、これは「丁種本」と呼ばれる。その体裁は乙種本の雑字に等しい。

元訳語』と同様である。

　以上の「訳語」類における記述は、「雑字」すなわち語彙と、「来文」すなわち例文を主な内容とする。漢字音写が実質的に音韻の領域を担うものだとすれば、明代以前の中国語による非中国語の記述は、文字、音韻、語彙及び例文のレベルにとどまり、「文法」が欠けている。

　近代以前の中国文化圏において、非中国語の文法を体系的に記述した資料として、清代に刊行された一群の満洲語文法書類を挙げることができる。これは、北京への遷都(1644)以後、急速に漢化し母語である満洲語を忘れていった満洲旗人のために出版された、中国語による満洲語学習書の一部をなすものである。管見の限り、現存する満洲語文法書は10種に及ぶ[3]：

①　『清書指南』巻三「飜清虚字講約」康熙21年(1682)識
②　『滿漢類書』巻三十二「字尾類」康熙39年(1700)序
③　『清文備考』巻一「虚字講約」康熙61年(1722)序
④　『滿漢字清文啓蒙』巻三「清文助語虚字」雍正8年(1730)序
⑤　『清語易言』乾隆31年(1766)序
⑥　『三合便覧』巻首「清文指要」乾隆45年(1780)序
⑦　『蒙文晰義』巻三「蒙文法程」道光28年(1848)序[4]
⑧　『清文接字』同治5年(1866)跋
⑨　『字法擧一歌』光緒11年(1885)序
⑩　『重刻清文虚字指南編』光緒20年(1894)序

　本稿では、最初期における満洲語の体系的な文法記述を反映する文献として、①『清書指南・飜清虚字講約』及び④『滿漢字清文啓蒙・清文助語虚字』を取り上げ、この二書がどのように満洲語の文法を記述しているか、またそこにはどのような文法観が反映されているか、という問題を検討する。なお、

---

3)　清代に出版された満洲語学習書の全般については拙稿(2011)を参照。以下は池上二良(1955)、山本謙吾(1955)、朴恩用(1973)によりリストアップしたものである。一次資料の所在については遠藤・竹越主編(2011)の「満蒙漢資料」を参照、ただしなお遺漏が多いものと思われる。
4)　同編は満洲語・モンゴル語・中国語の三言語対訳である。

以下における満洲語のローマ字転写は原則としてMöllendorff(1892)の方式により、例文の出典表示においては①を「飜」、④を「助」として示す。

2. 二書の概要

2.1. 『清書指南・飜清虚字講約』

『清書指南』(manju bithei jy nan)三巻は清・沈啓亮(字は弘照、1645-1693)の著、巻尾に康熙21年(1682)の自叙がある。本書の概略と著者については、今西春秋(1956)、池上二良(1962)、早田・寺村(2004)等が詳しい。天理大学附属天理図書館に所蔵される刊本は、同著者による『大清全書』(daicing gurun i yooni bithe)十四巻5)の付録として収められている。本稿の記述は天理図書館蔵本のマイクロフィルム(雄松堂1966)による。

『清書指南』は、巻首「十二字頭」、「註義德喜烏朱」、巻二「滿洲雜話」、巻三「飜清虚字講約」よりなる。「十二字頭」は満洲文字の音節表、「註義德喜烏朱」は40条の満洲語短文に注解を施したもの、「滿洲雜話」は満洲語の会話を収める。

『清書指南』の巻三をなす「飜清虚字講約」(bithe ubaliyambure. be. de i hergen be giyangnara oyonggo)は全14丁、その内容は67種の「虚字」を解説したものである6)。なお、上の満洲語文法書リストで③とした『清文備考・虚字講約』は本編を引き写したものである。

「飜清虚字講約」において取り上げられている項目は以下の通りである：

[1] be; [2] de; [3] i, ni; [4] ra, re, ro; [5] la, le, lo; [6] ka, ha, ke, he, ko, ho; [7] me; [8] fi; [9] pi; [10] bi; [11] bifi, bici, bisire; [12] bihe; [13] bihe bici; [14] bihebi; [15] ombi; [16] mbi; [17] o; [18] ume; [19] ci; [20] se; [21] ki; [22] kini;

---

5) 早田・寺村(2004)によれば、天理図書館には康熙22年(1683)京都西河沿宛羽齋李伯龍書坊刊本と康熙52年(1713)京都西河沿尊古堂書坊刊本が所蔵され、後者に『清書指南』が付されているという。

6) 本編については、拙著(2007)に全文の翻字と翻訳を収録している。

[23] bu; [24] mbu; [25] so, su, cina, fu, nu; [26] ša, še, ja, je, šo; [27] kiya, hiya, kiye, hiye; [28] ca, ce, du, nu, cu, ne; [29] unggi, tuwanggi, bonggi, gonggi; [30] manggi; [31] ohode; [32] jakade; [33] na, ne, ji; [34] reo; [35] mbio, bio, kao, hao, keo, heo, nio; [36] rangge, rengge, rongge, kangge, hangge, hūngge, kengge, hengge; [37] rakū, kakū, hakū, kekū, hekū; [38] rahū, ayoo; [39] sa; [40] te; [41] da; [42] kai; [43] ken, kan, hei, hai, hoi, pi, kon; [44] aikabade; [45] udu seme, udu bicibe, udu cibe; [46] hono bade; [47] tere anggala; [48] tere dade; [49] dere; [50] dabala, gojime; [51] nememe; [52] tala, tele, tolo; [53] gala, gele; [54] ,maka; [55] aika; [56] aise; [57] mene; [58] jaci; [59] eitereci; [60] tetendere; [61] ere; [62] ainci; [63] eici; [64] cuka, cuke; [65] uttu; [66] tuttu; [67] esi.

　各項目は満洲語の意味・用法及び綴字法に関する解説と例文から構成される。対格語尾be(〜を)の項目を引くと以下の通りである。なお満洲語の日本語訳は〔　〕内に示す:

(1)be. 虚字解。即漢文將字。把字。實字解。我等。雀食。餌軌。如云。把此物如何。即云。ere jaka be.〔この物を〕將此人如何。即云。ere niyalma be.〔この人を〕如接虚語用。凡已然者。即用ka. ha. ke. he. ko. ho. 字。方可接be字。未然者。即用ra. re. ro. 字。方可接be字。其. ni. fi. de. ci. 等類字。俱不可接be字。若係整語。如bayan wesihun〔富貴〕之類。即可直用be字。亦有連寫者。必用m字帶下。如gisumbe.〔話を〕cembe〔彼らを〕之類。亦有因上一字。係a. e. i頭者。如imbe.〔彼を〕mimbe.〔私を〕simbe.〔君を〕membe〔私達を〕之類。方可用也。又有整語。如勤曰kicebe.〔勤勉な〕精細人曰serebe.〔細かい人〕總之曰eicibe.〔ぜひとも〕那箇曰yabe.〔何を〕好了曰yebe.〔良い〕不在此例。凡dahame〔なので〕之上。必用be字。如云。你們既到我家裡來了。suwe　meni boode emgeri jihe be dahame..〔私達は君の家にもう来たので〕凡書法。不可以be字。提寫一行之首。至於de. ci. se. i. ni. kai. 等字亦然。凡此等字。用於連字之頭者。名曰整字。或有用於中。或有用於尾。及単用者。方爲虚字觧耳。(飜1a3-1b4)

　上では、まず「虚字解」すなわち虚詞としての意味と、「實字解」すなわち実詞としての意味が記され、「如云」以下に例が挙げられる。その後は例を引き

ながら綴字法や連語法[7]についての解説が続くが、全体的に記述はあまり整理されていない。

2.2. 『清文啓蒙・清文助語虚字』

　『満漢字清文啓蒙』(manju nikan hergen i cing wen ki meng bithe；以下『清文啓蒙』)は清・舞格(字は寿平、生卒年未詳)の著、清代において最も盛行した満洲語学習書であり、それは同類の書物の中で現存する版本の数が最も多いことからも窺える[8]。最も流通している版本である三槐堂刊本(後述の第Ⅰ類に属する)によると、その構成は以下の通りである：巻一「満洲十二字頭單字聯字指南」、「切韻清字」、「満洲外單字」、「満洲外聯字」、「清字切韻法」、「異施清字」、「清書運筆先後」；巻二「兼漢満洲套話」；巻三「清文助語虚字」；巻四「清字辨似」、「清語解似」。これによれば、巻一は満洲文字とその発音方法についての解説、巻二は満洲語と中国語の対訳による会話篇、巻三は満洲語の機能語についての解説、巻四は字形の類似した語及び類義語についての解説である。

　池上二良(1962)によると、『清文啓蒙』の版本は、巻一における注音の方式が反切によるか三合切音[9]によるかをめぐって、以下の三系統に分かれるという：

　　Ⅰ類：四巻本。三合切韻なし。雍正刊本の系統。
　　Ⅱ類：四巻本。三合切韻あり。乾隆刊本の系統。
　　Ⅲ類：一巻本。「兼漢満洲套話」のみからなる。

---

7) 当該の単語が慣用的にどういった語と結びつくか、あるいはどういった語に呼応して用いられるか、といった広義のコロケーションに属する問題を、ここでは連語法と呼ぶ。
8) 『満漢字清文啓蒙』の現存する版本については、池上二良(1962)及び拙稿(2013)を参照。一次資料の所在については遠藤・竹越主編(2011)の「満蒙漢資料」を参照、ただしなお遺漏が多いものと思われる。
9) 三合切音は、満洲語の一音節を最大三字の漢字の組み合わせによって表す、乾隆期(1736-1795)に盛行した注音の方式。「三合切音」の仕組みとその中国語音韻史における意義については、落合守和(1984)等を参照。

　以上のうち、巻二である「兼漢満洲套話」については、同じく第Ⅰ類に属する版本であっても、少なくとも二種類の系統を想定しなければならないことは拙稿(2013)に述べた通りであるが、巻三及び巻四については現存する諸版本間にほぼ異同はない。本稿の記述は上の第Ⅰ類に属する三槐堂刊本(天理図書館蔵本のマイクロフィルム、雄松堂1966)による。

　『清文啓蒙』の巻三をなす「清文助語虚字」(manju bithei gisun de aisilara muden i hergen)は全60丁、満洲語の「助語虚字」即ち機能語99種についての解説と、常用フレーズ154種の中国語訳からなる10)。取り上げられる項目は以下の通り：

[1] de; [2] deo; [3] be; [4] beo; [5] i; [6] ni; [7] nio; [8] ga, go, ge; [9] ningge, ingge; [10] kai; [11] me; [12] ki; [13] ci; [14] deri; [15] aikabade; [16] aika; [17] fi; [18] ofi; [19] pi; [20] ka, ha, ko, ho, ke, he; [21] kao, hao, koo, hoo, keo, heo; [22] kangge, hangge, kongge, hongge, kengge, hengge; [23] kanggeo, hanggeo, konggeo, honggeo, kenggeo, henggeo; [24] bi; [25] kabi, habi, kobi, hobi, kebi, hebi; [26] ra, re, ro; [27] reo, roo; [28] range, rengge, rongge; [29] ranggeo, renggeo, ronggeo; [30] mbi; [31] mbio, bio; [32] rakū; [33] rakūn; [34] rakūngge; [35] rakūnggeo; [36] kakū, hakū, kekū, hekū; [37] kakūn, hakūn, kekūn, hekūn; [38] kakūngge, hakūngge, kekūngge, hekūngge; [39] kakūnggeo, hakūnggeo, kekūnggeo, hekūnggeo; [40] gala, gele; [41] doigunde; [42] onggolo; [43] na, ne, no, ya; [44] kini; [45] cina; [46] nu, so, su, fu; [47] ju; [48] sa, se, si, ta, te; [49] hori, hūri, huri; [50] la, le; [51] ta, te, to; [52] mudan, mari; [53] dari; [54] geri; [55] tome; [56] jiya, jiye; [57] hai, hoi, hei; [58] hai, tai, tei; [59] bai; [60] baibi; [61] cun; [62] hon, hūn, hun; [63] cibe; [64] udu; [65] gojime; [66] eitereme; [67] eiterecibe; [68] tala, tele, tolo; [69] rahū, ayoo; [70] kan, kon, ken, si, liyan, shūn, shun; [71] jaka, saka; [72] unggi, bonggi, gonggi, tuwanggi; [73] be dahame; [74] tetendere; [75] manggi; [76] nakū; [77] cuka, cuke; [78] cukangga, cukengge; [79] teile; [80] ebsihe; [81] dule; [82] ainci; [83] aise; [84] dere; [85] dabala; [86] wajiha; [87] hono; [88] bade; [89] ai hendure; [90] anggala; [91] tere anggala; [92] sere anggala; [93] na, ne, no; [94] ji; [95] nu,

---

10)　『清文啓蒙』の英訳であるWylie(1855)ではそれぞれ100種、154種とする。本編については、拙著(2007)に全文の翻字と翻訳を収録している。

du, ca, ce, co; [96] bu; [97] ša, še, šo, mi, ce, ja, je, jo; [98] ša, še, ta, da, te, de, do, tu, la, le, lo, mi, je, ra, re, ro, niye, kiya, giya, kiye, hiya, hiye; [99] je, jo.

各項目は「飜清虚字講約」と同様、意味・用法・綴字法等に関する解説と例文からなるが、関連する表現を各項目末尾に挙げる点と、例文の当該語彙使用箇所に中国語の傍訳を付している点が異なる。対格語尾beの項目を引くと以下の通り。傍訳の付された箇所には直後の〔 〕内に傍訳の内容を記す:

(2) be. 把字。将字。也字。又以字。用字。又使字。令字。教字。聯用單用倶可。實解我們。魚食。鳥食。牛車轅頭横木。如云。terebe〔把字〕gaifi gene. 〔それを持って行け〕将他領了去。tere be〔將字〕gaju.〔それを持って来い〕把那个拿来。siyang serengge ujire be〔也字〕. hiyoo serengge tacibure be〔也字〕. sioi serengge gabtabure be〔也字〕.〔庠とは養うことである、校とは教えることである、序とは射ることである〕庠者養也。校者教也。序者射也。ai be〔以字〕fulehe da obumbi.〔何を根本とする〕以何作根本。aibe〔用字〕temgetu obumbi. 〔何を根拠とする〕以何為憑據。sefu simbe〔令字〕gene sehe.〔先生はお前に行けと言った〕師傅説了教你去。imbe〔使字〕jikini.〔彼を来させたらいい〕教他来罷。
凡遇ai hendure.〔何を言う〕dahame〔なので〕等虚字之上。必用be字。凡如i. ni. de. me. ci. fi等虚字之下。不可用be字。
mimbe〔私を〕把我。教我。membe〔私達を〕将我們。令我們。
suwembe〔君達を〕把你們。教你們。 cembe〔彼らを〕将他們。使他們。
sehebe〔言ったことを〕将説了的。henduhe be〔話したことを〕把説了的。之謂也。(助6a3-7a2)

上では、まず中国語訳があり、「聯用」・「單用」といった綴字法上の約束が記された後11)、「實解」として実詞としての意味が述べられる。「如云」以降に例文が挙げられ、連語法の解説があった後に関連表現が来るという形を取る。

---

11)「聯用」は一単語内で合わせて綴ること、「単用」は前の単語と分けて綴ることを表す。

2.3. 二書の継承関係

　『清書指南・飜清虚字講約』において立項される項目は、すべて『清文啓蒙・清文助語虚字』においても立項されている。また、二書は後に見るように意味や用法の記述において一定の共通性があり、後者が前者の記述を参照したであろうことはほぼ疑いないと思われる。ただし、後者の方が項目数を増やし、かつ細分化していること、各項目に挙げられる例文はほとんど一致せず、後者には口語的な例文が多いこと、前者の記述はあまり整理されていないが、後者は意味−綴字法−例文−用法−関連表現という一貫したスタイルで記述されること、といった点は異なっており、総じて後者の方が教科書として整った形式を持つと言える。「清文助語虚字」の著者舞格は、「飜清虚字講約」を下敷にしつつも、より実用的な体裁に改めるという目的でそれに大幅な改訂と増補を施したものと考えられる。

　以下では、『清書指南・飜清虚字講約』と『清文啓蒙・清文助語虚字』における満洲語の文法記述の特徴として、(A)文法的意味の記述が見られること、(B)例示に一定の体系性が認められること、(C)中国語訳が直訳的であること、の三点を挙げる。(A)は二書に共通する特徴であり、(B)(C)は主に「清文助語虚字」に見られる特徴である。

3. 文法的意味の記述

3.1. 名詞格語尾

　満洲語における接辞は、名詞格語尾、動詞活用語尾、語幹形成接尾辞の三類に大別されるが、そのうち名詞格語尾と動詞活用語尾では、記述の態度に相違が認められる。

　満洲語の格は、主格(Nominative)、属格(Genitive)、具格(Instrumental)、対格(Accusative)、与位格(Dative-Locative)、奪格(Ablative)、沿格(Prolative)に分かれる。『清書指南・飜清虚字講約』と『清文啓蒙・清文助語

虚字』の二書における、主格以外の格語尾に対する解説を摘記すると以下の
通り[12]：

a) 属格/具格：所有者〔～の〕/手段〔～でもって〕
　　(3) i. ni：即漢文以字。之字。(飜2a5)
　　(4) i：的字。之字。又以字。用字。(助7a5)ni：的字。之字。又以字。用字。
　　　　(助8a5)
b) 対格：対象〔～を〕
　　(5) be：虚字解。即漢文將字。把字。(飜1a3)
　　(6) be：把字。将字。也字。又以字。用字。又使字。令字。教字。(助6a3)
c) 与位格：受け手・方向〔～に〕、場所〔～で〕
　　(7) de：直就某事某物上説也。作於字意。作處字意。作時候字意。作地方字
　　　　意。作在字意。作而字意。(飜1b5)
　　(8) de：時候字。又地方字。處字。往字。又給字。與字。又裡頭字。上頭
　　　　字。在字。於字。乃轉下申明語。(助1a5-6)
d) 奪格：出発点〔～から〕、比較〔～より〕
　　(9) ci：漢文由字。自字。從字。比字。(飜6a6)
　　(10) ci：…又自字。從字。由字。…又離字。又比字。(助13a5)
e) 沿格：通過点〔～に沿って、～を通って〕
　　(11) deri：自字。從字。由字。…比ci字詞義實在。(助15b6)

　上によると、名詞格語尾に対する記述は二書とも概して簡略なものであ
り、「～字」あるいは「～字意」として、相当する中国語(多くは前置詞)のみが
示されている。

3.2. 動詞活用語尾

　これに対して、動詞活用語尾に関する記述は詳細であり、中国語訳ではな
くその文法的意味(grammatical meaning)を記述する傾向が見られる。満洲
語の動詞活用語尾は希求法、終止法、連体法、連用法に分かれるが[13]、その

---

12) 以下の文法用語と日本語訳は津曲敏郎(2002)に基づく。なお、主格はゼロ語尾のため
　解説がない。

うちテンス・アスペクトに関わる語尾に対する記述は以下の通り：

a) 終止法現在形：現在の動作・状態〔～する、～している〕
　(12) mbi：是漢文未然之詞。結煞語。(飜5b2)
　(13) mbi：乃将然未然。煞尾之語。比ra. re. ro等字。詞義實在。(助25a1)
b) 終止法完了形：過去の出来事の説明〔～したのだ〕、結果の残存〔～してある〕
　(14) 至於habi. hebi. hobi. 此用bi字煞脚者。乃一事之已完也。(飜3a6)
　(15) kabi. habi. kobi. hobi. kebi. hebi：已了字。矣字。也字。乃一事已畢。用
　　　　此煞尾。另紋別情。已然之語。(助21a5-6)
c) 連体法未来形：未来の動作〔～する(こと/だろう)〕
　(16) ra. re. ro：此三字。用於字末。皆承上接下。將然未然之語。(飜2b2)
　(17) ra. re. ro：乃上接下。未然之語。亦可煞尾用。比mbi字。語氣輕活。句
　　　　中亦有解作之字。的字者。(助22a5-6)
d) 連体法過去形：過去の動作〔～した(こと)〕
　(18) ka. ha. ko. ho. ke. he：此六字。皆已然之詞。漢文矣字。也字。(飜3a3)
　(19) ka. ha. ko. ho. ke. he：了字。矣字。也字。在字尾聯用。乃已然之詞。句
　　　　中亦有解作之字。的字者。(助18a3)
e)　連用法不定形：同時並行的な動作〔～し(ながら)〕、目的〔～しに、～する
　　　には〕
　(20) me：乃承上接下。連一事而急轉之詞。…又如漢文平叙口吻。如着字之虛
　　　　字眼。乃一句中之過文接脉字眼也。(飜3a8-3b1)
　(21) me：着字。在字尾聯用。乃結上接下。將然未然之語。句中或有連用幾
　　　　me字者。義並同。總皆斷然煞不得。(助10a6-10b1)
f)　連用法先行形：先行する動作〔～して(から)〕
　(22) fi：與me字。語氣相似而實不同。me者一事而意相連。fi者一事説完。語
　　　　氣未斷。下復更端。(飜3b4)
　(23) fi：上半句的了字。又因字意。在字尾聯用。乃結上接下。將然已然。詞
　　　　義未斷之語。句中亦有連用幾fi字者。義並同。總為半句。斷然不得。(助
　　　　16b3-4)

---

13)「法」という総称については，津曲敏郎(2002：52)における次の記述を参照：「特に4つ
　　に大別した活用形を「－法」と総称するのは，一般に文法でいう法(陳述に対する話者
　　の心的態度の文法的区別)とかかわる点もあるが，それとは異なる観点も含めた，多
　　分に便宜的な呼び方であることをことわっておく(具体的な個々の活用形の名称であ
　　る「－形」と区別するため)。」

　名詞格語尾の場合と異なり、動詞活用語尾に対しては、「～語」あるいは「～詞」として文法的意味が記され、「已然」、「未然」、「将然」等を術語として用いつつ、実質的にテンスとアスペクトを解説している。これは、中国語の側に相当する表現が存在しないために、概念のレベルから記述せざるを得なかったためと考えられる。

4. 例示の体系性

　『清文啓蒙・清文助語虚字』では、満洲語の用例を示した部分に一定の体系性が認められる。連体法過去形語尾 -ka, -ha, -ko, -ho, -ke, -he の項目[14]、及び連体法未来形語尾 -ra, -re, -ro の項目は以下の通り：

(24) ka. ha. ko. ho. ke. he 此六字倶是。了字。矣字。也字。在字尾聯用。乃已然之詞。句中亦有解作之字。的字者。倶隨上字押韻用之。如上用a下用ha上用e下用he上用o下用ho上用ha下用ka上用ge下用ke上用fo下用ko。
alambi.〔告げる〕告訴。alaha〔了字〕.〔告げた〕告訴了。
erembi.〔望む〕指望。erehe〔了字〕.〔望んだ〕指望着了。
obombi.〔洗う〕洗。oboho〔了字〕.〔洗った〕洗了。
hafumbi.〔伝える〕通達。hafuka〔了字〕.〔伝えた〕通達了。
gerembi.〔明ける〕天亮。gereke〔了字〕.〔明けた〕天亮了。
fodorombi.〔逆立つ〕毛倒捲。fodoroko〔了字〕.〔逆立った〕毛倒捲了。(助18a3-18b3)

(25) ra. re. ro 此三字倶在字尾聯用。乃上接下。未然之語。亦可煞尾用。比mbi字。語氣輕活。句中亦有解作之字。的字者。倶隨上字。押韻用之。如上用a下用ra上用e下用re上用o下用ro。如云。
bi urunakū anambi.〔私は必ず押す〕我必定推。

---

14) 満洲語における母音調和(vowel harmony)は、男性母音a, o, ūと女性母音eが同一の単語内で共存しないというのが原則である(中性母音, uはどちらとも共存できる)。接尾辞や語尾の中には、付加される語幹の母音に応じてa～e～oの交替形を持つ。子音はh系が基本形式であるが、一部の動詞はk系を取ることもある。

　　　bi uthai anara.〔私はすぐに押す〕我就推呀。
　　　bi urunakū erimbi.〔私は必ず掃除する〕我必然掃。
　　　bi uthai erire.〔私はすぐに掃除する〕我就掃呀。
　　　bi urunakū obonombi.〔私は必ず洗いに行く〕我必定去洗。
　　　bi uthai obonoro.〔私はすぐに洗いに行く〕我就去洗啊。(助22a5-22b5)

　上の二例は、いずれも終止法現在形 -mbiを対照させて例示しており、い
わば -mbiを無標(unmarked)な形、-ha/-he/-ho, -ka/-ke/-ko及び -ra/-re/-roを有
標(marked)な形として扱っていることが見て取れる。
　なお、『清書指南・飜清虚字講約』においてもこうした記述態度の萌芽が認
められるが、希求法命令形(ゼロ語尾)及び -mbiとの簡単な対照例を示すにと
どまり、体系的に例を配置しているとは言えない：

(26) ka. ha. ke. he. ko. ho. 此六字。皆已然之詞。漢文矣字。也字。…如去曰。
　　　gene.〔行け〕去了。曰。genehe.〔行った〕…完矣。waji.〔終われ〕完矣
　　　曰。wajiha.〔終わった〕(飜3a3-6)
(27) ra. re. ro. 此三字。用於字末。皆承上接下。將然未然之語。…如用於字末。
　　　作結句者。比mbi字稍活動些。如我必去。曰。bi urunakū genembi.〔私は
　　　必ず行く〕如我去。曰。bi genere.〔私は行く〕(飜2b2-8)

　また、『清文啓蒙・清文助語虚字』における使役/受身形成接尾辞 -buの項目
は以下の通り：

(28) bu. 在字中聯用。如上有be字照應。是轉論使令。教令字。如上有de字照
　　　應。是被他人字。實解令人給。如云。…凡遇清話字尾。無聯虚字者。是當
　　　面使令之詞。如又無de. be二字。只有bu字者。亦與有de. be二字者義並同。
　　　今如當面令人云。si gene [面令].〔君は行け〕你去罷。
　　　如轉諭令人云。terebe genebu [轉令].〔彼を行かせよ〕令他去。
　　　如當面令人云。si yabu [面令].〔君は去れ〕你走罷。
　　　如轉諭令人云。terebe yabubu [轉令].〔彼を去らせよ〕教他走。
　　　如無de. be二字云。gisurebumbi [被字轉令].〔言われる/言わせる〕被人
　　　説。又令他説。tantabumbi [被字轉令].〔打たれる/打たせる〕被人打。又

教人打。(助50b4-51a5)

上の例では、希求法命令形を対照させて例示するとともに、格の支配に応じた直接命令「面令」と間接命令「轉令」の違い、及び格が表示されない場合の使役と受身の二重性に言及している。

『清書指南・飜清虚字講約』にも同様の記述は見られるが、上に比べて例示は簡略である:

(29) bu. 與字也。用於句中。是使之如此也。又被人如此也。上文有be字。作使
    字用。上文有de字。作被字用。如令人行某事。yabubumbi.〔行わせる〕
    令人作某事。arabumbi.〔作らせる〕令人喜。urgunjebumbi.〔喜ばせる〕
    (飜7b4-5)

以上の例から見て、『清文啓蒙・清文助語虚字』の方が、『清書指南・飜清虚字講約』に比べて例を体系的に配置しようとする志向が顕著であると言えよう。

5. 中国語訳に見られる直訳

『清文啓蒙・清文助語虚字』において「〜字」で示される中国語の訳語は、基本的に満洲語の一形態素を中国語の一語に対応させている。与位格語尾deの項目から中国語訳の部分を摘記すると以下の通り:

(30) jakade〔ときに〕當時字。彼時字。(助2b2)
(31) sere jakade〔というときに〕説的當時字。(助2b5)
(32) ki sere jakade〔したいというときに〕欲要的當時字。(助3a1)
(33) ojoro jakade〔できるときに〕可以的當時字。因為的時候字。(助3a4)
(34) bisire jakade〔あるときに〕在的當時字。有的當時字。(助3b1)
(35) bisirede〔あるときに〕在的時候字。有的時候字。(助3b3)

(36) serede〔というときに〕説的時候字。(助3b5)

(37) ki serede〔したいというときに〕欲要的時候字。(助4a1)

(38) ohode〔なったときに〕了的時候字。(助4a4)

(39) sere ohode〔ということになったときに〕説了的時候字。(助4a6)

(40) ki sere ohode〔したいということになったときに〕欲要了的時候字。(助4a6)

(41) bisire ohode〔あることになったときに〕有了的時候字。在了的時候字。
(助4b1)

(42) seme ohode〔というようになったときに〕總然了的時候字。雖然了的時候
字。(助4b1)

(43) ki seme ohode〔したいというようになったときに〕欲要了的時候字。(助
4b2)

(44) ojoro ohode〔できることになったときに〕因為了的時候字。可以了的時候
字。(助4b2)

(45) sehede〔といったときに〕説了的時候字。倘若時候字。(助4b4)

(46) ki sehede〔したいといったときに〕：欲要了的時候字。(助4b6)

(47) bihede〔あったときに〕有來着的時候字。在來着的時候字。倘若時候字。
(助5a1)

以上の中国語訳は、実際には用いられることのない不自然な表現である。上
に見られる満洲語の形態素と中国語の対応関係は概ね次のように帰納され、中
国語訳に際してこうした訳語を機械的にはめ込んでいったことが窺える：

jakade＝當時；se-＝説；-re/-ro＝的/×；-ki　se-＝欲要；o-＝可以/因為/×；bi-＝
在/有；-de＝時候；-he/-ho＝了的/來着的

言うまでもなく、満洲語が一単語に複数の形態素を含みうるのに対し、中
国語の場合は圧倒的多数が一単語一形態素であるため、満洲語の構造に即し
た形で訳を記述しようとする限り、このような現象が生じるのは必然であ
る。なお、『清書指南・飜清虚字講約』にはこのような直訳的な現象は見られ
ない。

6. まとめ

　現存の資料による限り、明代以前には中国語による体系的な非中国語の文法記述が存在しない。清代を通じて刊行され続けた満洲語文法書は、近代以前における中国語母語話者の非中国語に対する文法観を反映する資料と言えるであろう。

　初期の満洲語文法書『清書指南・飜清虚字講約』と『清文助語虚字』に見られる文法記述の特色として、次の三点を挙げることができる：

　(a) 相対的に名詞の格に関する記述は簡略であり(特に語順に関しては全く言及がない)、動詞の活用に関する記述は詳細である。これは非中国語の文法を記述するにあたって、中国語には存在しない形態論(morphology)の方が、統語論(syntax)よりも重要であったことを反映している。なお、動詞の活用に関しては、②『満漢類書・字尾類』に動詞gene-〔行く〕について97種の語尾を記した一種の活用表があり[15]、動詞の活用に対する関心の深さが窺われる。

　(b) 動詞の活用において文法的意味を記したり、用例を無標/有標の対照で配置したりすることは、体系的な文法記述への志向を反映している。非中国語の文法を記述する場合、「AはBである、またCである」式の訓詁学的思考法では対応できないことが、このような志向を生んだものと思われる。

　(c) 各種の語尾に対する中国語訳は、満洲語の一形態素を中国語の一語に対応させるという直訳・逐語訳の発想に基づいている。この発想は、基本的に甲種本『華夷譯語』や『元朝秘史』における傍訳と共通するものである。

　上のうち、特に(b)の点は、中国境内に暮らす人間が王引之『經傳釋詞』(1798)以前に文法を分析的に捉えるという視点を持ち、馬建忠『馬氏文通』(1898)以前に文法を体系的に捉えるという視点を持っていた可能性を示唆する。中国において19世紀末まで近代的な文法観が芽生えなかったとされるの

---

15) 本編については、拙著(2007)に全文の翻字と解説を収録している。また満洲語文法書のリストで⑦とした『蒙文晰義・蒙文法程』は、ala-「話す」の諸活用形を示したものである。

は、中国語母語話者がアプリオリにそれを生み出し得なかったためではなく、中国語という言語が記述の対象であったためであり、非中国語、ことに中国語と同系でない言語が記述対象となった場合には、先んじてそこに到達することができたのではないかと考えられる。

＜参考文献＞

池上二良(1955),「トゥングース語」,『世界言語概説』下, 441-488, 東京：研究社.

池上二良(1962),「ヨーロッパにある満洲語文献について」,『東洋學報』45(3), 105-121；池上二良(1999),『満洲語研究』, 359-385, 東京：汲古書院.

今西春秋(1956),「清書指南のことなど」,『ビブリア』7, 8-11.

遠藤光曉・竹越孝主編(2011),『清代民國漢語文獻目録』, ソウル：學古房.

落合守和(1984),「≪西域同文志≫三合切音の性格」,『静岡大学教養部研究報告(人文・社会科学編)』, 19(2), 85-110.

落合守和(1987),「≪満漢字清文啓蒙≫に反映された18世紀北京方言の音節体系」,『静岡大学教養部研究報告(人文・社会科学編)』, 22(2), 111-151.

河内良弘(1996),『満洲語文語文典』, 京都：京都大学学術出版会.

竹越孝(2007),『清代満洲語文法書三種』, KOTONOHA単刊1, 愛知：古代文字資料館.

竹越孝(2011),「満漢資料概観」, 遠藤光曉・朴在淵・竹越美奈子編『清代民國漢語研究』, 23-29, ソウル：學古房.

竹越孝(2012),『兼滿漢語滿洲套話清文啓蒙―翻字・翻訳・索引―』, 神戸市外国語大学研究叢書49, 神戸：神戸市外国語大学.

竹越孝(2013),「『清文啓蒙・兼漢滿洲套話』のテキストとその受容」,『譯學과 譯學書』4, 129-147.

津曲敏郎(2002),『満洲語入門20講』, 東京：大学書林.

早田輝洋・寺村政男(2004),『大清全書―増補改訂・附満洲語漢語索引―』, 東京：東京外国語大学アジア・アフリカ言語文化研究所.

山本謙吾(1955),「満洲語文語形態論」,『世界言語概説』下, 489-536. 東京：研究社.

雄松堂(1966),『天理図書館所蔵満語文献集・語学編』, 東京：雄松堂フィルム出版.

朴恩用(1973),『滿洲語文語研究(二)』, 大邱：螢雪出版社.

Wylie, A. (1855), *Translation of the Ts'ing Wan K'e Mung, A Chinese Grammar of the Manchu Tartar Language; with Introductory Notes on Manchu Literature.* Shanghae: London Mission Press.

Möllendorff, P. G. von. (1892), *A Manchu Grammar, with Analyzed Text*, Shanghai: American Presbyterian Mission Press.

□ 성명 : 竹越 孝(Takashi TAKEKOSHI)
　주소 : 日本 651-2187 神戸市西区学園東町 9-1 神戸市外国語大学中国学科
　전화 : +81-78-794-8111
　전자우편 : takekosi@inst.kobe-cufs.ac.jp

□ 이 논문은 2015년 10월 30일 투고되어
　　　　　2015년 11월 1일부터 11월 20일까지 심사하고
　　　　　2015년 12월 1일 편집회의에서 게재 결정되었음.

『清語老乞大新釋』의 장면 분석

김양진

(韓國, 慶熙大)

The analysis of Cheongeonogeoldae's scenes

This paper is that Cheongeo Logeoldae sinseok[清語老乞大新釋] will researched this if have any composition, from the scenes analysis of Cheongeo Logeoldae sinseok. This book composed with four steps in composition, that is introduction (volume1), development (volume2~4), turn (volume5~7), and conclusion (volume8), according scenes. Each volume was constantly adjusted with conversation scenes of the number. Also, with these scene analysis, We confirmed that mainly speakers of this book are the Chinese Mr.Wang and Korean Mr.Lee to participate in each conversation contents. Of course, Who led the conversation in this book in both is mostly Chinese Mr. Wang. In the first half Mr. Wang teaches Korean Mr.Lee and in the late master Korean Mr.Lee trys to use the Chinese language.

By revealing the relationship between the Speaker-Listener to participate in the future of these units, and more specifically the story is expected to reveal more clearly the real aspect involved in the text content of Logeoldae-type, especially of Cheongeo Logeoldae sinseok.

Key words : Cheongeo Logeoldae sinseok, scenes analysis, Logeoldae-type, Conversation books

1. 머리말

주지하다시피『노걸대(老乞大)』는『박통사(朴通事)』와 함께 고려 조선시대 외국어 교육기관에서 사용하던 한어 교과서로 <조선왕조실록>이나『경국대전(經國大典)』등에서부터 기록되어 있다.『노걸대(老乞大)』는 14세기 원의 대도였던 지금의 북경 지방으로 무역을 하러 갔던 상인들의 경험담을 바탕으로 작성되어 그후 고려・조선 시대의 약 500여년간 중국 동북방의 시대적 변천에 따라 시대별 漢語와 만주어, 몽골어 등의 동북아시아 제 언어의 회화 교재로 사용되었다. 특히 이 텍스트는 조선의 국경으로부터 베이징[北京]에 이르기까지 동일한 경로를 조선 상인이 중국 상인의 도움을 얻어 상업 활동을 한다는 동일한 내용을 담고 있는데다가, 중세로부터 근세에 이르기까지 시대를 달리하는 漢語와 朝鮮語 및 근대의 만주어, 몽골어 자료로 작성되었다는 점에서 동북아시아의 문화와 언어 교류를 알아보는 데 최적의 자료이다. 그런데 이들 『노걸대(老乞大)』류 문헌들에 나타난 상업 활동의 내용은 시대에 따라 또 판본에 따라 조금씩 그 장차가 다르다. 이를 鄭光(2007)과 竹越 曉(2010)의 내용을 바탕으로 정리하면 다음과 같다.

(1) 漢語『老乞大』諸本

① 原本『老乞大』: 원(元)의 지정(至正) 병술(丙戌, 1346)년경에 중국을 여행한 고려 상인에 의하여 작성되어 사역원(司譯院) 등에서 한어(漢語)[1] 교재로 사용된 것으로 추정. 金文京 外(2002)와 정광(2002) 등에서 전체 106話로 나뉘었음을 보인 바 있다.

② (산개본)『노걸대』: 조선 성종(成宗) 14년(1483)에 한인(漢人) 갈귀(葛貴) 등이 명대(明代) 북경관화(北京官話)로 산개(刪改)한 것.

　㉠ 嘉靖本『老乞大』: 壬辰倭乱(1592) 以前 판본. 後人이 墨筆과 朱筆로

---

1) 이때의 '한어(漢語)'에 대해서 정광(2002, 2004/2010, 2006 등)에서는 줄곧 이 언어가 북경 주변에서 한어(漢語)와 달리 교착적 문법 구조를 가진 거란어, 여진어의 영향을 받아 변질된 '한아언어(漢兒言語)'임을 강조한 바 있다. 본고에서는 한어(漢語) 시대를 통틀어 달라진 중국어를 대표하는 의미로 사용된 것이다.

기입해 넣은 境界表示이 있다. 鄭光(2007)에서는 墨筆로 경계 지어진 부분이 전체 93話, 朱筆로 第68話와 第69話의 境界가 되어 있어서 전체 92話로 나뉜 것으로 보았다. 『飜譯老乞大』는 이 체제를 따르고 있다.

ⓛ 侍講院本『老乞大』: 壬辰倭乱 以後 판본. 후인에 의한 境界表示가 墨筆로 기입되어 있다. 奎章閣(2003a)에 의하면 전체 108話로 되어 있다.

④ 『老乞大新釋』: <노걸대>를 조선 영조(英祖) 37년(1761)에 김창조(金昌祚) · 변헌(邊憲) 등이 청대(淸代) 북경 만다린으로 새롭게 해석한 것. 境界表示가 ○으로 구분되어 새겨져 있다. 奎章閣(2003b)에 따르면 전체 111話로 되어 있다.

⑤ 『重刊老乞大』: 조선 정조(正祖) 19년(1795)에 이수(李洙) 등이 신석(新釋)본을 다시 아어(雅語)로 수정하여 중간한 것. 『노걸대신석(老乞大新釋)』과 장차가 같다.

(1′) 諺解本『老乞大』諸本

② ′ (飜譯)『老乞大』: (산개본)『노걸대』를 최세진이 번역한 것으로 嘉靖本『老乞大』와 같은 체재로 되어 있다.

③ ′ 『老乞大諺解』: 刪改本系의 諺解本. 1670年刊(戊申字本). 境界表示에 二葉花紋魚尾가 있는데 奎章閣(2003a)에 따르면 전체 107話로 되어 있다.

④ ′ 『老乞大新釋諺解』: 『老乞大新釋』과 함께 1761년 편찬되어, 1763년 校書館에서 간행된 木版本. 전체 3권 111話로 되어 있는 것으로 알려져 있으나 현재 전하는 것은 콜롬비아대에 1권 1책만 전한다. 권1에만 모두 36話가 실려 있다.

⑤ ′ 『重刊老乞大諺解』: 『重刊老乞大』와 함께 1795년(正祖19 乙卯)에 司譯院에서 간행된 것으로 추정된다. 『老乞大新釋諺解』와 마찬가지로 111話로 되어 있다.

(2) 『淸語老乞大』

滿洲語版 『老乞大』의 諺解本. 現存하는 것은 1765年刊의 改訂本으로 『淸語

老乞大新釋』을 서명으로 하여 전체 8권 8책으로 출간되었다.2) 境界表示에 따라 行이 나뉘어 있으나 경우에 따라 장면표시가 불분명한 경우가 있다. 竹越曉(2010)에서는 다른 여러 판본들을 참고하여 이 자료의 장면을 전체 101話로 나누고 있는데 본고에서도 이를 따른다.

(3)『蒙語老乞大』

몽골어語版『老乞大』의 諺解本。現存하는 것은 1790年에 간행된 改訂本으로, 대개『淸語老乞大新釋』의 구성에 따라 境界表示를 하여 行을 나누었는데 竹越曉(2010)에서 살펴본 것처럼『淸語老乞大新釋』과는 부분적인 차이가 있어서 전체 102話로 되어 있다.

본고는 이 가운데 滿洲語版『老乞大』의 諺解本으로 현존하는 (2)『淸語老乞大新釋』의 장면표시의 양상에 따라『老乞大』의 내용 전개 과정을 상세히 고찰해보고자 한다.

2.『老乞大』류 문헌의 일반적 내용 전개

『老乞大』류 문헌의 장면분석을 처음 본격적으로 다룬 것은 국어사자료연구회(1995)에서이다. 국어사자료연구회(1995)에서는 (번역)『노걸대』(상)을 17화, (번역)『노걸대』(하)를 22화, 총 39화의 장면으로 나누어 이를 현대어로 번역하였는데, 형식적인 측면보다는 해당 장면의 내용 단위를 중심으로 장(章)을 나누었다. 이에 따르면『老乞大』는 상권 17화, 하권 22화의 총 39화로 내용을 나누었는데 회화 교재로서 일정한 범위를 고려한 분석이 충분히 이루어지지 못했다고 판단된다.3)

---

2) 알려진 바와 같이『淸語老乞大新釋』에는 파리 동양어대학본과 대영박물관본 및 濯足文庫本의 3종이 전하는데, 본고는 소위 濯足文庫本으로 알려진 정광(1998)의 장면표시를 대상으로 논의를 진행한다.

3) 국어사자료연구회(1996)에서『노걸대(老乞大)』의 장차를 나눈 것은 다음과 같다.
  『노걸대』(上) : 1.고려상인과 중국상인의 만남. 2.순성문 여관 와점(瓦店)까지. 3.와점에

金文京 外(2002)와 정광(2002)에서는 (原本)『老乞大』가 형식적으로 106話로 나뉘고 그 내용이 크게 (1) 고려 상인들과 漢人 客商 王氏의 첫 만남, (2) 瓦店에서의 숙박, (3) 大都로 가는 길에 民泊의 哀歡, (4) 大都에서의 장사와 생활, (5) 사람 사는 도리, (6) 귀국을 위한 준비와 王氏와의 작별 인사와 같이 여섯 무대로 나뉘는 것으로 보았다. 정광(2002)을 바탕으로 하되 (原本)『老乞大』의 내용 단위를 좀더 상세히 고찰하면 다음과 같다.

1) 고려 상인들과 漢人 客商 王氏의 첫 만남

(原本)『老乞大』는 고려 상인 이(李)씨[4]가 고종사촌인 김(金)씨와 이종사촌 이(李)씨, 그리고 자신과 같은 마을사람인 조(趙)씨와 함께 大都로 가는 길에

서의 저녁 식사. 4.잠자리와 사료 준비. 5.물과 사료 먹이기. 6.와점 주인과의 작별. 7.둘째 날 오전. 8.인가(人家)에서의 저녁 식사. 9.둘째날 오후. 10.인가에서의 잠자리 부탁. 11. 저녁 식사와 말 먹이기. 12.집주인과의 작별. 13.음식점까지. 14.음식점에서. 15.술집에서. 16.순성문 관점 하점(夏店)까지. 17.순성문 관점 하점에서.
『노걸대』(下) : 1.고려상인의 친척. 2.이가(李家)의 숙소에서. 3.말 흥정. 4.계약서. 5.말 무르기. 6.양 구매. 7.비단과 마구 구매. 8.활과 화살 구매. 9.그릇 구매. 10.친척 초대. 11.수레. 12.활쏘기 시합. 13.잔치. 14.의원. 15.하인. 16.중국상인의 탁주행. 17.삼(蔘) 판매. 18.모시 판매. 19.돌아가서 팔 물건에 대한 의논. 20.잡화점. 21.점쟁이. 22. 중국상인과의 이별.

4) 정광(2006)에서는 <번역노걸대> 제12화의 "這箇姓金 是小人姑舅哥哥 這箇姓李 是小人 兩姨兄弟(이 · 는 :셩 · 이 金:개 · 니 · 이 · 는 내 아 · 븨 동싱 누의 · 와 · 어믜동싱 · 오 · 라 · 븨게 난 형 · 이 · 오 · 이 · 는 :셩 · 이 李 · 개 · 니 · 이 · 는 · 우 · 리 :어 · 믜 · 동싱 · 의 · 게 :난 아 · 싀 · 오)" 부분에 대한 주석에서 '姑舅'와 '兩姨' 사이의 사촌은 성씨가 같지 않다는 점에서 이 이야기의 주인공의 성씨가 金고 李도 아닌 것으로 보고 있다. 하지만 제55화에서 親眷인 高麗客人 李舍를 찾는 장면에서 우리는 이 이야기의 주인공이 李씨임을 짐작해 볼 수 있다. 고종사촌간에는 姓이 같은 가능성이 적지만 이종사촌간에는 姓이 같을 수 있기 때문이다. 이렇게 본다면 <노걸대>류에는 여러 명의 '李'씨가 등장하게 된다. 이 이야기의 주인공격인 '이씨'와 이의 이종사촌인 '이가' 그리고 55화에 등장하는 주인공 '이씨'의 친권인 '李舍'가 그들이다. 이와 같이 본고에서는 <노걸대>류의 주요 화자로 등장하는 고려인(<청어노걸대신석>에서는 조선인)을 '李'씨로 보되 이를 다른 이씨들과 구별할 필요가 있는 경우 '李씨1'로 설정하고 논의를 전개하고 다른 이씨를 출현 순서에 따라 '李씨2', '李씨3(혹은 '李家', '李舍')로 구별하여 지칭한다.(이야기의 중반에는 거간의 역할을 하는 제남부 이씨도 나온다.) 이 책에 등장하는 중국인 중에도 '王'씨는 이 책의 주요 중국인 화자로 등장하는 왕씨(마찬가지로 다른 왕씨와 구별할 필요가 있는 경우 '王씨1'로 표시), 순성문 관점 주인 왕씨 등 여럿이 나온다.

중국 遼陽城에 사는 客商 王氏를 만나는 장면으로부터 시작한다. 이 장면은 중국 상인 왕(王)씨가 고려 상인인 이(李)씨 일행에게 어디서 왔으며 누구에게서 어떻게 漢語를 배웠는가에 대하여 질문하고 이어 고려 상인들이 漢人 商人인 왕(王)씨에게 동행할 것을 권유하자 왕(王)씨가 이를 수락하면서 시작된다. 고려 상인인 이(李)씨 일행과 漢人 상인인 왕(王)씨가 대도까지 동행하게 됨으로써 대화의 상당 부분이 왕(王)씨와 이(李)씨의 대화로 이루어지지만 전체적으로는 왕(王)씨가 길안내를 하게 되면서 대화를 주도하고 있는 것으로 보인다. 왕씨와 이씨가 동행하면서 이어지는 대화의 상세한 내용은 다음과 같다. ① 고려 상인 이(李)씨가 漢人 商人인 왕(王)씨에게 먼저 大都의 物價, 특히 자신들이 大都에서 買入하여 돌아가려는 비단과 무명 값을 물어 보고 자신들은 중국으로 人蔘과 모시, 베, 말 등을 팔러 가져왔다고 한다. ② 왕씨에게 瓦店에 도착하면 어디서 묵을 것이며 말먹이 값이 얼마나 하는지를 묻는다. ③ 왕씨가 고려인들이 황도로 왕복하는 데 얼마나 걸렸는지 묻는다. ④ 왕씨가 고려인의 동행인 세 사람에 대하여 어떤 관계인지를 묻는다.

2) 瓦店에서의 숙박

이 장면은 고려 상인 일행이 漢人 상인 王氏를 만나서 大都로 가는 도중에 첫 번째 寄着地인 瓦店에서 宿泊하는 장면에서 시작된다. 王氏의 단골집에 여장을 푼 일행은 끌고 간 말들의 먹이를 준비하고 자신들의 저녁밥을 짓고 숙박료를 계산하는 방법이 대화로 이어진다. 왕씨는 고려 상인들에게 말 먹이를 주는 법, 중국식 우물에서 물을 푸는 방법을 가르쳐 주고 고려인들은 고려의 우물을 소개한다. 고려 상인과 왕씨 일행이 해지기 전에 출발하려 하자, 瓦店 주인은 근래에 일어난 두 개의 강도 사건을 이야기하면서 그들을 만류한다. 결국 그들은 밤새 말을 놓아먹이고 이른 아침에 풀어놓았던 말들을 끌어다가 瓦店을 떠난다.

3) 民泊의 哀歡

瓦店을 아침 일찍 떠난 일행은 도중에 民家에서 아침밥을 얻어먹는다. 인심

좋은 村長인 張社長네 집에서 일행은 주인들이 먹을 밥을 먼저 얻어먹는다. 말들도 풀밭에서 풀을 뜯어먹게 한다. 나그네 대접을 지극히 정성스럽게 하는 張社長에 대한 감사로 漢人 왕씨는 遼陽城의 자기 집에 초대하기도 한다. 이어서 풀어놓았던 말들을 모아서 짐을 싸고 출발한다. 저녁에도 민박을 하게 되었는데 이번에는 반대로 인심 사나운 집에 하룻밤을 묵어가기를 청하면서 심한 실랑이를 한다. 흉년을 핑계로 어떻게든 나그네를 재우지 않으려는 주인과 수레 방에서라도 자고 가려고 떼를 쓰는 일행과의 대화가 길게 이어진다. 특히 고려인들을 도망한 노예 외국인으로 오해하고 경계하는 주인에게 왕씨는 온갖 말로 그를 안심시키고 수레 방을 얻어낸다. 겨우 방을 얻었지만 저녁을 지어먹을 쌀도 없어서 주인에게서 좁쌀 조금을 사서 죽을 쑤어 먹고 말들도 먹이가 없어 뒤뜰에 풀어놓아 풀을 뜯어먹게 한다. 일행은 교대로 말을 돌보면서 대화를 나눈다. 하룻밤을 고생한 일행은 다음날 아침 일찍 주인과 하직하고 大都의 중간 寄着地인 夏店에 도착한다. 일행은 술집에 들어가 술을 한 잔 마시면서 나이를 묻고 漢人 왕씨가 제일 연장자임을 알게 된다. 술 마시는 예절에 따라 나이순으로 술을 돌려 마시고 술값을 계산한다. 술집 주인과의 술값 계산은 元代에 통용하던 지폐로 지불하는데 그것이 쓸 수 있는 지폐인가 아닌가를 두고 서로 다투게 된다.(후대의 刪改本 이하에서는 이 부분이 銀子로 바뀌면서 내용이 변한다.)

4) 大都에서의 장사

夏店을 떠난 일행은 바로 大都에 도착한다. 왕씨와 이씨가 다른 일행에 앞서 먼저 대도로 들어가서 順承門 옆 關店에 숙소를 정하고 일행을 마중하러 나간다. 여관 주인은 가져온 말을 흥정하려 하고 고려 상인 이씨는 大都에 먼저 와 있던 다른 친척 이씨를 찾아 길경점으로 가서 만난다. 짧은 만남을 뒤로 하고 關店으로 돌아온 뒤 이씨는 왕씨와 함께 가져온 말을 팔면서 당시 大都에서 말을 파는 방법, 매매계약서, 중개료와 세금의 지불 방법을 배운다. 팔았던 말을 다시 무르는 과정에 대한 내용도 있다. 왕씨가 말 판 돈을 밑천으로 하여 羊과 여러 상품을 사서 涿州에 가서 팔러 떠나게 되자, 왕씨가 떠나기 전에 왕씨를 따라서 옷감, 마구, 활, 화살, 활시위, 그릇 등을 사면서 이러한 물건을 살 때에 주고받는 대화를 학습한다. 왕씨는 涿州로 떠나기 전에 친척을 모아 잔치도 하고 고려인들과 다른 친구를 데리고 활쏘기 시합도 하고 중국요리를 시켜 먹기도 하였는데, 왕씨가 술을 많이 먹고 상한에 걸려 의원을 부르는 등 탁주 일정이 늦춰지게 된다. 이러한 장면 설정은 大都에서의 생활에 필요한 일상용어를 배우기 좋게 되어 있다.

5) 사람 사는 도리

이 부분은 아마도 왕씨가 고려 상인들에게 중국에서의 생활에 대해서 해주는 이야기로 판단되는데, 여정과 관계없이 대도에서의 생활과 관련된 교훈적인 이야기가 포함되어 있다. 그 내용은 인생을 즐기되, 성실하여야 하고 신실한 마음으로 친구를 사귀고 정성을 다해 윗사람을 모시며 친구를 서로 돕고 살아야 함을 강조하고 酒色에 패가망신하는 방탕한 삶을 경계하는 내용을 담고 있다. 특히 방탕한 삶의 과정에서 찾게되는 호사스러운 생활과 음식, 옷차림, 모자, 띠 등을 소개하면서 당시 원나라의 멋쟁이들의 옷차림과 그 장신구의 명칭들을 배우게 하였다.

6) 고국을 향하여

마지막 장면은 왕씨가 떠나고 대도에 남겨진 고려인[이씨]이 고려에서 가져온 인삼, 모시, 베를 처분하고 고려로 돌아가서 팔 물건을 사는 내용이 중심이다. 역시 물건을 팔고 살 때에 지폐 사용의 주의할 점을 대화로 엮었다. 돌아가서 팔 물건은 모자의 술이나 갓끈과 같은 장신구를 비롯하여 화장품, 빗 등과 바늘, 칼, 가위, 송곳, 저울 등의 공산품이 많다. 특히 무명, 비단과 같은 옷감이나 四書, ≪毛詩≫, ≪尙書≫, ≪周易≫등의 유교 경전과 ≪韓文柳文≫, ≪東坡詩≫와 같은 문학서, 그리고 ≪君臣故事≫, ≪資治通鑑≫ 등의 역사서, ≪三國志評話≫, ≪貞觀政要≫와 같은 인기 도서를 구입하는 내용이 들어 있다. 그리고 끝으로 유명한 역술가인 오호선생을 찾아가 돌아갈 날을 占치는 장면이 있고 귀국의 吉日로 선정된 25일에 長途에 오르게 되는데, 마침 탁주에서 돌아온 왕씨(王氏)와 이별하면서 대단원의 막을 내린다.

『老乞大』류의 장면 분석은 대개 이와 같은 흐름을 바탕으로 하지만 (1)~(3)에서 보인 것처럼 회화서의 편제에 따라 구체적인 장면 분석이 달라진다.

竹越 曉(2010)에서는 장면 경계를 어디에 설정했는가 하는 문제를 단서로 하여『노걸대』의 만주어 판인『청어노걸대』와 몽골어 판인『몽어노걸대』성립에 중국어 판『노걸대』가 어떻게 관여하고 있는가, 또 만주어 판과 몽골어 판은 편찬 과정에서 서로 관련이 있는가 하는 문제에 대해 고찰했다. 그 결과,『청어노걸대』와『몽어노걸대』의 남본으로서 상정되는 중국어 판『노걸대』는 산개본 계에 속하는 텍스트이며, 현존의 것으로 한하면『노걸대언해』혹은 시강원본『노걸대』가 그 후보가 된다는 것, 또 현존의『청어노걸대』와『몽어노걸대』에는 청대 개정본 계에 속하는『노걸대신석』의 영향이 보이지 않는다는 것, 그리고『청어노걸대』와『몽어노걸대』는 그 편찬 과정에서 서로 밀접한 관련이 있을 가능성이 높다는 것을 지적한 바 있다. 이와 같이『老乞大』류는 전체적으로는 같은 내용으로 구성되어 있지만 판본에 따라 장면의 차이가 나게 되는데 이는 각 판본마다의 편제 및 당시 회화 담당자들의 인식의 차이에 기인한 것이다.

3. 『신석청어노걸대』의 장면분석

본고는 이 가운데『신석청어노걸대』의 장면분석에만 논의를 집중한다.『청어노걸대』의 간행과 관련한 내용은 다음과 같다.

(4) ① 1680년, 崔厚澤・李湝・李宜白 等이 漢語『老乞大』를 滿洲語로 번역(三譯總解 原序)
② 1684년,『新飜老乞大』를 淸學의 科試로 採用함.(通文館志 卷二).
③ 1703년, 朴昌裕 等이『淸語老乞大』를 포함한『淸語總解』刊行.(三譯總解 原序).
④ 1760-61년, 金振夏가 會寧에 부임하면서 改訂.(淸語老乞大新釋序).
⑤ 1765년, 箕營에서『淸語老乞大』를 刊行함(通文館志卷八).

이 책의 원본격인 『노걸대』는 불분단권으로 되어 있던 것인데, (번역)『노걸대』 이후의 언해서에서는 대부분 상하 2권으로 분책되어 있다. 이를 국어사자료연구회(1995)에서는 (번역)『노걸대』(상)을 17화, (번역)『노걸대』(하)를 22화, 총 39화의 장면으로 나누어 현대어로 번역하였고, 정광(2002, 2004)에서는 이와 달리 원본 『노걸대』 상하를 통틀어서 총 6장 106화로 장면을 나누어 현대어로 번역하였다. 이에 대해 『淸語老乞大新釋』는 총 8권 101화로 나누어져 있다. 『淸語老乞大新釋』의 장차는 기본적으로 (5)와 같이 행을 나누어 구획하고 있다.

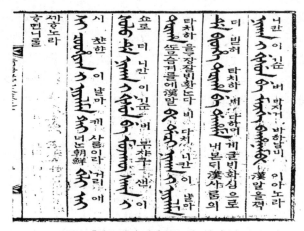

(5) 『淸語老乞大新釋』의 장차(1)

(5)는 제1화의 마지막 대화의 '흐면 니룰짜 흐노라'의 아랫부분을 비움으로써 행을 나누고 그 다음 줄부터 제2화가 시작됨을 보인 것이다. 간혹 아래 (6)과 같이 대화의 마지막이 행을 모두 채운 채 끝난 경우가 있는데 이러한 경우는 내용에 따른 구분 여부와 다른 『노걸대』류에서 장차를 나누고 있는가의 여부를 통해 장차를 나누었다.

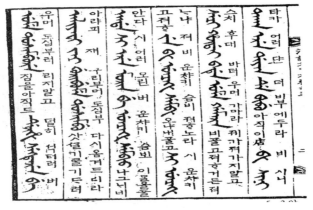

(6)『新釋清語老乞大』의 장차(2)

(6)은 왼쪽에서 두 번째 줄, '샷질기롤 기드려 다시 옴겨 드리라' 부분에서 52화와 53화가 나누어진다. 이 부분의 대화가 나누어지는 것은 앞뒤의 내용 간의 차이와 (원본)『노걸대』 등에서 이 부분이 나뉘어 있는지 여부를 통해서 확인한다. 이러한 과정으로 장차가 나누어지는 곳은 52~53화 외에 5화~6화, 55화~56화, 62화~63화, 92화~93화, 96화~97화, 100화~101화가 더 있다. 이를 통합하면『신석청어노걸대』는 총 8권 101화의 구성을 가진 것으로 확인된다. 이를 다른 노걸대류의 장차와 대비하여 표로 보이면 다음과 같다.

原本『老乞大』		가정	시강원	노언	노신	청노신석
話數	題名	話數	話數	話數	話數	話數(줄수)
1장[1]	어디에서 왔소?	1	1	1	1	1(18/권1)
[2]	한어공부(1) 누구에게 무엇을 공부했소?	2	2	2	2	2(17/권1)
[3]	한어공부(2) 어떻게 배웠소?	3	3	3	3	3(28/권1)
[4]	한어공부(3) 무엇하러 한어를 배우는가?	4	4	4	4	4(16/권1)
[5]	한어공부(4) 스승은 누구였소?	5	5	5	5	5(14/권1) 6(11/권1)
[6]	동행(1) 동행합시다	6	6	6	6	7(19/권1)
[7]	동행(2) 대도의 물가	7	7	7	7	8(21/권1)
[8]	동행(3) 오늘밤은 어디서 묵어요?	8	8	8	8	9(30/권1)
[9]	말먹이 값은 얼마?	9	9	9	9	10(34/권1)

[10]	비단과 무명 값	10	10	10	10	11(28/권1)
[11]	대도에서 얼마 묵겠소?	11	11	11	11	12(14/권1)
[12]	동행 세사람은 누구인가	12	12	12	12	13(21/권1)
2장[13]	말먹이 값	13	13	13	13	14(36/권1)
[14]	말꼴의 준비	14	14	14	14	15(26/권2)
[15]	저력밥을 지어라	15	15	15	15	16(20/권2)
[16]	고기를 볶는 방법	16	16	16	16	17(21/권2)
[17]	숙박료의 계산	17	17	17	17	18(33/권2)
[18]	말먹이를 주는 법	18	18	18	18	19(32/권2)
[19]	다리의 수리	19	19	19	19	20(31/권2)
[20]	강도 사건(1) 강도를 만나다	20	20	20	20	21(24/권2)
[21]	강도 사건(2)	21	21	21	21	22(20/권2)
[22]	강도 사건(3)		22	22	22	23(19/권2)
[23]	우물에서 물을 긷다	22	23	23	23	24(18/권2)
[24]	여물은 밤에 줘라	23	24	24	24	25(20/권2)
[25]	누가 말을 지키나?		25	25	25	26(18/권2)
[26]	물 긷기의 연습	24	26	26	26	27(26/권2)
[27]	고려의 우물	25	27	27	27	28(17/권3)
[28]	말 끌어 오기	26	28	28	28	29(16/권3)
[29]	이제 출발	27	29	29	29	30(20/권3)
3장[30]	아침밥을 지어먹다	28	30	30	30	31(27/권3)
[31]	친절한 주인장	29	31	31	31	32(18/권3)
[32]	천천히 많이 드세요	30	32	32	32	33(15/권3)
[33]	나그네 대접은 세상인심	31	33	33	33	34(22/권3)
[34]	다음에는 꼭 저희 집에	32	34	34	34	35(16/권3)
[35]	말 매고 짐 싸기	33	35	35	35	36(29/권3)
[36]	오늘밤은 어디서 묵나?	34	36	36	36	
[37]	민박(1)		37	37	37	37(20/권3)
[38]	민박(2)	35	38	38	38	38(21/권3)
[39]	민박(3)		39	39	39	39(25/권3)
[40]	민박(4)	36	40	40	40	40(24/권3)
[41]	민박(5)	37	41	41	41	41(34/권4)
[42]	민박(6)	38	42	42	42	42(20/권4)
[43]	민박(7)	39	43	43	43	43(21/권4)

[44]	민박(8)	40	44	44	44	44(23/권4)
[45]	민박(9)	41	45	45	45	45(16/권4)
[46]	하점까지는 30리	42	46	46	46	46(19/권4)
[47]	하점에서(1)	43	47	47	47	47(29/권4)
[48]	하점에서(2)	44	48	48	48	48(24/권4)
[49]	하점에서(3)	45	49	49	49	49(24/권4)
[50]	히점에서(4)	46	50	50	50	50(28/권4)
4장[51]	순승문 앞 관점		51	51	51	51(17/권5)
[52]	당신 여관에 숙박할 수 있소?	47	52	52	52	52(30/권5)
[53]	방금 도착했지	48	53	53	53	53(13/권5)
[54]	이 말은 팔 건가?	49	54	54	54	54(25/권5)
[55]	고려에서 찾아온 친척	50	55	55	55	55(18/권5)
[56]	인삼의 값	51	56	56	56	56(17/권5)
[57]	가족들은 다 잘 있습니까?	52	57	57	57	57(20/권5)
[58]	동행하신 분은 누구신가요?	53	58	58	58	58(15/권5)
[59]	다시 만나세	54	59	59	59	59(14/권5)
[60]	말 파시오	55	60	60	60	60(24/권5)
[61]	말의 종류	56	61	61	61	61(20/권5)
[62]	말 흥정	57	62	62	62	62(32/권5)
[63]	사겠소, 말겠소?		63	63	63	63(16/권5)
[64]	거간꾼	58	64	64	64	64(19/권5)
[65]	찢어진 돈은 필요없소	59	65	65	65	65(18/권5)
[66]	매매 계약서를 쓰세	60	66	66	66	66(15/권5)
[67]	계약서	61	67	67	67	67(26/권6)
[68]	중개료와 세금	62	68	68	68	68(15/권6)
[69]	이 말은 물러주게	63	69	69	69	69(30/권6)
[70]	양을 팔러 탁주로	64	70	70	70	70(16/권6)
[71]	양을 밑지고 팔다		71	71	71	71(29/권6)
[72]	여러 가지 옷감	65	72	72	72	72(15/권6)
		66	73	73	73	73(18/권6)
[73]	옷감을 사다(1)	67	74	74	74	74(34/권6)
[74]	옷감을 사다(2)	68	75	75	75	75(26/권6)
[75]	마구를 사다	69	76	76	76	76(26/권6)
[76]	활을 사다	70	77	77	77	-

[77]	활시위를 사다		78	78	78	77(11/권6)
[78]	화살을 사다		79	79	79	
[79]	그릇 사기	71	80	80	80	-
[80]	가족 연회		81	81	81	78(27/권6)
					82	
[81]	수레 곳간에서	72	82	82	83	79(16/권7)
[82]	활쏘기 내기	73	83	83	84	80(21/권7)
[83]	중국 요리	74	84	84	85	81(32/권7)
			85		86	82(33/권7)
[84]	무슨 병인가?		86	85	87	83(23/권7)
5장[85]	인생은 유쾌하게	75	87	86	88	84(24/권7)
[86]	아동 교육	76	88	87	89	85(20/권7)
[87]	친구 사귀기	77	89	88	90	86(18/권7)
[88]	상전 섬기기		90	89	91	87(16/권7)
[89]	친구는 서로 돕고	78	91	90	92	88(20/권7)
[90]	버린 자식(1)-방탕한 생활	79	92	91	93	89(24/권7)
[91]	버린 자식(2)-사철의 사치한 옷	80	93	92	94	90(35/권7)
[92]	버린 자식(3)-호화스런 띠	81	94	93	95	
[93]	버린 자식(4)-멋쟁이 모자	82	95	94	96	
[94]	버린 자식(5)-멋쟁이 신발		96	95	97	
[95]	버린 자식(6)-방탕아의 말로	83	97	96	98	91(13/권8)
6장[96]	이제 탁주로	84	98	97	99	92(31/권8)
[97]	인삼을 팔다	85	99	98	100	93(15/권8)
					101	
[98]	모시 베를 팔다	86	100	99	102	94(40/권8)
					103	
[99]	옷감의 치수	87	101	100	104	95(26/권8)
[100]	모시의 값	88	102	101	105	96(20/권8)
[101]	위조지폐는 안 되오	89	103	102	106	97(20/권8)
[102]	귀국해 팔 물품을 사다(1)		104	103	107	98(23/권8)
[103]	돌아가서 팔 물품을 사다(2)	90	105	104	108	99(34/권8)
[104]	귀국해 팔 물품을 사다(3)	91	106	105	109	
[105]	돌아가서 팔 물품을 사다(4)	92	107	106	110	100(23/권8)
[106]	다시 만나요	93	108	107	111	101(12/권8)

(7) 『노걸대』류의 장차5)

(7)에 제시된 것처럼『노걸대』류 장차는 대개 정광(2002, 2004)에서 제시한 (원본)『노걸대』의 장차(106장면)와 같지만 문헌에 따라 부분적으로 차이가 있다. 본고의 관심사인『청어노걸대신석』를 중심으로 살펴보면 이 책에는 (원본)『노걸대』의 5화가 5화~6화로 나뉘어 있고, 35~36화가 36화 하나로 합쳐져 있으며, 옷감을 파는 이야기가 담긴 72~73화의 이야기는『청어노걸대』에서 71~73화로 이야기 하나가 늘어나 있기도 하다. 또 (원본)『노걸대』의 76화의 활을 사는 장면이『청어노걸대』에는 생략되어 있고 (원본)『노걸대』의 활시울과 화살을 사는 이야기인 77~78화가『청어노걸대』에는 77화로 합쳐져 있으며, 식기와 그릇 따위를 사는 79화가『청어노걸대』에는 생략되어 있다. 또 방탕아의 말로에 대한 (원본)『노걸대』의 91화에서 94화까지의 이야기가『청어노걸대』에서는 90화 하나로 합쳐져 있으며, 103~104화가 99화로 합쳐져 있어서 결국『청어노걸대』는 (번역)『노걸대』와 비교하면, 합쳐진 화수가 5개, 생략된 화수가 2개, 늘어난 화수가 2개로 총 5개의 화수가 적게 편재되어 전체 101화로 구성되어 있다.6)

『청어노걸대신석』의 기본적인 내용은 다른『노걸대』류와 마찬가지로 조선인 이씨가 북경으로 말과 베, 인삼 등을 팔러 가는 길에 요동 출신의 중국인 왕씨를 만나서 그의 안내를 받아 무사히 북경에 도착하여 가지고간 물건들을 팔고 중국의 물품을 구매하여 조선으로 돌아오는 무역의 과정을 담고 있다. 물론『청어노걸대신석』에서는 다른『노걸대』류가 대개 원대에 작성된 내용을 기본으로 하고 있는데 비해서 대폭적으로 내용을 수정한 것으로 판단된다. 예를 들어, (원본)『노걸대』로부터『노걸대신석』에 이르기까지 "제12화 동행한 세 사람은 누구인가"의 마지막 구절에서 "你既是姑舅兩姨弟兄 怎麽沿路穢語不迴避(너희는 고종사촌과 이종사촌간인데 어찌 오는 길 내내 욕설을 꺼리지

---

5) 이와 같은 표가 竹越 曉(2010)에서도 제시된 바 있다. 다만 본고에서는 이를『청어노걸대신석』을 중심으로 확인하되,『청어노걸대신석』의 각 장면에 사용된 이야기의 줄수 및 권수를 추가하여 각 이야기들의 길이와 권차가 어떻게 대비되는지를 보이고자 하였다.
6) 이와 관련하여 최동권 외(2012)에서는 앞의 두 (번역)『노걸대』에 대한 현대역(국어사자료연구회 1995, 정광 2004/2010)의 장면 분석을 참고하되 분권과 별도로『청어노걸대』의 내용과 구성에 맞게 장면 분석을 조정하여, 제1장에서 제4장까지로 내용을 나누고 제2장과 제3장은 다시 내용에 따라 하위 절을 구별하여 보인 바 있다.

않고 쓰는가?)"에 대한 대답을 각각 다음과 같이 하고 있다.

(8) ㄱ. 俺高麗體例 親弟兄也不隔話 姑舅兩姨更那裏問. <原老>-漢文
   ㄴ. 我一們不會體例的人 親弟兄也不隔話 姑舅兩姨更那裏問. <删老>-漢文
   ㄷ. 우리 흔 가짓 스톄 모ᄅ는 사롬둘히 친동ᄉᆡᆼ 형뎨도 말ᄉᆞᆷ ᄌᆞᅀᆞᆷ 아니ᄒᆞᄂᆞ니
      姑舅兩姨 ᄉᆞᅀᅵ예 ᄯᅩ 어듸 무르료? <飜老>-諺解
   ㄹ. 우리 흔 뉴는 體例 모ᄅ는 사롬이니 親同生 兄弟도 말을 ᄌᆞᅀᆞᆷ 아니ᄒᆞ거든
      姑舅兩姨야 ᄯᅩ 어듸 무르리오? <老諺/平老>-諺解

이에 대해서『청어노걸대신석』에서는 이 구절의 내용을 다음과 같이 완전
히 바꾸었다.

(9) ㄱ. yargiyan i ambula weile baha kai. be jugūn yabure de dorolome gocishūn
      i yabuha de amu šaburame ojoro jakade tuttu jortai efihe kai. <청노>-滿文
   ㄴ. 진실노 크게 罪 엇도다 우리 길 ᄃᆞ닐 제 禮ᄒᆞ며 謙讓ᄒᆞ여 ᄃᆞ니면 조올린
      故로 짐줏 희롱ᄒᆞ엿노라. <청노>-諺解

(8)의 다른 노걸대류의 구절에 비하면 (9)에서 제시된『청어노걸대신석』의
내용은 완전히 다른 것인데, 전자의 내용이 원대 혹은 고려 말의 시대상을 반
영한 것이라면 후자는 조선 중기에서 후기로 넘어가는 시기 혹은 청나라 당시
의 언어적 정서를 반영한 것이다.

이와 같이『청어노걸대신석』은 한편『노걸대』류의 전체적인 내용을 이어받
으면서도 한편으로는 당시의 현실적 요구에 맞게 대폭적으로 내용을 수정하여
일반적으로 두 권 혹은 세 권으로 출간되던『노걸대』류를 총 8권으로 나누어
완전히 다른 체계로 출간하였다. 총 8권의 전체 구성은 전형적인 '기승전결'의
구성을 가지도록 짜여졌다. 즉 이 8권은 기(북경으로의 동행, 1권)-승(북경으
로의 여정, 2~4권)-전(북경 도착 이후의 생활, 5~7권)-결(조선으로 돌아갈
채비, 8권)로 짜여 있어서 내용에 따라 1:3:3:1의 비율을 보이도록 조정되어
있다.

제1장에 해당하는 제1권에는 조선인 상인 이씨가 요동 출신의 중국인 상인

왕씨를 만나서 함께 북경을 향하여 가는 과정이 담겨 있다. 조선인 이씨는 여섯 마리 말에 인삼과 베를 싣고 3명의 친지와 함께 북경으로 가는 길이고 중국인 왕씨는 여남은 마리의 말을 팔러 가는 길이다. 여기에는 제1화~제14화(총 14화)까지의 내용이 포함된다.

제2장에는 해당하는 제2권~제4권까지에는 왕씨와 이씨 일행이 함께 요동에서 북경까지 가는 과정이 담겨 있다. 여기에는 제15화~제51화까지의 내용이 포함되는데, 이 장은 다시 와점과 장촌장(왕씨의 지인), 일반 민박, 하점 및 초점 등에서 겪는 일들이 순차적으로 제시하고 있다. 세부적으로는 제15화~제27화까지가 제2권(총 13화), 제28화~제40화까지가 제3권(총 13화), 제41화~제52화까지가 제4권(총 12화)으로 구성되어 있다.

제3장은 제5권~7권까지가 이에 해당하는데 여기에는 조선상인 이씨가 미리 와 있던 친척 조선상인 이씨를 길경점에서 만나는 장면과 왕씨와 함께 말을 팔고 양을 사고, 비단을 팔고, 활을 사는 등의 각종 매매 장면들, 그리고 왕씨가 친척을 불러 잔치를 열고 수레를 고치고 병치레를 하는 등의 청대의 북경 생활과 관련한 다양한 내용과 왕씨가 이씨에게 북경에서의 각종 생활 예절을 이야기해 주는 등의 내용을 담고 있다. 여기에는 제53화에서 제90화까지의 내용이 포함되는데 제5권에는 제53화에서 제66화까지(총 14화), 제6권에는 제67화에서 제78화까지(총 12화), 제7권에는 제79화에서 제90화까지(총 12화)가 해당된다. 제3장의 내용은 다시 크게 왕씨의 북경 생활을 보여주는 다양한 생활상이 드러나 있는 부분(제79화~83화)과 당시 청나라 북경에서의 일반적인 생활 상식을 왕씨가 이씨 일행에게 일방적으로 들려주는 부분(제84화~90화)으로 세분해 볼 수도 있다.

마지막 제4장에 해당하는 제8권에는 조선인 이씨가 왕씨와 헤어진 뒤, 자신이 가지고 간 인삼, 베 등을 팔고 조선으로 가져갈 각종 물품을 사서 조선으로 돌아오는 과정을 담고 있는데, 제8권에 포함된 91화~101화까지(총 11화)의 내용이 이에 해당된다.

이상의 내용을 표로 정리하면 다음과 같다.

	분권	장면		주요 등장인물 (대화 등장 순)	주요 내용
기	1권	1화~14화	14화 26엽b 307줄	이씨1, 왕씨1, 김씨, 이씨2, 조씨7), 와점 주인	첫만남(1), 한어공부(2-5), 동행(6-8), 와점가는길 (9-13)
승	2권	15화~27화	13화 26엽b 308줄	왕씨1, 이씨1, 와점 주인	와점에서(14-17), 출발준비 (18-19), 강도이야기(20-23), 말물먹이기(23-26)
	3권	28화~40화	13화 23엽b 270줄	왕씨1, 이씨1, 와점 주인, 민가주인	말물먹이기(27-28), 와점 출발(29), 장사장집에서 (30-34), 민가에서(35-39),
	4권	41화~52화	12화 25엽a 285줄	왕씨1, 민가주인, 이 씨1, 하점점원, 초점 술파는사람, 왕씨2 (순성문 관점 주인)	민박(40-45), 하점(45-46), 초점(47-49), 순성문관점 까지(50-51)
전	5권	53화~66화	14화 23엽a 267줄	왕씨1, 이씨1, 왕씨2 (관점주인), 이씨3 (친척), 이씨4(제남 부), 장씨(말 중개인)	순성문관점에서(52-53), 길 경점에서(54-55), 친척이씨 (55-56), 말팔기(58-65)
	6권	67화~78화	12화 23엽b 273줄	장씨(말 중개인), 왕 씨1, 이씨4(제남부), 이씨1, 양주인, 비단 집주인, 활가게 주 인, 왕씨 친척	말팔기(66-70), 양사기 (70-71), 비단사기(72-74), 활사기(75-76), 집안잔치(77)
	7권	79화~90화	12화 24엽b 282줄	왕씨1, 하인1, 친구 들, 하인2, 의원	수레수리(78), 활쏘기(79), 만찬(80), 의치료(81), 사 람사는 도리(82-89)
결	8권	91화~101화	11화 22엽b 257줄	왕씨1, 이씨1, 인삼 상인, 인삼 중개인, 베살사람, 베 중개 인, 오호선생	탁주가는 왕씨(90), 인삼 팔기(91-92), 모시베팔기 (93-96), 황화사기(97-98), 귀국일 택일(99), 귀향(100)

(10) 『청어노걸대신석』의 등장 인물 및 주요 내용

(10)에서 살펴본 바와 같이 『청어노걸대신석』은 각 권당 총 12화~14화의
내용이 총 23엽~26엽에 걸쳐서 균등하게 배당되었고8) 전체적으로 '기(출발)-

---

7) 밑줄 친 인물들은 대화에 참여하지 않는 등장인물들이다.
8) 다만 8권만은 전체 11화가 22엽에 걸쳐 구성되어 다른 권들과 화수 및 엽수가 한두 개
   적게 배당되어 있다. 8권의 회화 내용이 다른 권들에 비해 적게 구성된 이유는 이 권의

승(이동)-전(북경)-결(귀향)'의 구성을 가지도록 편제되었다.

각 이야기의 주요 등장인물을 통해 각 이야기들이 누구에 의해 주도되었는지를 알아볼 수 있는데, 1권 앞부분과 8권 부분을 제외하면 대부분의 이야기에서 대화의 주도권은 왕씨에게 있었던 것으로 판단된다. 중국 생활에 낯선 조선인 이씨 일행에 대해서 중국에서의 여정을 주도하고 숙소나 식사 문제 등을 해결하는 일은 요동 출신 왕씨의 개입이 없었다면 모두 매우 어려움을 겪을만한 것들이었다. 북경에서의 생활에서도 대부분의 회화 내용은 왕씨를 중심으로 이루어지고 있거나 왕씨의 이야기를 일방적으로 듣는 형식으로 이루어지고 있다. 이렇게 왕씨로부터 의존적 상황을 여러 개월에 걸쳐서 하고 나서, 왕씨가 탁주로 떠나는 부득이한 상황이 발생한 이후부터 조선인 이씨가 회화의 전면에 부각한다. 결론적으로『청어노걸대신석』을 포함한『노걸대』류의 문헌은 중국인 왕씨의 언어를 통해서 중국 북방에서의 여정과 북경에서의 생활상을 습득하는 과정과 이를 실제로 실습해 보는 과정으로 이루어졌다고 할수 있을 것이다.

그런데 이러한 형식적 구성과 내용상의 구성은『청어노걸대신석』에 와서 갖추어졌다고 보기보다는 (원본)『노걸대』에부터 갖추어진 특성이었던 것으로볼 수 있다. 다시 말해서 (원본)『노걸대』(불분단권)의 구성에서부터 '기-승-전-결'의 구성을 가지도록 편제되고 왕씨의 회화 내용을 이씨가 습득하는 과정을 논리적으로 반영하여 책을 엮었을 가능성이 있다는 것이다. 실제로『청어노걸대신석』의 '기-승'까지의 내용은 모두 (번역)『노걸대』(상하 2권)의 상권에 포함된다. 물론 (번역)『노걸대』(상하 2권)는『청어노걸대신석』의 '기-승'에 해당하는 '1화~51화'의 내용보다 3화 더 뒤인 54화(『청어노걸대신석』의 52화)의 내용에서 책이 나뉘고 있기는 하지만 이는 막연한 분량상의 조절이라기보다는 내용상의 조정을 통해 분권이 이루어졌음을 말해준다는 점에서 당시의 회화서 구성의 단면을 이해하는 데 참고가 된다고 할 수 있다.

끝에 檢察官, 校正官, 書寫官, 監印官 등의 이름이 추가되어야 해서 편집상의 편의를 위해 각 권의 두께를 같게 하려는 의도가 있었다고 본다.

4. 결론

　이상에서『청어노걸대신석』의 장면 분석을 중심으로『청어노걸대신석』이 어떠한 구성을 가지고 있는지를 되짚어 보았다.『청어노걸대신석』의 장면에 따라 '기(1책)-승(2책~4책)-전(5책-7책)-결(8책)'의 편제가 나누어지고 각 책마다 담기는 회화 장면의 수가 일정하게 조정되었음을 확인함으로써『노걸대』류의 텍스트가 본래부터 이러한 구성을 계획적으로 고려하여 작성되었음을 짐작할 수 있었다. 또 이러한 장면 분석과 더불어 각 회화 내용에 참여하는 주요 화자가 중국인 왕씨와 조선인(<원노>에서는 고려인) 이씨이기는 하나 회화를 주도하는 사람은 주로 중국인 왕씨이고 조선인 이씨는 이를 습득하다가 후반에 가서 직접 활용할 수 있도록 하는 편제로 작성되었을 것이다.

　향후 이들 이야기 단위에 참여하는 화-청자의 관계를 좀더 구체적으로 드러냄으로써『노걸대』류의 텍스트 특히『청어노걸대신석』의 내용에 참여하는 실제 양상을 좀더 분명히 밝힐 수 있을 것으로 기대된다.

<參考文献>

季永海.2007.「≪淸語老乞大≫研究」『滿語研究』2007/2：33-37.

閔泳珪.1964.「引言」延世大學校『人文科學』11：113-114.

閔泳珪.1964.「老乞大辯疑」延世大學校『人文科學』12：201-209.

金東昭.1972.「淸語老乞大의 滿洲文語形態音素記述(一)」『語文學』27. 42-57.

金東昭.1974.「淸語老乞大의 滿洲文語形態音素記述(二)」『語文學』30. 29-52

金完鎭1977.『老乞大의 諺解에 대한 比較研究』. 韓國學研究院.

金正洙.1973. 淸語老乞大의 한글 轉寫法과 그 混亂에 對하여. 서울大 碩士學位論文.

成百仁.1994.「現存司譯院淸學書와 그 研究」『알타이學報』4：1-20 ; (1999)『滿洲語와 알타이語學研究』97-124. 서울：太學社

莊吉發.1987. 「≪淸語老乞大≫與≪漢語老乞大≫的比較研究」『淸史論集(1)』75-104. 臺北：文史哲出版社(文史哲學集成388).

鄭光.1998.「淸學四書의 新釋과 重刊」『方言學과 國語學：金英泰博士華甲紀念論文集』 서울：太學社

鄭光.1998. 『淸語老乞大新釋』. 서울 : 太學社

鄭光.2002. 「〈淸語老乞大新釋〉과 淸學四書」『譯學書硏究』595-638. 서울 : J&C.

鄭光.2002. 「譯科淸學과 淸學書」『譯學書硏究』523-550. 서울 : J&C.

정광.2004/2010. 『譯註 原本 老乞大』. 박문사.

정광.2006. 『역주 번역노걸대와 노걸대언해』. 신구문화사.

竹越 孝(2010). 場面の境界から見た-『淸語老乞大』・『蒙語老乞大』の藍本と編纂過程, 『역학과 역학서』 창간호. 역학서학회.

竹越 孝(2012). 「<淸語老乞大>に見られる漢語『老乞大』の解釈について」. 『역학과 역학서』 2. 역학서학회.

崔東權.1987. 「淸語老乞大硏究」成均館大學校『首善論集』11 : 29-47.

최동권 외.2012. 『譯註 淸語老乞大新釋』. 박문사.

□ 성명 : 김양진(金亮鎭)
　주소 : (130-701) 서울시 동대문구 경희대로 26 경희대학교 교수회관 312호
　전화 : +82-2-961-2334
　전자우편 : kimrj@khu.ac.kr

□ 이 논문은 2015년 10월 30일 투고되어
　　　　2015년 11월 1일부터 11월 20일까지 심사하고
　　　　2015년 12월 1일 편집회의에서 게재 결정되었음.

續『老朴集覽』引書考
－『音義』『質問』そして『譯語指南』

田村 祐之

(日本、姬路獨協大學)

<Abstract>

《老朴集覽》에 인용되고 있는 서적의 대부분은 중국에서 간행된 것이지만, 조선에서 편찬된 譯學 관련의 서적도 몇종류인가 인용되고 있다. 그중에서 뛰어나서 많은 것이 《音義》과 《質問》이다. 모두 高麗~朝鮮初期의 譯官이 편찬한, 《老乞大》 《朴通事》의 주석서이지만, 현존하지 않는다. 《質問》은 《老朴集覽》범례의 기술이나, 山川 英彦교수들의 연구에 의해, 복수의 《質問》이 존재하고 있었던 가능성이 지적되고 있다. 또, 《音義》《質問》이외에 인용된 譯學書 중에 《譯語指南》가 있다. 《譯語指南》도 일서이지만, 역시 《老朴集覽》범례에 《音義》과 늘어 놓아서 서명이 거론되고 있다.

종래, 《質問》《音義》은 《老乞大》《朴通事》의 주석서와 생각되어 왔다. 그러나 양서에 인용된 《音義》《質問》《譯語指南》의 주석를 상세하게 검토하면, 《質問》에 대해서는 《譯語指南》에 수록된 어휘에 대해서 주석했다고 생각되는 예가 찾았다. 또, 《老朴集覽》 범례에서는 《譯語指南》보다 《音義》의 어구의 해석을 중시하는 자세를 보여주면서, 주석에서는 《譯語指南》에도 일정한 주의를 하고 있는 것 같다. 본발표에서는, 《音義》《質問》과 《譯語指南》의 관계에 대해서 검토를 더하고, 3자의 성격을 따라 명확히 한다.

Key words: 『老朴集覽』, 『音義』, 『質問』, 『譯語指南』

1. はじめに

　『老朴集覽』に引用されている書籍の大半は、中国で刊行されたものであるが、朝鮮で編纂された訳学関連の書籍も何種類か引用されている。その中でも群を抜いて多いのが『音義』と『質問』である。いずれも高麗～朝鮮初期の訳官が編纂した、『老乞大』『朴通事』の注釈書であるが、現存しない。また、『音義』『質問』以外に引用された訳学書の中に、『譯語指南』がある。『譯語指南』も佚書だが、やはり『老朴集覽』凡例に『音義』と並べて書名が挙げられている。

　従来、『音義』『質問』は『老乞大』『朴通事』の注釈書と考えられてきた。『質問』については、『老朴集覽』凡例の記述や、山川英彦氏らの研究により、複数種類の『質問』が存在していた可能性が指摘されている1)。ただ、複数種類の『質問』にどのような違いがあったかについては、これまで検討されてこなかった。また、『音義』『質問』『譯語指南』について、『老乞大』『朴通事』に引用された三者の説解を詳細に検討すると、『譯語指南』と『音義』『質問』は、従来思われていたより密接な関係を持った文献であると考えるべき要素が見えてきた。本稿では、『音義』『質問』『譯語指南』の関係について、『老朴集覽』および『伍倫全備諺解』に引用された三者の説解について検討することで、その関係の一端を明らかにしたい。

2. 朝鮮の文献に見える『音義』『質問』『譯語指南』

　まず、朝鮮の文献に見える『音義』『質問』『譯語指南』に関する記事について紹介する。『音義』『質問』については、以下の3条を挙げる。

---

1) 山川英彦「≪老朴集覽≫覚え書」(『名古屋大学文学部研究論集』LXX(文学 24)、1977) ; 金裕範「『老朴集覽』의 成立에 대하여－『音義』『質問』『譯語指南』의 서격 규명을 通하여－」(『국어사 자료 연구』創刊号、国語史学会、2000) ; 李順美「≪老朴集覽≫속의 ≪質問≫고찰」(『중국어문논총』第55巻、2012)など。

① 『老朴集覽』「凡例」

(第五項)一≪音義≫者，即原本[2]所著音義也。所釋或與≪譯語指南≫不
　　　　同，今從≪音義≫之釋。≪音義≫有誤者，今亦正之。

(第六項)一≪質問≫者，入中朝質問而來者也。兩書皆元朝言語，其沿舊未
　　　　改者，今難曉解。前後≪質問≫亦有抵牾，姑幷收以祛初學之
　　　　碍。間有未及≪質問≫，大有疑碍者，不敢強解，直竢更質。

② 『四聲通解』「凡例」

(第十六項)一　字之無釋者，或取中朝質問之言爲解。

③ 『伍倫全備諺解』「引用書目」

≪質問≫本朝成三問等。≪老朴輯覽≫本朝崔世珍。

　①②の記事から、『音義』は『老乞大』『朴通事』に付された「音義」であること、『質問』は中国に使節が赴くときに同行し、中国の人々に質問してきたことを記録したもの、そして「前後≪質問≫亦有抵牾，姑幷收以祛初學之碍」という記述から、『質問』には少なくとも二種類があったことがわかる。朝鮮朝には「質正官」という官職があり、使節の中国訪問時に同行して、経書、吏文、漢語の音韻などに関する疑問や不明点について質問していた。『朝鮮王朝実録』では、成宗から中宗の時期にかけて、とくに多く記録が残っている。②の「字之無釋者，或取中朝質問之言爲解」という記述も、質正官らが中国で質問してきたことを物語っている。『質問』は、質正官らが中国で問い質してきたことをまとめた書物と考えることができる。
　③の記事について、まず『伍倫全備諺解』(1721年刊行)は明・邱濬(1421-1495)の戯曲『伍倫全備記』から曲辞の部分を除き、注音および諺解を施したものである。その巻頭に収められる「引用書目」に挙げられた234種の引用書の中に、『質問』と『老朴集覽』の名が見える。作者は成三問らとされている。

---

2)「原本」とは『老乞大』『朴通事』を指す。

次に、『譯語指南』に関する記事3条を挙げる。

④ 徐居正(1420～1488)『四佳文集』卷四「譯語指南序」(1478年成書)

人生天地之間，囿於形氣之中，既有形氣，斯有聲音。然四海八荒之夭，風氣不同，故語音亦異。吾東邦自殷太師受封以來，禮樂文獻，侔擬中華。但語音不得不局於風氣，是可嘆已。欽惟皇明馭宇，文軌攸同，我國家聖聖相承，至誠事大，設承文院、司譯院講隷官，專習華音。其所習，則曰≪直解小學≫，曰≪前後漢書≫，曰≪老乞大≫，曰≪朴通事≫，曰≪童子習≫等書。然皆譯其言語文字而已，如天文、地理、草木、禽獸、名物之類，未嘗有譯，學者病之。我聖上留意譯學，命判中樞府事臣李克培、吏曹參議臣金自貞、行司果臣張有誠、黃中等，集中國名物等語，譯以本國諺字。於是與承文院官臣李幹、臣池達河、譯官臣金許義、臣閔墻、臣唐孝良、臣金渚臣韓顯、臣權寬等，<u>博採廣議，分門類聚，裒爲六十一條，編成以進。賜名曰≪譯語指南≫</u>，許令繡梓，命臣居正序之。(後略)

⑤ 『成宗實錄』九年(1478)十一月五日

領事尹弼商(中略)又曰："講肄習讀官，　無有精於漢訓者。請擇文臣年少聰敏者，使習漢訓。"上曰："可。"弼商又啓曰："黃中、張有誠雖稍知漢語，文臣皆不肯受業。前參議金自貞精於吏文、漢訓，今雖罷職，令仕司譯院教誨何？"上曰："自貞今雖被譴，後政當敍。"弼商又啓曰："司譯院所藏≪老乞大≫、≪朴通事≫、≪直解小學≫等書，前印者少，故本院生徒患不得讀之。請令多印教誨。<u>≪譯語指南≫多有錯誤處，又未詳悉，請令赴京者質正添入。</u>且承文院講肄官教訓者，唯李幹而已，今爲濟用監正，未遑教誨。閒官換差何如？"上曰："可。"

⑥ 『成宗實錄』二十四年(1493)九月一日

禮曹判書成俔書啓曰：(中略)一，諸學中譯語尤不精，買賣常語，尚不能通曉，其於天使接待時，傳語不差者有幾人哉？近年提調，類皆不知其語，取才

時委諸其徒，不無用情徇私之弊，豈國家設法之意？今後提調以解漢語者任
之。一，譯官取才，講論經史，先問深，不問漢語字訓，至如≪老乞大≫、≪
朴通事≫等書，只令背誦，不問其義，甚爲不可。今後四書經史，以漢語讀音
後，方問註疏深意，≪老乞大≫等書，背誦後反覆詰問。一，倭、女眞學取
才，只令寫字，故擧子徒習字畫，提調只憑字畫而考之，語音則全不講問，其
入格者不知一語而受祿，欺罔朝廷甚矣。今後三學，亦以其語翻譯≪老乞大
≫、≪朴通事≫，取才時，講問兼用寫字，則兩全而無弊。<u>一，≪譯語指南≫
只錄名物，未盡其詳，其日用常語，亦皆分類添入</u>，倭、女眞之語，亦依漢語
作指南，令初學之士習之。

　鄭丞惠氏がすでに指摘しているとおり[3]、上記の3条からは、成宗の時代
に司訳院では『直解小學』『前後漢書』『老乞大』『朴通事』『童子習』などを漢語教
本として漢語を学習していたが、天文・地理・自然・事物に関する訳語がわ
からず難渋していたため、李克培・金自貞らが61条の語彙を選び、訓民正音
で訳解し、『譯語指南』と題して刊行したこと、しかし『譯語指南』には誤りが
多かったため、北京に赴く使者らに「質正」させ、その成果を追加させようと
したこと、また日常用語についても増補させようとしたことがわかる。

3.『音義』と『譯語指南』の関係

　先に挙げた『老朴集覽』「凡例」では「所釋或與≪譯語指南≫不同，今從≪音
義≫之釋。≪音義≫有誤者，今亦正之。」とされている。実際に『老朴集覽』
における『音義』と『譯語指南』の引用の状況について、確認してみる。（カッ
コ内は葉・表裏・行、句読・改行は田村による）

　例1)「朴通事集覽」卷上「前失」(14a6)

---

3) 鄭丞惠"『역어지남』의 편찬 경위와 의의에 대하여"(문헌과해석 10, 2000).

≪音義≫云 : "거티ᄂ 돌。"
≪譯語指南≫云 : "앎거티ᄂ 믈。"

例2) 「朴通事集覽」 卷上「撒蹄」(14a10)
　≪音義≫云 : "뒷굽 ᄆ리ᄆ리예 ᄆ리ᄂ 믈。"
　≪譯語指南≫云 : "굽 ᄆ리ᄂ 믈。"

例3) 「朴通事集覽」 卷上「襦子」(13b4)
　≪音義≫云 : "襪袴, 接替汚穢之物。"
　今按, 襪即繃子, 袴即襦子。≪音義≫混而一之誤矣。但≪譯語指南≫亦呼
　繃子混稱為襪袴, 未詳是否。襦子 깃。

　例1・2から、『譯語指南』の説解が『音義』の説解とおおむね同じ場合には、
両者を併記したことがわかる。また、例3は、『音義』が「襪袴」を一語として
解釈しているのを誤りと指摘しつつ、『譯語指南』が「繃子」を「襪袴」と混同し
ていることについては解釈を保留したことを示している。すなわち、『老朴
集覽』の編纂において、『譯語指南』の解釈にも一定の注意をはらい、『音義』
を優先的に引用していたわけではないことがわかる。

　ところで、『老朴集覽』「凡例」において、わざわざ『譯語指南』の名を挙げ、
「所釋或與≪譯語指南≫不同, 今從≪音義≫之釋」と述べたのはなぜか。凡例
によれば、『音義』は『老乞大』『朴通事』原本の注釈であり、あえて『譯語指南』
と比較する必要はないように思われる。筆者が数えたところでは、『老朴集
覽』における『音義』の引用は69条である[4]。これは、先に紹介した徐居正の
序文にあるとおり、『譯語指南』が61条であるのににやや近い数である。前述
した『老朴集覽』「凡例」の記述と考え合わせると、『音義』と『譯語指南』に収録
された語彙の大部分が共通していた可能性は高い。『音義』と『譯語指南』のど
ちらが先に編纂されたのかは、今は知りようもないが、一方が他方を参照し
て編纂された可能性は少なくない。あえてどちらが先だったか憶測をたくま

---

4)　音注のみのもの(3条)は除いた。また、「老乞大集覽」巻下の次葉にある、「≪音義≫云
　　～」ではじまる部分も、特定の語についての説解ではないので除いた。

しくすれば、まず『老乞大』『朴通事』の注釈として作られた『音義』があり、それを参考にして、『譯語指南』が編纂されたのではないだろうか。『老朴集覽』「凡例」の「所釋或與≪譯語指南≫不同, 今從≪音義≫之釋」という記述は、『譯語指南』が『音義』より後に編纂されたにもかかわらず、崔世珍は『音義』の説解の方がより適当だと判断したことを示していると思う。

4. 『質問』が複数種類存在した可能性について

『質問』の編者は、『伍倫全備諺解』「引用書目」では「本朝成三問等」としている。成三問(1418〜1456)は世宗朝で「訓民正音」創製に関与し、『訓民正音解例』(1446)の執筆、『東國正韻』(1447)『洪武正韻譯訓』(1455)の編纂などにもかかわっている。また申叔舟らとともにたびたび中国を訪れ、漢字音に関する質疑を中国人に行っていた[5]。竹越孝氏は『質問』の成立について、「『洪武正韻譯訓』の編纂過程における副産物であり、成三問らが中国または朝鮮において、黄瓚や来朝の使臣を始めとする中国人に対して行った「質問」によって成ったものと考えられる」とする[6]。筆者もこの点について同意する。

いっぽう、『質問』が一種類ではなかった可能性も指摘されている。まず『老朴集覽』から、『質問』が複数種類あったことを示唆する例を挙げる。

例4)『老朴集覽』「凡例」第六項(再掲)：前後≪質問≫亦有抵牾, 姑并收以祛初學之碍。

例5)「朴通事集覽」卷下「窩兒」(7b5)：≪質問≫云：“如人打毬兒, 先掘一窩兒後, 將毬兒打入窩內, 方言謂之‘窩兒’.”又一本≪質問≫畫毬門架子, 如本國抛毬樂架子。而云木架子, 其高一丈, 用五色絹結成彩, 門中有圓眼, 擊

5) 小倉進平『増訂朝鮮語学史』(刀江書院、1940)502〜503頁；竹越孝「『伍倫全備諺解』に見られる『質問』の編者と佚文について」(『KOTONOHA』第32号、2005年7月)。
6) 竹越孝「『伍倫全備諺解』に見られる『質問』の編者と佚文について」(『KOTONOHA』第32号、2005年7月) 。

起毬兒，入眼過落窩者勝。

　例4の「前後≪質問≫」について、金裕範氏は、崔世珍が参照した『質問』は編纂時期が異なる二種類のものがあったと指摘する[7]。また例5の「又一本≪質問≫」について、山川英彦氏は「「一本質問」と引用するのはこの条だけであり，断定するには不充分かもしれないが，"質問"が数次にわたり行なわれ，≪質問≫に別本が存在した可能性は十分にあろう。」と指摘している[8]。筆者もこれらの意見に同意であり、『老朴集覽』編纂時には、少なくとも二種類の『質問』が存在していたと考える。

　では、『老朴集覽』編纂時に存在していた『質問』は、何種類だったのか。また『質問』が複数種類存在していた場合、それらの『質問』の内容はどのようなものだったのか。『老朴集覽』に引用された『質問』の説解を詳細に読んでいくことで、この疑問について検討していく。

　『老朴集覽』中で、『質問』が引用されているのは「老乞大集覽」「朴通事集覽」である。『質問』の説解の引用は、おおむね「≪質問≫云」で始められる。また、2条以上の説解を引用する場合は、「又云」で続けられる。以下に、「老乞大集覽」「朴通事集覽」から『質問』の説解を2条以上引用している項目の例を挙げる。（見やすいように「又云」で改行する）

　例6)「老乞大集覽」巻下「粆孤」(4a5)
　　≪質問≫云："假裝官人也。"
　　又云："假裝作富貴模樣。"
　　又云："如人好作大模樣。"

　例7)「朴通事集覽」巻上「蜜林檎燒酒」(1a8)
　　≪質問≫云：初蒸熟燒酒，用蜜葡萄相參，浸久而食之。方言謂之蜜林檎燒酒。"
　　又云："以麵為麴，還用藥料，以燒酒為漿，下入熟蘮肉，待熟榨之。其味甚甜。"

又云："如蒸的熱燒酒, 將蜜林檎果參和, 盛入瓶內封裹, 久而食之最妙。"

　筆者が調べた限りでは、「又云」が三つ以上使われる例はなかった。言い換えれば、一つの項目について『質問』の説解を引用するのは、最大で3条までということである[9]。これは、一冊の『質問』の各項目に一～三種の説解が収録されていたと考えることもできるが、複数冊あった『質問』から、適合する項目の説解を引用したと見ることも可能である。

　次に、『老朴集覽』に引用された『質問』の説解を詳細に見ると、文体や用語にいくつかの特徴があり、一つの項目に引用された複数の説解で異なる特徴のあることがわかる。文体的特徴から、まず文言のみのものと、白話的要素を含むもの[10]に分けることができる。また、用語の面では、「方言[11]謂之～」という表現で終わるものと含まないものがある。整理すると、以下のようになる。

　　　Ⅰa：文言で、「方言謂之～」で終わる説解
　　　Ⅰb：文言で、「方言謂之～」を含まない説解
　　　Ⅱa：白話的要素を含み、「方言謂之～」で終わる説解
　　　Ⅱb：白話的要素を含み、「方言謂之～」を含まない説解

　二つ以上の説解を引用する場合、上記の四種の特徴がどのようにあらわれ

---

9)　「老乞大集覽」巻下「臊胡羊」(1a10)では「又云」が四つ使われるが、そのうち三つは『譯語指南』からの「臊羊 수얌。」という引用のあとに「≪質問≫又云」で始まる形で置かれており、『譯語指南』の「臊羊」に付された『質問』の説解であると考えることができる。本文の例17を参照。
10)　白話的要素を含むかどうかの判断については、以下の書籍を参考にした。
　　呂叔湘『漢語語法論文集』(商務印書館、1984増訂版)
　　劉堅・江藍生・白維国・曹広順『近代漢語虚詞研究』(語文出版社、1992)
　　許少峰主編『近代漢語詞典』(団結出版社、1997)
　　馮春田『近代漢語語法研究』(山東教育出版社、2000)
　　王媛媛『漢語 "儿化" 研究』(陝西人民教育出版社、2009)
11)　「方言」とは朝鮮からの使節や質正官が赴いた、中国東北地方および北京周辺の口語と思われる。

るか、以下に例を挙げてみる。それぞれの説解に、Ⅰa~Ⅱbの番号を付す。
また白話的要素については、下線で示す。

例8)「老乞大集覽」卷下「團撬湯」(3a8)
　　　≪質問≫云："細切肉為丸，又切薄肉片，著於湯內食之，方言謂之團撬
　　　　　　　湯。"←Ⅰa
　　　又云："以乾粉做成粉皮兒，用雞肉絲兒豬肺豬肝俱切成絲兒，合成包兒做
　　　　　　　湯。"←Ⅱb

例9)「朴通事集覽」卷上「金銀豆腐湯」(3b1)
　　　≪質問≫云："豆腐用油煎熟，其色黃如金，白如銀，細切作湯食之。"←Ⅰb
　　　又云："用雞鳴淸，同鴨黃相制為之。"←Ⅱb

例10)「朴通事集覽」卷上「鮮笋燈籠湯」(3b3)
　　　≪質問≫云："鮮笋以笋雕為玲瓏花樣，空其內糝肉，作羹食之。"←Ⅰb
　　　又云："以竹芽切成寸段，雞子煮熟去黃，妝肉做湯。"←Ⅱb

例11)「朴通事集覽」卷上「三鮮湯」(前出)
　　　≪質問≫云：魚、蛤、蟹三味合為一羹，或雞、鴨、鵝三味合為羹，方言俱
　　　　　　　謂之三鮮湯。"←Ⅰa
　　　又云："以羊腸豆粉做假蓮蓬、假茨菰、假合吞魚，謂之三鮮。"←Ⅱb

例12)「朴通事集覽」卷上「蜜林檎燒酒」(前出)
　　　≪質問≫云：初蒸熟燒酒，用蜜葡萄相參，浸久而食之。方言謂之'蜜林檎
　　　　　　　燒酒'。"←Ⅰa
　　　又云："以麵為麴，還用藥料，以燒酒為漿，下入熟糜肉，待熟榨之。其味
　　　　　　　甚甜。"←Ⅱa
　　　又云："如蒸的熱燒酒，將蜜林檎果參和，盛入瓶內封裹，久而食之最妙。"←Ⅱa

例13)「朴通事集覽」卷上「腦兒酒」(1b10)
　　　≪質問≫云："做酒用糟麴，藥料為糵，久封不動，其色紅而味最純厚。"←Ⅱb
　　　又云："以糯米為之，酒之帶糟者。"←Ⅰb
　　　又云："好麴好米作酒，成熟粘稠有味，不用參和。"←Ⅰb

例14)「朴通事集覽」巻下「稍麥」(3b4)
　　　≪質問≫云：以麥糆作成薄片，包肉蒸熟，與湯食之，方言謂之稍麥，麥亦
　　　　　　作賣。"←Ⅰa
　　　又云："皮薄內實，切碎肉，當頂撮細，似線稍繁，故曰稍麥。"←Ⅰb
　　　又云："以麵作皮，以肉為餡，當頂作為花蕊，方言謂之稍麥。"←Ⅰa

　例8から例12までは、まず文言のみの説解（Ⅰ）を引用し、次に白話的要素を含む説解（Ⅱ）を引用する形になっている。これは、崔世珍が複数種類の『質問』を参照していたと考える場合、まず文言のみの『質問』（Ⅰ）から引用し、次に白話的要素を含む『質問』（Ⅱ）から引用したと考えることができる。また例12は白話的要素を含む説解（Ⅱ）を2条引いており、白話的要素を含む『質問』（Ⅱ）が二種類あった可能性を示している。ただすべての説解がこのような順に並んでいるわけではなく、例13は先に白話的要素を含む説解（Ⅱ）を引用し、次に文言のみの説解（Ⅰ）を引用している。また、例14は、文言のみの説解（Ⅰ）だけを3条引用している。ただしこの場合も、第2条または第3条（もしくは両方）の説解がたまたま文言のみで書かれていただけで、このいずれか、もしくは両方の説解が、白話的要素を含む『質問』（Ⅱ）に収録されていなかったとも言い切れない。

　『老朴集覽』に引用された『質問』説解を上記の四種の特徴により分類すると、各説解の総数は以下のとおりである。（いずれに分類すべきか決定しにくい説解もあるが、ここではとりあえずいずれかに分類しておく）

　　Ⅰa：17条　Ⅰb：69条　Ⅱa：14条　Ⅱb：24条

　文言で書かれた説解（Ⅰa、Ⅰb）が計86条、白話的要素を含む説解（Ⅱa、Ⅱb）が38条である。いずれも、～「方言謂之～」を含まないもの（Ⅰb、Ⅱb）のほうが含むものの倍以上の数である。四種類とも、「老乞大集覽」「朴通事集覽」双方にまんべんなくあらわれるが、白話的要素を含む説解（Ⅱa、Ⅱb）は料理の名や日常生活にかかわる語の説解にあらわれることが多いようである。

　また、2条以上の『質問』説解がある項目の、それぞれの内訳は以下のとお

りである。同一種類の説解が複数ある場合は、「説解の種類×数字」で示す。

2条の場合
Ⅰa＋Ⅰb：6条、 Ⅰa＋Ⅱa：1条、 Ⅰa＋Ⅱb：1条
Ⅰb＋Ⅱa：1条、 Ⅰb＋Ⅱb：5条
Ⅱa＋Ⅱb：3条
Ⅰa×2：1条
Ⅰb×2：7条
Ⅱb×2：1条

3条以上の場合
Ⅰb×3：1条
Ⅰa＋Ⅰb＋Ⅱb：1条
Ⅰb×2＋Ⅱb：1条
Ⅰa＋Ⅰb×2＋Ⅱb：1条

　文言で書かれ、「方言謂之～」を含まない説解のみ二つの組み合わせ（Ⅰb×2）が7条、文言で書かれた二種の説解の組み合わせ（Ⅰa＋Ⅰb）が6条、「方言謂之～」を含まない二種の説解の組み合わせ（Ⅰb＋Ⅱb）が5条、白話的要素を含む二種の説解の組み合わせ（Ⅱa＋Ⅱb）が3条あるほかは、いずれの組み合わせも1条のみである。

　3条以上ある組み合わせについてみると、「Ⅰa＋Ⅰb」の6条は「老乞大集覧」「朴通事集覧」双方にあらわれ、「Ⅰb×2」の7条は「朴通事集覧」のみにあらわれる。また「Ⅰb＋Ⅱb」および「Ⅱa＋Ⅱb」も「朴通事集覧」のみにあらわれるが、「Ⅰb＋Ⅱb」は『朴通事』第1話（巻上一葉表三行～八葉表二行）に見える「■[火朋]牛肉」「蒸捲」「金銀豆腐湯」「鮮笋燈籠湯」の説解、および第4話（巻上十一葉表八行～十三葉表十行）「米貼」の説解にあらわれる。「Ⅱa＋Ⅱb」の3条は『朴通事』第94話（巻下三十四葉表七行～三十六葉裏六行）に見える「毬棒」「窩兒」「毬門窩兒」の説解にあらわれる。

　もし『質問』が、文言で書かれた説解（Ⅰa、Ⅰb）を収めたもの（『質問』(Ⅰ)）と、白話的要素を含む説解（Ⅱa、Ⅱb）を収めたもの（『質問』(Ⅱ)）の二種類

があったと仮定した場合、「Ⅰb＋Ⅱb」の分布状況は、『質問』（Ⅰ）の説解では不十分と判断した質正官などが、あらためて中国人に問い質し、その回答を白話交じりの文体で記録したと考えることができる。また「Ⅱa＋Ⅱb」の分布状況は、『質問』（Ⅰ）には収められなかった語彙について問い質したものと考えることができる。

　かなり牽強付会ではあるが、少なくとも、『質問』 には文言主体の説解を収めたものと、白話的要素を含む説解を収めたものの二種類があった可能性は指摘しておきたい。

5. 『質問』と『伍倫全備諺解』『譯語指南』との関係

　次に、『伍倫全備諺解』に引用された『質問』について検討してみよう。『伍倫全備諺解』に引用された『質問』の説解は以下の3条である。（カッコ内は巻・葉・表裏・行）

　例15)賣的是蓮花白竹葉青。（巻一3a8～10）
　　蓮花白，≪譯語類解≫：“빗희고ᄃ 清酒。”東坡詩：“請君多釀蓮花酒。”竹葉青，≪質問≫云：“其酒甚清、色如竹葉。”杜詩：山盃竹葉春。

　例16)折杏花一枝挿在膽瓶裡。（巻一32a7～9）
　　膽瓶，≪質問≫：“瓶如膽形者。”≪瓶花譜≫：“膽瓶爲書室中妙品，可供挿花之用。”

　例17)老兄量用多少盤費。（巻五44b11～45a1）
　　≪質問≫云：“盤費纏縦，供給之物。如供給服食應用金銀財帛之類。取義、源流未詳。”

　このうち、例15「竹葉青」は「朴通事集覽」巻上「竹葉清酒」項(1b10)に引用されている『質問』と一致している。

　例17は「朴通事集覧」巻上「盤纏」項(13a08)に、ほぼ同じ文が引用されている。「盤纏」項には「≪質問≫云："盤，費。纏，纏。供給之物。如供給服食應用金銀財帛之類。"今按，盤纏二字取義，源流未詳。」とあり、「今按」以降は崔世珍の按語である。『伍倫全備諺解』では「盤費」への注釈に按語を含めたこの説解の全文を引き、「盤費」の説解としては意味が通らなくなる「今按，盤纏二字」を削除したと思われる。李順美氏は、この点から、『伍倫全備諺解』の編者は、『質問』そのものを見たのではなく、『老朴集覧』から二次引用したものだとする[12]。さらに李氏も指摘する通り、例16の「膽瓶」に関する『質問』の説解は、『老朴集覧』にはみえない。ここから李氏は例17と例16の『質問』説解は、それぞれ別の『質問』から引用してきたとする。つまり、例17の『質問』は『老朴集覧』から、そして例16の『質問』は成三問らが編纂した『質問』から引用したということである[13]。たしかにそのように考えなければ、例17の引用と『老朴集覧』での引用との食い違い、および例16の説解が『老朴集覧』に見えないことを説明できないだろう[14]。

　次に、『老朴集覧』に引用された『質問』の説解のうち、『譯語指南』との関係について考える材料になりそうなものが3条ある。それを以下に示す。（表示できない字は「■」で示し、その後に字の要素を[　]で囲って示した）

　　例18)「朴通事集覧」巻上「麂」(8a9)
　　　　大麋也。麋，鹿之大者。
　　　　≪譯語指南≫謂牝鹿曰麋鹿。
　　　　≪質問≫云："大曰麋，小曰麂。其皮可作靴。"

　　例19)「老乞大集覧」巻下「臊胡羊」(1a10)
　　　　≪質問≫云："有角公羊未割腎子，方言謂之臊胡羊。"
　　　　≪譯語指南≫云："臊羊 수양。"

---

12) 李順美「≪老朴集覧≫ 속의 ≪質問≫　고찰」(『중국어문논총』No.55、2012)
13) 李、2012。
14) もう一つの可能性として、『伍倫全備諺解』編纂時に参照された『老朴集覧』の「盤纏」項には、最初から「今按，盤纏二字」の部分が欠落していたことも考えられる。この場合、、現存する『老朴集覧』とは別本の『老朴集覧』が当時存在していたことになる。

　　　《質問》又云：“腺羊，未割腎羊也。”
　　　又云：“乃有角大山羊有鬍子。”
　　　又云：“山羊毛與聲不同，胡羊其毛作不得毡，另一種也。”

　例20)「老乞大集覽」卷下「殺■[羊歷]」(1b3)
　　　《譯語指南》云：“양염홀워나킂것。”
　　　《質問》於“殺■[羊歷]羔兒”註云：“初生公羊，方言謂之殺■[羊歷]羔兒。”

　例18は「麂」について、単に『譯語指南』と『質問』の説解を併記したものである。

　例19は、「腺胡羊」の説明として『質問』の説解を引用したあとに、『譯語指南』の説解を引用し、さらに「≪質問≫又云」として『質問』の説解を3条引いている。その内容も、「≪譯語指南≫云：“腺羊　仐양。”」「≪質問≫又云：“腺羊，未割腎羊也。”」となっており、二つ目以降の『質問』は「腺胡羊」ではなく「腺羊」に対する説解のようである。これは『譯語指南』の「腺羊」条に付された説解ではなかろうか[15]。

　また、例20は、「殺■[羊歷]」について、「≪質問≫於“殺■[羊歷]羔兒”註云」としており、『質問』には「殺■[羊歷]」ではなく「殺■[羊歷]羔兒」項が立てられていたと考えられる。「殺■[羊歷]羔兒」は現在見ることのできる『老乞大』『朴通事』各本には見られない語であり、『質問』のこの説解は『老乞大』『朴通事』以外の訳学書にあらわれた「殺■[羊歷]羔兒」につけられたものと考えることもできる。あるいは、『譯語指南』に「殺■[羊歷]羔兒」項があったのかもしれない。

　なぜ『譯語指南』の収録語に『質問』の説解が付されたのか。先に紹介した『成宗實録』九年(1478)十一月五日の項には「≪譯語指南≫多有錯誤處，又未詳悉，請令赴京者質正添入。」とあった。『譯語指南』の錯誤を正すため、質正官が『譯語指南』を携えて中国に入り、質問した結果をまとめたものだろう。

---

15)　ただ「≪質問≫又云～」の次の説解には「有鬍子」とあり、その次の説解にも「胡羊」があらわれることから、この二つの説解は「腺胡羊」に対するものとも考えられる。この場合、「≪譯語指南≫云～」「≪質問≫又云～」は「腺胡羊」についての『質問』の説解3条のうち、第1条と第2条の間に挿入されたものとなる。

6. おわりに

　『音義』『質問』『譯語指南』の関係、および『質問』が複数種類あったという可能性について、ある程度は整理できたと思う。まとめて言えば、以下のようになる。

　①『音義』と『譯語指南』は、一方が他方を参照して編纂された可能性がある。

　②『質問』の説解には文言のみのものと白話的要素を含むものがあり、『老朴集覽』で複数の『質問』の説解が引用される場合には、文言の説解に加えて、白話的要素を含む説解が併記される例が複数ある。これは、文言のみの『質問』と、白話的要素を含む『質問』の少なくとも二種類があった可能性を示す。

　③『伍倫全備諺解』に引用された、成三問らが編纂した『質問』は、『老朴集覽』に引用された『質問』とは、少なくとも内容の一部が異なる。

　④『譯語指南』の収録語に『質問』が付される例があり、『譯語指南』の錯誤を正した結果と考えられる。すなわち、『譯語指南』の注釈書としての『質問』が編纂された可能性がある。

　ここまできて、新たな疑問が頭をもたげている。崔世珍は『老朴集覽』編纂時に、成三問らが編纂した『質問』を参照しなかったのか、という疑問である。『老朴集覽』では、『質問』の編者の名は示されていないが、もし「成三問等編『質問』」を参照したなら、他の『質問』と区別して、成三問の名を記していても不思議はない。しかし崔世珍が「成三問等編『質問』」を参照していなかったとした場合、それがのちの『伍倫全備諺解』編纂時に出現するのも不自然である。今後、『質問』に関する新たな情報があらわれるのを待ちたい。

<使用テキスト>

韓国学文献研究所編『老乞大朴通事諺解』(ソウル亜細亜文化社、1973)

徐居正『四佳文集』(肅宗三十一年徐文裕跋、早稲田大学図書館蔵、早稲田大学図書館古典籍総合データベース [http://www.wul.waseda.ac.jp/kotenseki/html/he16/he16_02415/])
『伍倫全備諺解』(『奎章閣資料叢書語学篇』5、ソウル大学校奎章閣、2005)

<參考文献>

小倉進平『增訂朝鮮語学史』(刀江書院、1940)502~503頁
呂叔湘『漢語語法論文集』(商務印書館、1984增訂版)
劉堅・江藍生・白維国・曹広順『近代漢語虚詞研究』(語文出版社、1992)
許少峰主編『近代漢語詞典』(団結出版社、1997)
馮春田『近代漢語語法研究』(山東教育出版社、2000)
王媛媛『漢語"儿化"研究』(陝西人民教育出版社、2009)

山川英彦「≪老朴集覽≫覚え書」(『名古屋大学文学部研究論集』LXX(文学 24)、1977)
金裕範「『老朴集覽』의 成立에 대하여-『音義』『質問』『譯語指南』의 서격 규명을 通하여-」
　　　　　　(『국어사 자료 연구』創刊号、国語史学会、2000)
鄭丞惠"『역어지남』의 편찬 경위와 의의에 대하여"(문헌과해석 10, 2000)
竹越孝「『伍倫全備諺解』に見られる『質問』の編者と佚文について」
(『KOTONOHA』第32号、2005年7月)
李順美「≪老朴集覽≫속의≪質問≫고찰」(『중국어문논총』第55巻、2012)
李順美「≪老乞大≫・≪朴通事≫를 위한 어휘사전 音義에 대한 고찰」
(『中国語文論叢』第53輯、2012)

□ 성명 : 田村 祐之(TAMURA Hiroyuki)
　　주소 : 日本國兵庫縣姫路市上大野7-2-1　姫路獨協大學播磨總合研究所
　　전화 : +81-079-223-0941
　　전자우편 : htamura@himeji-du.ac.jp

□ 이 논문은 2015년 10월 25일 투고되어
　　　　　　2015년 11월 1일부터 11월 20일까지 심사하고
　　　　　　2015년 12월 1일 편집회의에서 게재 결정되었음.

申繼黯, 女眞學書, 淸學, 淸譯에 대하여
-『역관상언등록』을 중심으로-

이현주

(韓國, 高麗大)

<Abstract>

　『Yuggoansangundeungrok(譯官上言謄錄)』 is a collection of documents written from 1637(the 15th year of King Injo) to 1692(the 18th year of King Sukjong), which the Jeongaeksa(典客司) wrote out mainly regarding the personnel management of interpreters. These documents are largely on the appointment of the qualified officials or successors, including a lot of different things: interpreters' appeals that their posts reduced in scale by war or famine be revert to the original system; the debates between king and his officials on test questions, test hours and the methods of academic performance improvement; better treatment of the newly-appointed from other districts. This article, first of all, deals with Shin Kye-am(申繼黯)'s accomplishments and his texts for interpreting(Yeokhakseo 譯學書), focused on the documents on May 11, 1637, describing that he should get the credit he deserves because he completed five volumes of Yeojinhakseo(女眞學書) as teaching materials for Cheonghak(淸學). The documents also depict the activities of central figures of Yeojinhak(女眞學) and Cheonghak.

　In the first place, this article covers the career and accomplishments of Shin Kye-am. Secondly, it collates the documents and provides information about Shin Kye-am and Yeojinhakseo, with 『Yuggoansangundeungrok』 as the center. 『Yug goansangundeungrok』 is a historical resource where 'Cheonghak', 'Yeojinhak' and 'Cheongyeok(淸譯)' mingle together, and so the relevant documents presented here is the evidence that shows a variety of cases about the terminology used until Yeojinhak had been replaced by Cheonghak and anchored. The true aspects of

Cheonghak in the seventeenth century were suggested by some people: Shin Kye-am an author of Yeokhakseo mentioned in 『Yuggoansangundeungrok』; Lee Wha-ryong(李化龍), a master of international trade; Jeong Myeong-Su(鄭命壽), an influential official in the diplomatic relations with Qing Dynasty(淸 王朝); Seo Hyo-nam(徐孝男), a replacement for Jo Dong-rip(趙東立) as head of Hanhank (漢學). In conclusion, this article aims for understanding Cheonghak and Yeokhakseo in the seventeenth century through the Cheonghak-documents appearing in 『Yuggoansangundeungrok』.

Key words : 신계암, 여진학서, 청학, 청역, 역관, 역관상언등록

Ⅰ. 머리말

건국 초기부터 사역원을 설치하여 역관을 양성했던 조선의 역관 정책과 역관의 위상에 변화가 보이기 시작하는 仁祖代이후 17세기는 역학의 전환기라 할 수 있다. 이 시기는 명나라가 멸망하고 청나라가 건국하여 對中國 외교가 긴박하게 돌아가는 격변기였고, 임진왜란 이후 단절했던 일본과도 국교를 재개하면서 對日本 외교도 소홀히 할 수 없었던 때였다. 청나라는 건국 후 조선을 두 차례에 걸쳐 침략했으므로 戰時를 맞은 조선의 역학 정책은 새로운 국면을 맞이하여 변할 수밖에 없었다. 특히 淸學과 倭學은, 사역원의 四學 가운데서 시대가 요구하는 역할을 맡아야했기에 중요해졌다. 동아시아 신흥강국으로 떠오른 청나라에 의해 정묘호란과 병자호란을 겪은 조선에서는 戰後 수습에 동원할, 淸語를 구사하는 청학들과 청역들이 그 어느 때보다도 절실히 필요했을 것이다.

17세기가 조선시대 역학의 전환기였음을 잘 보여주는 사료로는 『譯官上言謄錄』이 있다. 우선 『역관상언등록』은 謄錄의 일종이다. 등록이란 증빙서류로 삼을 공문서들을 베껴두었다가 뒷날 담당부서에서 참고할 때 열람해 보려는 목적으로 제작해 둔다. 따라서 역관들의 상언을 모아서 관련 사안들을 베껴놓은 『역관상언등록』은 17세기 역관들을 조명해볼 수 있는 1차 사료로서 중요한

의미를 지닌다. 시작하는 문건은 1637년 7월로 병자호란이 막 끝난 해 여름이
다. 이후 역관들의 상언이 가장 많이 실린 1692년(숙종 18)까지의 문건들이
등록되어 있다. 문건들은 상언 뿐 만아니라 지방관들이 현장으로 적임자 역관
을 보내달라고 요청하는 장계와 첩정, 이에 대한 예조의 계목과 국왕의 결재로
구성되어 있다.

여기에는 실린 문건들의 내용을 살펴보면 국내외적 격변기를 겪어낸 역관
들의 모습을 볼 수 있다. 특히 仁祖와 顯宗代 문건에서 청학의 중요성과 역관
양성정책의 변화를 알 수 있다. 仁祖代에는 朝·中 외교현장에 적임자와 후임
자를 파견한 문건이 많은데 그 중에서도 당시 청학들의 활동과 義州와 海州의
사정을 알 수 있는 내용이 실려 있다. 주목할 만한 문건은 청나라 말과 글을
익혀 失傳되었던 여진학서들 가운데 5권을 교재로 만든 신계암에게 상을 주자
는 내용이다. 顯宗代 문건에는 역관의 試才, 取才方式, 역관들의 학습을 독려하
여 실력을 향상시킬 방도를 국왕과 대소신료들이 모여서 논의한 후 정책을
결정한 내용이 실려 있다. 壬寅年인 1662년(현종 3) 8월 2일 내용을 보면, 역학
들에게 시험기간을 정해주어 학습시키고 불합격하면 모두 파면하고 강등시켜
군대 보충역으로 보내며, 제조겸교수는 생도들이 암기는 물론 회화 실력도 갖
추도록 가르치도록 하였다. 1664(현종 5) 윤 6월 16일에는 북경에 보내는 取材
방식, 즉 四學 중 漢學은 三經, 四書, 老乞大, 五倫全備로, 나머지 三學인 蒙學,
倭學, 女眞學은 전공어로 取才했던 방식을 손 볼 필요가 있다고 영의정 정태화
가 건의하는 내용이 실려 있다. 당시 역관들이 외국어 실력을 제대로 갖추도록
제도를 정비하는데 힘쓰는 모습에서 전환기를 맞이하고 있음을 알 수 있다.

이런 전환기를 살아낸 淸學들의 활동과 모습을 통하여 청학에 대하여 보다
한걸음 다가가고자, 조선 초기부터 있었지만 失傳되었던 女眞學書 중 다섯 권
을 개편하여 取才科目 교재로 만든 신계암에게 상을 주자는 내용과 당시 淸學
의 모습이 실린『역관상언등록』을 중심으로 17세기 청학들과 역학서를 소개
하고자 한다. 먼저 신계암의 생애와 약력, 업적을 언급하겠다. 그 다음으로 신
계암과 여진학서에 대한 내용이 실린 사료들을『역관상언등록』을 중심으로
비교하면서 살펴보겠다. 이어서『역관상언등록』에 등장하는 淸學들에 대한 문
건들을 통하여 '淸學', '女眞學', '淸譯'에 대한 용어의 용례를 살펴보겠다. 淸學

은 누구를 지칭하는 것인지 그 범위는 어디까지인지 한번 살펴보는 계기로 삼기 위해서이다. 신계암의 업적 뿐 만 아니라 이화룡, 정명수, 서효남 등의 모습이 실린 『역관상언등록』의 문건들을 소개하면서 17세기 청학들의 위상과 활동에 대하여 서술하였다.

II. 申繼黯과 女眞學書

1. 신계암에 대하여

1) 신계암의 生涯

신계암은 宣祖~仁祖代 淸語 역관이다. 1600년(선조 33) 庚子生이며 1644년(인조 22)에 瀋陽에서 사망하였다. 본관 平山이며, 字는 子孺이다. 임진왜란이 종결된 지 얼마 되지 않았을 때 태어나 仁祖代 정묘호란과 병자호란을 두루 겪으면서 당시 청나라 장수 龍骨大, 馬夫大 등을 맞아 통역하였다. 청 황제의 문서들을 번역하기도 하였다. 이화룡 장예충, 이신검, 양효원과 동시대에 활동하였다. 정묘호란 중에 청나라로 잡혀갔던 포로 송환에 힘쓰고 수차례 사행을 다녔다. 淸語 실력이 뛰어나 對淸 외교 현장에서 역관의 소임을 다하고, 失傳되었던 여진학서 가운데 5권을 청학 교재로 만든 업적을 남겼으며 淸學通政을 역임하였다. 아버지는 司果를 지낸 申應張이다. 아들로는 漢語 역관인 申汝端과 심양에서 신계암의 시신을 운구해온 申汝翊이 있다. 신여단은 1675년(숙종 1) 乙卯增廣試에서 총 19인 가운데 장원을 하였고 漢學次上通事直長을 역임했다. 字는 正叔이다. 신여익은 『역과방목』에는 기록되어 있지 않아서 역관이었다고 단정할 수 없다.

2) 신계암의 略歷

신계암은 19세가 되는 1619년(광해 11) 己未增廣試 역과에서 총 23인 가운데 3등 13인 중 8위로 합격했다. 이 역과에서 1등은 3인이고, 2등은 7인이었는

데 함께 입격한 사람들 중에『역관상언등록』에 등장하는 인물로는 李海壽와
申益海가 있다. 24세인 1624년(인조 2)에는 海路를 통하여 명나라로 사행1)을
다녀온다. 이 사행은 인조의 책봉을 승인받기 위해 명나라로 파견된 행차였다.
29세에는 정묘호란이 일어났을 때 청나라로 잡혀갔던 포로들을 찾아오는 일을
주선한 공이 많았음이 인정되어 陞職2)되었다. 이때부터 사역원의 도제조였던
오윤겸의 천거로 10여 년간 사행을 따라 다니며 청나라 말과 글을 공부하였다.
33세에는 조정에서 奏請使 홍보 등에게 노비와 전답을 하사할 때에 熟馬 1필
을 받았다.3) 34세에는 몽고 글을 배워 그들과 쟁변한 일4)이 매우 가상하다며
高品付祿에 임명되었다. 35세에는 신계암이 句管所 업무 중에 가장 어렵다는
發賣일을 잘 해내었으니 역관 조효신과 함께 賞을 주자고 이경인이 啓5)를 올
려서 상을 받았다.

37세 3월에는 喪中임에도 胡語를 가장 잘한다는 이유로 謝恩使行의 通事로
선발되었다.6) 37세인 1637년 정축년는 3월은 병자호란이 막 끝난 직후라서
兩國에서는 戰後에 처리할 일이 많았을 것이고 그 중에서도 청나라 말을 잘하
는 통역은 절실했을 것이다. 신계암이 비록 상중이기는 하지만 급료를 주고
일을 시키겠다고 備邊司에서 계를 올려 인조의 윤허를 받는다. 임진왜란 이후
역관 중에 起復한 선례7)를 남긴 것이다. 가을에는 청나라 말을 할 줄 하는
사람으로 적당한 사람인 신계암이 지금 옥에 갇혀있으니 풀어주어 업무에 복
귀시키자는 金尙의 啓8)가 있었는데 이 때에는 풀려나오지 못했는지 11월에는
정명수가 직접 조선에 들어와서 신계암을 즉시 보내달라고 요청하는 내용9)이

---

1) 이 사행에 대한 기록화와 기록이 현재 남아있다. 『航海朝天圖』와 『朝天航海錄』이다.
   사신 일행의 여정을 25폭에 앨범처럼 기록한 『航海朝天圖』은 국립중앙박물관에 소장되
   어 있다. 홍익한의 『조천항해록』 8월 15일, 20일, 23일에도 신계암의 행적이 적혀있다.
2) 『응천일록』 1629년(인조 7년) 9월 22일 내용을 보면 兵曹에서 信史 朴蘭英에 공로자를
   묻자, 역관 신계암이 정묘호란에 잡혀간 포로들을 도로 찾아오는 일을 주선한 공이 가장
   많았다고 보고하여 陞職되었다는 내용이 나온다.
3) 『승정원일기』 인조 11년 5월 12일.
4) 『승정원일기』 인조 12년 12월 27일.
5) 『승정원일기』 인조 13년 1월 9일.
6) 『승정원일기』 인조 15년 3월 10일.
7) 『승정원일기』 인조 15년 7월 13일.
8) 『승정원일기』 인조 15년 10월 5일.

있다. 한마디로 1637년, 정축년은 신계암에게 있어서나 나라에 있어서나 고단한 한 해였다. 喪을 당했고 감옥에 갇혔으나, 병자호란으로 인한 비상시국이었으므로 淸語를 잘하는 적임자로서 분주하게 일했던 해이다.

39세에는 사행을 따라 다니며 淸語를 공부하고 연구한 결과 여진학서 5권을 청학 교재로 만들어내는 역사에 길이 남을 업적을 달성하였다. 여름에는 청나라의 세 사신들이 예단을 거저 얻으려는 속셈을 저지하였고10) 毛衾과 阿多介(털과 모피로 만든 깔개)를 달라는 정명수와 청나라 칙사들의 요구도 거절하는 일11)을 맡았다. 등록에 적혀 있다고 해서 요구하지만, 겨울철에나 구할 수 있는 물건들을 이 여름철에 어떻게 구하겠냐면서 다음번 사행에 보내겠다는 내용을 청나라 사신에게 통역하면서 조정의 난처한 입장을 잘 대변하였다. 이런 공로가 인정되어 8월에는 영접도감의 書啓에 역관 장예충, 이화룡과 함께 別單12)에 적혔다. 겨울에는 정명수가 청나라 장수 마부달의 뜻이라면서 신계암 陞職시키라고 조선의 조정에 요청했다.13) 40세에는 청나라 글을 잘 해석한 공로로 堂上官으로 승진하였고, 곧이어 護軍 관직을 제수 받았다14).

44세인 1644년 1~2월 만해도 심양에 볼모로 갔다가 잠시 귀국하는 소현세자를 수행한 청나라의 護行將들을 한강에서 접대했는데 8월에 심양에서 죽었다는 소식이 들려온다. 이해 5월 21일에 심양으로 출발한 謝恩使兼進賀使 金自點 일행이 8월 10일 돌아와서 신계암의 사망 소식을 전한 것이다. 신계암은 일시 귀국했던 소현세자가 심양으로 돌아갈 때 따라 갔다가 심양에서 병으로 사망한 것이다. 이 소식을 듣고 그의 사위인 崔壽澳이 신계암의 아들인 신여익과 함께 심양으로 가서 장인의 시신을 운구해오겠으니 허락해달라는 공문을 요청하는데, 이에 조정에서는 변란 초부터 역관으로서의 노고가 많았던 신계암의 공로를 기억하며 쇄마도 전례에 따라 지급하라고 하였다.15)

---

9) 『승정원일기』 인조 15년 11월 22일.
10) 『승정원일기』 인조 17년 6월 27일.
11) 『승정원일기』 인조 17년 7월 2일.
12) 『승정원일기』 인조 17년 8월 12일.
13) 『승정원일기』 인조 17년 12월 3일.
14) 『승정원일기』 인조 18년 윤 1월 6일.
15) 『승정원일기』 인조 22년 8월 13일.

3) 신계암의 번역활동

신계암은 당시 청나라 말과 글을 잘하였기에 종종 번역 업무도 맡아보았다. 37세 겨울에는 중국 황제의 임명장인 誥命 문서 가운데 蒙書와 女眞書를 번역16)하였다. 문서 중 하나는 몽고 글자이고 또 다른 문서는 여진 글자로 되어 있는데 신계암이 번역해 보니 그 뜻이 漢書와 한가지였다고 한다. 39세 여름에는 청나라 장수 龍骨大에게 보낸 세 명의 칙사의 편지를 번역17)하였다. 그가 청나라 글을 알기에 조정에서는 번역을 시킨다고 하였다. 그의 어학실력은 청나라 사신들도 인정하였다. 청의 사신들을 응대하는 일에는 조선에서 응하기 난처한 일이 많았는데 신계암은 조선의 입장을 대변하면서 말을 잘했기 때문에 청나라에서도, 조선에서도 만족하는 역관이었다. 청나라 사신 마부달은 신계암의 말솜씨와 글씨를 늘 칭찬18)했다. 사신 마부달은 조선의 조정에 신계암에게 은전을 베풀라고 압력을 넣을 정도로 신계암의 어학실력과 공로를 크게 인정한 외국인이다. 이렇게 뛰어난 어학실력은 그가 10여 년간 여진학을 전수받아 익히면서 연구에 매진하면서 오류들을 바로잡는 밑거름이 되었을 것이고, 마침내는 科試用으로 쓰이게 되는 女眞學書를 만들게 된다.

2. 신계암의 女眞學書

역관으로서 신계암의 가장 큰 업적이라면 무엇보다도 만주어 학습서를 여진학 교재로 만든 것이다. 『경국대전 禮典 諸科 譯科에 규정된 初試와 覆試에서 채택되었던 여진학을 보면 『千字』, 『天兵書』, 『小兒論』, 『三歲兒』, 『自侍衛』, 『八歲兒』, 『去化』, 『七歲兒』, 『仇難』, 『十二諸國』, 『貴愁』, 『吳自』, 『孫子』, 『太公』, 『尙書』 등 15종19)이 있었다. 그런데 무슨 이유에서인지 이 많은 교재들이 거의 사라졌고, 시간이 흐를수록 여진학의 위상도 그리 높지 않게 되었다. 그러다가 청나라 건국 이후 여진학이 청학으로 명칭을 바꾸면서는 사역원 내에서도 四學의 서열에 변화를 보이는데 한학 다음으로 중요한 자리를 차지하게

---

16) 『승정원일기』 인조 15년 11월 23일.
17) 『승정원일기』 인조 17년 7월 3일.
18) 『승정원일기』 인조 17년 12월 4일.
19) 정광, 윤세영 공저, 『사역원 역학서 책판연구』, 고려대학교 출판부, 1998, 68면.

되었다. 당시 동아시아 국제 정세변화에 따라 신흥강국 청나라와 외교하자면 당연히 그들의 언어인 淸語가 우선시 되었고 淸語를 잘 구사하는 사람이 필요하게 된다.

『역관상언등록』 인조 17년 5월 11일에 등록된 문건을 보면 여진학이 다시금 중요하게 된 배경, 신계암이 교재를 만드는 과정과 5종의 여진학서 冊名이 적혀있다. 『역관상언등록』의 仁祖代 문건들이 거의 전략상 요충지인 의주와 해주, 선천 등지에 적임자 역관들을 파견해달라는 지방관들의 요청으로 채워져 있는 것을 보면 병자호란 직후 외교 현장에서 兩國의 의사소통을 맡은 역관의 역할이 얼마나 중요했는지 잘 알 수 있다. 戰後 시급히 대처해야할 외교 현안을 맡은 지방관들은 외교 일선에서 말 잘하는 역학을 보내달라고 조정에 끊임없이 장계를 올린다. 이런 시대적 배경에서 청학을 양성하는 문제는 긴요한 사안이었고 失傳되었던 여진학 교재를 만들어야 한다는 필요성이 대두되었을 것이다. 四學 중에서 여진학을 중요시 할 상황이 되었는데도 아는 사람이 거의 없으니 시급히 대책을 마련하고 여진학을 장려해야 한다고 당시 도제조 오윤겸이 건의를 하였다고 기술되어 있다. 오윤겸은 여진학 가운데 재능 있는 신계암을 사행에 파견하여 청나라 글과 말에 능통하게 하도록 천거하였고, 신계암이 10여년에 걸쳐 마음을 다해 연구한 결과 『八歲兒』, 『小兒論』, 『仇難』, 『巨化』, 『尙書』라는 역학 교재 5권을 만들어 냈다는 내용이다.

신계암이 만든 5책은 여진학 취재의 科試用으로 사용되었다. 그 가운데 『仇難』, 『巨化』, 『尙書』은 현전하지 않고 『八歲兒』, 『小兒論』은 1777년(정조 원년)에 검찰관 金振夏과 서사관 張再成이 수정하여 重刊한 것이 전해지고 있다. 함흥 淸學으로 복무한 김진하 또한 正祖代에 淸語를 잘 해독하여 칙사들을 접대할 때 기용되었던 사람이다. 수정하여 중간한 책명은 『新釋小兒論』, 『新釋八歲兒』이다. 두 책의 서술체계는 같다. 이제 각 사료에 나타난 신계암의 역학서를 살펴보겠다. 그 가운데 『역관상언등록』에 실려 있는 내용이 가장 자세하다. 『역관상언등록』은 『연려실기술』, 『통문관지』, 『東典考』 보다 가장 앞선 시대의 사료이다. 『역관상언등록』에 실린 원문과 번역문[20]을 살펴보겠다.

---

20) 이 논문에 실리는 『역관상언등록』의 6편의 원문과 번역문은 이현주, 『譯官上言謄錄 譯注』 고려대학교 고전번역협동과정 석사학위논문에서 인용했음을 밝혀둔다.

[원문 전문] 己卯五月十一日 [女眞學傳習事]

一. 司譯院官員, 以都提調意啓曰, "女眞學傳習之事, 其在于今, 視他學尤重. 自前流來番書, 未知出自何代, 而淸人見而怪之, 全未曉得. 彼中方今行用之書, 卽前汗所著, 而音則淸音, 字則與蒙書, 大略相似, 而點畫實異, 曉解者絶無, 彼此相接之時, 無以通情. 都提調吳允謙時, 具由入啓, 多方勸奬. 本學中有才申繼黯, 春秋信使之行, 連續差送, 俾無與淸人來往問難, 語音精熟然後, 乃學其書, 繼黯專意硏究, 于今十載, 方始就緖. 傳來冊本中, 所謂『巨化』·『仇難』·『入歲兒』·『小兒論』·『尙書』等五冊, 以淸書寫出, 而淸旁註質之, 上年勅使時從行, 淸人無不通曉, 以此, 可知其不誤也. 本國之人, 雖解淸語, 而至於淸書, 則無有知之者, 若非申繼黯盡誠學習, 何能就此, 前所未有之書, 以爲本學講讀之資耶? 此事, 極爲可嘉, 各別論賞, 以勸他人, 何如?" 傳曰依啓.

[번역문] 기묘년(1639, 인조 17) 5월 11일.

"사역원 관원(官員)이 도제조(都提調)의 의견으로 아뢴 계(啓)는 '여진학을 전수받아 습득하는 일이 지금 다른 역학(譯學)보다 더욱 중해 보입니다. 예전에 흘러 들어온 오랑캐 글이 언제부터 나타났는지는 모르겠으나 청나라 사람들도 보고서 이상히 여기고, 온전히 이해하는 것이 없습니다. 그것들 가운데 지금 널리 쓰이고 있는 것은 전한(前汗) 시대의 저서들이어서 소리는 청나라 음이고 글자는 몽고의 글자와 대략 비슷하나, 점획이 실로 달라서 깨닫고 이해하는 사람이 없으므로 서로 대면할 때 소통하지 못합니다. 오윤겸(吳允謙)이 도제조였을 때 사유를 갖추어 계(啓)를 올리고 여러 방법으로 장려하였습니다. 여진학 가운데 재능 있는 신계암(申繼黯)을 봄·가을로 가는 신사(信使) 사행(使行)에 연달아 보내 청나라 사람들과 왕래하며 질문하여 어려움이 없도록 하고, 말과 소리에 능통하게 한 후, 그 글을 배운 신계암이 전공하고 연구하여 이제 십년에 비로소 실마리를 찾아내게 하였습니다. 전해져 오는 책 중에서 소위 『구난(仇難)』·『거화(巨化)』·『팔세아(八歲兒)』·『소아론(小兒論)』·『상서(尙書)』등 다섯 책은 청나라 글을 베낀 것인데, 분명하게 뜻을 두루 밝히며 잘못을 바로잡았습니다. 지난해 칙사(勅使)의 행차를 따라갔을 때, 청나라 사람들이 환히 알아 모르는바 없었으니 이로서 그것에 오류가 없음을 알 수 있습니다. 우리나라 사람이 비록 청나라 말을 알아도 청나라 글에 있어서는 아는 자가 없었는데, 신계암이 정성을 다해 학습하지 않았다면 어찌 여기까지 올 수 있었겠으며, 전에 있지도 않았던 글이었다면 여진학 [本學] 강독의 자료로 삼을 수 있었겠습니까? 이 일은 매우 경사스러운 일이니 각별히 상을 논하여 다른 사람들에게 권장하시는 것이 어떻겠습니까?'다. 국왕은 계(啓)에 따라 시행하라고 전교함.

『통문관지』의 기록과 비교해보면 내용은 대동소이하나『통문관지』가 훨씬 간략하다.『통문관지』의 인용 書目에는『啓辭謄錄』이 있는데, 원문에서도 출처를『啓辭謄錄』로 밝혔다.

"申繼黯平山人女眞學舊有國典所在講書而與淸人行話大不同淸人聽之者莫解揪難吳相國允謙以公善淸語啓送于春秋信使之行十年往來專意硏究盡得其語音字劃就本書中仇難巨化入歲兒小兒論尙書等五冊釐正訛誤至今用之於科試【出啓辭謄錄】官至僉樞"

『연려실기술』별집 제5권 事大典故 譯官편을 보면『통문관지』에 근거한다면서 다음과 같이 기술했는데 더 간단하다.

"女眞學舊有國典所在講書而與淸人行話大不同淸人聽之者莫解吳允謙以申繼黯善淸語啓送于春秋信使之行十年往來得其語音字劃就本書中仇難巨化入歲兒小兒論尙書等五冊釐正訛誤至今用之於科試"

왕실자료인『東典考』에도 실려 있다. 譯舌편을 보면 다음과 같이 기술되어 있는데『연려실기술』을 그대로 필사해 놓은 것이다.

"女眞學舊有國典所載講書而與淸人話不同淸人莫解吳允謙以申繼黯善淸話啓送于春秋信史之行十年往來得其語音字畵就本書中仇難巨化八歲兒小兒論尙書等五冊釐正訛誤用於科試"

Ⅲ.『譯官上言謄錄』에 등장하는 女眞學, 淸學, 淸譯,

『역관상언등록』에는 '女眞學', '淸學', '淸譯' 용어가 다 쓰이고 있다. '女眞學', '淸學'과 '淸譯'은 분별하지 않고 혼용되기도 하지만 인조~정조 연간에는 '淸譯'이 따로 존재[21]한 듯하다. 특히 仁祖代 문건에서 청역과 청학이 가장 많이

---

21) 청역이 따로 존재했다는 사료는『역관상언등록』뿐만이 아니다. 甲辰年(1664) 윤 6월

섞여 쓰이고 있다. 청학과 청역을 구분하는 기준은 무엇일까? 우선은 업무와 관련이 많으며 병자호란으로 생겨난 현상으로 보여 진다. 전란 후 외교 현장에서 청나라 사람들을 응대할 통역이 절실히 필요한 상황에서 청역은 주로 포로로 청나라에 끌려갔다가 속환하여 온 조선인들 중에서 선발한 사람들이라 생각한다. 조선 후기로 갈수록 점점 '여진학', '청역'이라는 용어는 거의 쓰이지 않고 '청학'은 高宗代까지 유지 된다. 女眞學은 신계암의 고사를 통하여 살펴보았다. 이제 『역관상언등록』에 실린 청학과 청역을, 그들의 업적과 활동에 따라 살펴보겠다.

1. 청역이 청학으로 쓰인 사례

청학의 의미로 청역이 존재했음 뿐 만 아니라 청역의 파견이 절실했음을 보여주는 『역관상언등록』 정축년(1637, 인조 15)년 12월 5일 문건을 소개하겠다. 이 문건에서 의주 부윤 임경업은, 여진학이 파견되었던 곳이며 나라의 관문인 의주에 청학을 보내달라고 장계를 올린다. 임경업은 병자호란이 끝난 지 반년 쯤 되는 시점에서 할 일 많은 의주에 청역이 세 명 밖에 없으니 충원해달고 하였다. 청역과 청학이 혼용되어 쓰이고 있지만 청역이 의미하는 것은 청학이다. 원문과 번역문을 보면 잘 알 수 있다.

[원문] 丁丑十二月初五日 [淸學及吏文學官請差]
一. 義州府尹林慶業狀啓, "本府, 國之門戶, 故在平時, 女眞譯學及漢譯學・吏文學官等乙, 自該曹差送, 至於付祿瓜滿, 則例以交代之規矣. 丁卯之後, 蕩改無形, 規例之法, 不能暇論, 又無給料之路, 不得啓請, 迂延于玆, 而今則凡策應接待之事, 比平時百倍, 卜定淸譯, 只三名. 崔莫同・任巨正等段, 王世子前, 相遞立番爲白乎旀, 張乭伊段, 年七十耳聾棄人是白齊, 瀋陽遞來. 小譯任巨正段置, 時方勅使帶去, 以此二名之譯長在路上. 使喚無日叱不喩, 往復使喚, 每令本府, 責立小譯, 帶去瀋陽, 未由充送, 加以越邊, 淸人無常往來, 凡傳語之間, 無人解語, 誠爲悶慮. 令該司, 淸譯二人, 各別擇送, 俾免失對之弊敎矣. 自平時, 府尹以文官差送爲白良置, 例有譯官, 下

_____

16일 문건에서 역관들의 취재방식을 수정하자고 건의했던 顯宗代의 영의정 정태화의 『양파유고』 14권에 실린 사행관원을 보면 여진학, 청학, 청역이 따로 존재함을 알 수 있다. 그들의 업무도 분명 달라 보인다.

送之規, 況臣不解文字, 多事之地, 不可無吏文學官亦. 令該曹, 從速下送事"據曹粘
目內, "淸譯在京者, 只若千人, 似難分送, 司譯院女眞學中, 稍解淸語者, 擇送爲白乎
㫆, 吏文學官定送事段, 前例有無, 自本曹, 詳知不得, 令本院處置, 何如?" 啓依允.

[번역문] 정축년(1637, 인조15) 12월 5일

일(一). 의주 부윤 임경업의 장계 "본부는 나라의 문호(門戶)인 까닭에 평소에도
여진역학(女眞譯學)과 한역학(漢譯學) · 이문학관(吏文學官)들이 해조(該曹)로부
터 파견되었다가 부록(付祿)에 이르고 임기가 차면 교대하던 규례를 따랐던 곳입
니다. 그런데 정묘호란 이후 규례법이 형체도 없이 사라지고 고쳐져, 한가히 논할
수도 더 생각해낼 방도도 없어서 계(啓)를 올려 허락해주실 것을 지금까지도 청하
지 못하고 있었습니다. 그래서 지금은 그들의 모든 요구에 응해야할 일이 평소에
비해 백배나 되는데도 배당된 〔卜定〕 청역(淸譯)이 단 세 명뿐입니다. 최막동(崔
莫同) 임거정(任巨正)은 왕세자 앞에서 서로 번갈아 임무를 맡아보았사오며, 장돌
의(張乬伊)는 나이 칠십에 귀가 어두워 쓸모가 없어져 자리를 내놓고 심양으로
돌아갔습니다. 젊은 역관 임거정도 지금 칙사(勅使)가 데리고 떠나서 이 두 명의
역장(譯長)들이 길 위에 있습니다. 그래서 부릴 수도 없었을 뿐더러, 오고가며 시
킬 일이 있으면 매번 본부에서 차출한 젊은 역관들을 심양으로 데리고 가버리니
역관이 충원될 길이 없습니다. 국경을 넘어 시도 때도 없이 청나라 사람들이 드나
드는데 통역할 때 말을 아는 사람이 없어 정말 답답하고 걱정스럽습니다. 해사(該
司)가 청어(淸語) 역관 두 사람을 각별히 선정하고 보내주셔서 청나라 사람들을
응대함에 실책하는 잘못을 면하게 해 주십시오. 평소 부윤(府尹)자리는 이문학관
〔文官〕을 파견했어도 으레 역관을 딸려 보내는 규정이 있었는데 하물며 저는
문자도 모르기에 일도 많은 곳에서 이문학관 없이는 임무를 수행하기가 불가능하
옵니다. 해조(該曹)에서 속히 보내실 일."에 대하여 예조에서 점련한 계목 내용은
"경사(京師)에 있는 청역은 단지 약간 명 뿐이라 나누어 보내기 어려울 것 같으니
사역원의 여진학(女眞學) 중에서 청나라 말을 조금 아는 자를 선정해 보내시고,
이문학관을 선정해 보낼 일은 전례가 있지 않아 본조(本曹)에서는 잘 알지 못하니
본원(本院)에서 처리하라고 하시면 어떻겠습니까?"다. 국왕은 아뢴 대로 시행하
라고 윤허함.

崔莫同은 생몰연대와 출신을 알 수 없으나 仁祖代 淸語 譯官이다. 『심양장
계』를 통하여 그의 행적을 보면 1639년 1월에는 심양에서 淸譯 임무를 수행했
고, 1640년 7월에는 청나라 八王의 통역을 맡아 보았다고 한다. 1641년 9월

5일 내용에는 의주에 있을 때부터 병세가 위중했는데도 심양에 억지로 보냈는데 상태가 아주 나빴다는 기록이 있어 이때에 사망한 것으로 추정한다. 청나라에 포로로 잡혀갔다가 청나라 말을 배워 역관이 된 경우로 정명수와 역관이 된 경로가 비슷하며 그와 동시대에 활동하였다.

任巨正도 생몰연대와 출신을 알 수 없으며 仁祖代 淸語 譯官이다. 이 사람의 행적도 『심양장계』에서 볼 수 있다. 1637년 4월 2일 기록에는 안주성 밖에서 압록강을 건널 때 역관 두 명만으로는 淸人들을 응대할 수 없어 의주의 소통사 임거정을 데려갔다고 한다. 임거정이 1637년 4~5월에 심양으로 들어가 소통사로서 임무를 수행하고 있었음을 『심양장계』와 『역관상언등록』에서 확인할 수 있다. 張乭伊에 대한 행적은 아직 어디에서도 보이지 않으며 仁祖代 淸語 譯官임을 알려주는 정보는 현재로서는 『역관상언등록』이 유일한 기록이다. 임거정과 장돌이가 최막동처럼 청나라 포로 출신인지는 알 수 없다.

그런데 이 문건에 등장하는 최막동, 임거정, 장돌이 같은 이름은 노비나 천민의 이름에 가깝다. 토지매매 고문서에 자주 등장할 법한 이름들이다. 아마도 譯科를 통해 선발된 역관이 아니라 정묘호란과 병자호란을 겪으면서 포로로 잡혀갔다가 淸語를 약간이라도 구사할 줄 알아서 채용된 것 같다. 이들이라도 쓸 수밖에 없을 정도로 당시 淸學을 전공한 역관이 드물었음을 알 수 있다. 인조 당시에는 청나라 말을 잘하는 淸譯 한 사람이 女眞學이나 蒙學보다 더 필요했다는 기록[22]이 있다. 1647년(인조 25) 여름 영의정 김자점이 사은사 행차에 청역을 1명 더 선정해 보내자고 건의한다. 인조가 역관의 수가 많으면 폐단이 있지 않겠냐고 하자 김자점이 데리고 가는 청역이 한 사람 뿐인데 군량과 땔나무, 말먹이 관리 등 하는 일이 많아서 병이라도 나면 대체인력이 없다, 그리고 여진학과 몽학은 중요하지 않으니 그 인원들을 줄이고 대신 청역을 선정하면 될 것이라고 하였다. 결국 몽학의 인원을 줄여 청역을 더 배정하여 파견하였다. 청역을 여진학이나 몽학보다도 중요하게 생각했던 사례이다.

---

22) 『승정원일기』 인조 25년 8월 20.

2. 유능한 淸譯 訓導를 유임시킨 사례

임기가 다 차서 당연히 물러나야 하고 후임자가 파견되어야 하지만 전임 淸譯이 유능하므로 계속 일할 수 있도록 후임자를 보내지 말아달라는 갑신년 (1644, 인조 22)년 7월 28일 문건을 소개하겠다. 淸譯訓導 李化龍의 유임에 대한 내용이다. 이화룡이 청나라 말을 잘하고 의주에 수시로 드나드는 청인들을 잘 응대하므로 의주에서는 이화룡이 아니면 일할 사람이 없다면서 졸렬한 소통사들 대신 계속 일하게 해달라고 의주 부윤이 장계를 올리는데 조정에서 허락한다. 이화룡은 1609년(광해군 1) 己酉生이다. 신계암보다 9살 적으며 그와 동시대에 활동하였다. 字는 天卿이며, 본관은 합천이다. 1635년(인조 13) 乙亥增廣試 譯科에서 3등 19인 가운데 14위로 합격했다. 淸語 譯官으로 淸學上通事嘉善을 역임했다. 아버지는 호조에 소속된 회계 담당 從8品인 計士를 지낸 李迪이다.

[원문] 甲申七月二十八日
一. 義州府尹洪鎭, 二十日成貼狀啓. "本府與彼境相接, 淸人之往來江邊者, 無月無之, 而小通事輩, 迷劣莫甚, 且不善淸語, 每致生事爲白如乎. 淸譯訓導李化龍, 非但能解淸語, 爲人極爲伶俐, 來此已久, 備諳事情, 凡淸人等接待之際, 多有周旋之力爲白如乎. 今以瓜滿, 將爲遞去爲白臥乎所, 此後, 往來淸人等接待無人, 事極可慮. 同李化龍, 請令該曺, 勿出交代, 仍令察任, 以爲淸人等, 接待之地事"據曺啓目內, "淸人接待之事, 詳知首末者, 最爲有益李化龍, 依狀啓, 勿出交代事, 知委施行, 何如?" 同副承旨李之恒次知. 啓依允.

[번역문] 갑신년(1644, 인조22) 7월 28일
일(一). 의주 부윤 홍전(洪鎭)이 20일 성첩(成貼)한 장계 "본부는 청나라와 국경이 서로 접해있어 강변을 왕래하는 청나라 사람들이 수시로 드나드는데, 소통사(小通事)들이 미욱하고 졸렬하기가 심하고 청나라 말도 잘하지 못해 매번 일을 만드는 지경에 이르옵니다. 청역훈도(淸譯訓導) 이화룡(李化龍)은 비단 청나라 말에 능할 뿐만 아니라 사람됨이 매우 영리하고 여기에 온지 아주 오래되어 사정을 잘 알아 대체로 청나라 사람들을 응대할 때 주선한 역량이 많았다고 하옵니다. 지금 임기가 다 차서 장차 자리를 내놓고 물러간다고 하는바, 차후 왕래하는 청나라 사람들을 응대할 사람이 없으니 사태가 매우 걱정스럽습니다. 전했던 것처럼

이화룡을, 해조(該曹)에서는 다른 사람으로 교대하겠다고 공표하지 말고, 이화룡
이 계속 청나라 사람들을 응대할 사람으로 일하게 해달라고 청하는 일"에 대한
예조의 계목 내용은 "청나라 사람들을 응대하는 일의 시종을 자세히 아는 자는
이화룡이 가장 유익한 사람이니 장계의 내용대로 후임으로 교대할 일을 공표하지
말고 이화룡이 계속 일할 것을 통지하라고 하시는 것이 어떻겠습니까?"다. 동부
승지(同副承旨) 이지항(李之恒) 담당자임. 국왕은 아뢴 대로 시행하라고 윤허함.

인조 22년은 병자호란 직후 10년이 채 안 되는 시점으로 청나라 사람들이
국경을 수시로 드나들었다. 국경에 인접한 봉황성과 책문은 당시 對淸 무역이
활발하게 이루어졌던 곳이다. 국제교역이랄 수 있는 開市에 대하여『전율통보』
禮典편을 보면 開市가 북쪽에서는 봉황성, 남쪽에서는 부산의 왜관에서 이루
어졌다고 한다. 봉황성의 만주 야인들과는 매년 2월과 8월에 의주에서 교역했
다. 이때 수령이 역학 훈도를 데리고 함께 中江으로 가면 역관은 봉황성의 통
역관과 더불어 가격을 정하고 서로 물자를 교환하는 업무를 돕는데 이때 수령
으로서는 청나라 사람들을 응대하는 일에 정통한 역관이 필요하다. 그러므로
임기가 만료되었다고 일에 서툰 후임자들이 와서 오히려 일만 만들면 수습하
기 어려우니 유능한 전임을 계속 쓰게 해달라고 요청하는 수령의 장계를 조정
에서는 받아들여서 이화룡의 유임을 허락한 것이다.

3. 淸學이 등장하는 시기에 대해 생각해볼 필요가 있는 사례

'淸學'은 언제부터 등장했을까?『통문관지』沿革 官制편에 '康熙丁未年
(1667, 현종8)에 여진학을 청학으로 개칭'했다고 쓰여 있음에 근거하여 지금까
지『조선어학사』를 쓴 오구라신페이(小倉進平)을 비롯하여 여러 논문에서 청
학의 등장을 1667년으로 보고 있다. 그런데 이보다 앞선 사료인『역관상언등
록』을 보면 등장 시기에 대한 생각을 달리해야 한다. 다음에 소개할『역관상
언등록』경신년(1680, 숙종 6)년 윤 8월 2일 문건을 보면 원문의 '丁丑之初'는
인조 15년인 1637년 初를 말한다. 병자호란은 1636년 12월 발발하여 1637년
1월 30일 삼전도에서 인조가 항복례를 행하면서 종결되었다. 따라서 정축년
初는 막 병자호란이 끝난 때이다. 또, 이 문건 뿐 만 아니라 앞서 살펴본 정축년

(1637, 인조 15)년 12월 5일 문건에서도 '淸學'이라는 표현이 보인다. 따라서 『역관상언등록』에 의하면 '청학'이라는 용어는 현재로서는 병자호란 직후부터 쓰였다고 생각할 수 있다. 그러나 그 이전 1629년 정묘호란부터 쓰였는지는 아직 알 수 없으므로 관련 사료의 발굴이 필요하다.

[원문] 庚申閏八月初二日 [淸學付祿遞兒仍存事]

一. 司譯院官員以提調意啓曰, "丁丑之初, 本院淸學, 無通話之人, 自備邊司抄得被擄贖還中, 曉解淸語者, 屬之本司, 謂之淸學, 付祿差任. 其後, 本院淸學之習熟淸語者, 利其燕行, 輪差之煩數, 亦頻投入. 近來, 被抄者多老死, 餘存只四人, 而其三卽淸學中投入者也. 備局別設舌官, 至今, 譯官投入, 事體不當. 本院方與備局相議, 盡以餘存者, 贖還淸學矣, 其差任與付祿遞兒, 則許令仍存, 以爲勸奬學習之地, 何如?" 傳曰允.

[번역문] 경신년(1680, 숙종6) 윤8월 2일

일(一). 사역원 관원이 제조(提調)의 의견으로 아뢴 계(啓)는 "정축년(丁丑年) 초, 본원(本院)의 청학(淸學)중 통역할 사람이 없자, 비변사(備邊司)에서는 포로로 잡혀갔다가 돌아온 사람 가운데 청나라 말을 잘하는 자를 뽑아 본사(本司)에 소속시키고 청학(淸學)이라 부르며 부록(付祿)에 임명했습니다. 그 후 본원의 청학 가운데 청나라 말을 익힌 자들이 북경에 갈 행차에 이로워서 자주 돌려서 파견하며 투입시켰습니다. 근래 포로였던 사람 중에 뽑힌 자들 대부분이 죽거나 늙어서 남은 자는 단지 네 명인데, 그중 세 명이 청학에서 투입된 자들입니다. 비변사에서 별도로 자리를 마련해 주었던 설관(舌官)들이니 지금 역관을 투입하는 것은 일의 모양새가 마땅치 않습니다. 본원이 지금 비변사와 상의하여 남아있는 자들을 모두 돌아오게 해서 청학으로 삼고, 임명된 자와 부록체아는 계속 그대로 일하도록 권장하여 학습할 자리로 삼으라고 허락하시는 것이 어떻겠습니까?"다. 국왕은 윤허한다고 전교함.

이 원문과 거의 동일한 내용이 『林下筆記』文獻指掌編에 나온다. 『역관상언등록』에는 '숙종 6년'의 일로 기록된 반면 『임하필기』에는 '현종 6년'의 일이라고 기록하고 있고, '청학'을 '청역'으로 달리 표현한 것 외에는 원문도 거의 똑같다. 『역관상언등록』이 앞선 사료이기는 하나 『임하필기』 저자의 단순 오기인지 아닌지는 서지학과 연계하여 보다 자세히 조사해보아야 할 일이다.

[임하필기 제24권 문헌지장편 원문]

顯宗六年 司譯院啓曰, "丁丑之初, 本院淸學, 無通話之人, 自備邊司抄得被擄贖還中, 曉解淸語者, 屬之本司, 謂之淸譯, 付祿差任. 其後, 本院淸學之習熟淸語者, 利其燕行, 輪差之煩數, 亦頻投入. 近來, 被抄者多老死, 餘存只四人, 而其三卽淸學中投入者也. 備局之別設舌官, 至今, 譯官投入, 事體不當. 本院方與備局相議, 盡以餘存者, 贖還淸學矣. 其差任與付祿遞兒, 則許令仍存, 以爲勸獎學習之地, 何如?" 從之

4. 청나라가 요구하는 청학이 파견된 사례

다음은『역관상언등록』갑신년(1644, 인조 22) 2월 16일 문건으로 청나라가 요구하는 역관 全天機의 파견에 대한 것이다. 청나라는 영리하며 淸語에 능통한 역관을 보내달라고 조선에 咨文을 보낸다. 이 요청을 들어주는 것이 좋겠다고 판단한 비변사에서는 전천기가 당시 대청외교의 실세인 淸譯 鄭命壽와 친하게 지내므로 보내겠다고 啓를 올려 국왕의 허락을 받는데, 이렇게 역관의 인사마저도 청나라의 요구대로 파견해야 하는 당시 나라 안팎의 정세를 미루어 짐작할 수 있는 사료다. 청나라에 포로로 잡혀갔다가 그곳에서 청나라 말을 배워 역관이 된 대표적인 사람이 정명수다. 그는 조국보다는 淸國의 이익을 대변하였다. 청나라 입장에서는 정명수처럼 조선인이면서 자국의 요구를 잘 전해주고 마음대로 부릴만한 통역관이 필요했던 것이다. 약소국인 조선에서도 청나라와 외교를 하자면 어쩔 수 없이 淸國이 신임하는 정명수나 그와 친분이 있는 역관들을 쓰지 않을 수 없었을 것이다. 대청외교에서 열세에 놓인 조선으로서는 역관의 인품에 상관없이 창구역할을 하는 역관이 필요했다. 당시 조정에서는 정명수와 그에 빌붙은 역관들의 힘을 빌리지 않을 수 없었다.

[원문] 甲申二月十六日

備邊司啓曰, "今此, 兵部咨文, 專差伶俐譯官賚去事, 入啓蒙允矣. 譯官到彼之後, 必般問聲息, 若爲失對, 則所關非細, 不可以迷劣之人差送. 譯官全天機, 爲人明敏, 且與鄭譯相親, 不無指揮之助. 以此人差定, 急急騎撥, 下送而令該曹, 題給某物, 俾爲入彼, 妥用之資, 何如?" 傳曰啓依.

[번역문] 갑신년(1644, 인조22) 2월 16일

일(一). 비변사(備邊司)에서 아뢴 계(啓)는 "이번 병부(兵部)의 자문(咨文)은 '영

리한 역관에게 뇌거사목 [賚去] 을 전적으로 맡겨 보내실 일'로 계(啓)를 올려
윤허를 받았습니다. 역관이 청나라에 도착하면 반드시 그간의 소식을 물을 것인
데 만약 응대를 잘하지 못하면 관련된 바가 작은 일이 되지 않으니 미욱하고 용렬
한 사람을 보낼 수는 없습니다. 역관 전천기(全天機)는 사람이 명민하고 또 역관
<u>정명수 [鄭譯] 와 서로 친분이 있으니, 지휘사 [指揮] 에게 도움이 없지는 않을
것입니다.</u> 이 사람을 파견하라는 왕명을 빨리 전달해, 전천기를 내려 보내고, 해조
(該曹)에서는 소용되는 물품들을 제급(題給)하여 그가 청나라에 들어가 온당한
비용으로 사용할 수 있도록 하라고 하시는 것이 어떻겠습니까?"다. 국왕은 아뢴
대로 시행하라고 전교함.

정명수는 평안도 殷山의 천한 노예 출신이라고 하는데 언제 출생했는지는
알 수 없다. 1618년 명나라가 원병을 청해 조선에서 파병했을 때 도원수 姜弘
立을 따라갔다가 1629년 富車戰鬪에서 청나라의 포로가 되었다. 이때 청어를
배워 통역관이 되었다. 통역을 할 줄 알자 조선의 사정을 밀고하여 청나라 황
제의 환심을 얻고 조선 침략의 앞잡이 노릇을 했다. 병자호란 때 청나라 장수
용골대와 마부대의 통역관으로 입국해서 조선의 조정과 인조를 압박하였다.
동포를 괴롭혔으므로 원성이 자자했고 임경업 장군과는 원수처럼 지냈다. 정
명수에 빌붙은 당시 고관들과 역관들도 많았다. 나라에 매국하면서 무소불위
의 권세를 떨쳤다. 청나라로 건너가 살았는데 그곳에서도 세폐미를 노략질 하
는 등 악행을 일삼았다. 당시 조선은 그의 터무니없고 부당한 요구를 들어주느
라 근심걱정에 쌓였다. 그러나 淸國과 외교에서 정명수를 통하지 않고는 아무
일도 되지 않을 정도로 청나라 황제의 신임이 두터웠다.

5. 漢學 대신 首譯으로 파견된 사례

소개할 사례는 동지사 福善君의 狀啓에 따라 유고시에 首譯 趙東立을 徐孝
南으로 교체한 문건이다. '여진학'으로 활동하고 우어청에서 '蒙語'를 가르친
서효남이 등장하는 庚戌年(1670, 현종 11) 11월 12일 문건을 소개하겠다. 이
문건에서 보듯이 서효남은 청나라로 오가는 일의 사정을 잘 알고 주선도 잘하
는 인물이다. 병세가 위독해져서 서흥부에 남게 된 조동립23)은 漢學인데 女眞
學인 서효남으로 교체된 사실로 보아 당시는 한학과 여진학은 서로 교체가

가능했던 것 같다.

[원문]

庚戌十一月十二日 [趙東立落馬落後事]

一. 冬至使福善君狀啓, "臣等一行, 昨日止宿瑞興, 仍爲前進爲白在果. 首譯趙東立,
在京時, 落馬傷膝, 而不敢落後, 僅僅隨來爲白如可, 昨日, 針破之後, 觸冒風寒, 痛勢
轉劇, 肺脈浮大, 不能屈伸, 寒熱變作, 情神昏惰是如爲白去乙, 令帶來醫官看審, 則
病勢果爲危重, 雖從容調治, 差復難期, 萬無跨馬跋涉之望是如爲白臥乎所. 不得已,
落留瑞興府爲白遣, 各別救療之意, 分付本官爲白在果. 彼中入往之後, 不可無幹事,
首譯譯官徐孝男, 熟諳事情, 善於周旋. 東立旣已落後, 則此人, 可含帶去. 臣等, 渡江
之期, 當在今月二十三四日間是白去乎. 同徐孝男, 令該院, 罔夜下送, 俾及灣上事"
據曹粘目內, "觀此狀啓, 則首譯趙東立, 因病落後是如爲白有置. 其代徐孝男, 依狀
啓, 罔夜下送之意, 分付該院, 何如?" 康熙九年十一月十二日, 同副承旨臣崔次知.
啓依允.

[번역문]

동지사(冬至使) 복선군(福善君)의 장계 "저희들 일행은 어제 서흥(瑞興)에 머물
렀다가 바로 전진하였습니다. 수역(首譯) 조동립(趙東立)이 서울에 있을 때 말에
서 떨어져 무릎을 다쳤지만 감히 뒤에 남지 못하고 겨우겨우 따라왔습니다. 그러
다가 어제 침을 맞은 후 감기가 들어서 병세가 위독한데 폐와 위를 진맥하자 부맥
(浮脈)과 대맥(大脈)이 잡히는데, 몸을 굽히거나 펴지도 못하고 한열(寒熱)이 다
투어 일어나 정신이 혼미하거늘, 사행에 데리고 온 의관(醫官)에게 자세히 살펴보
게 했더니, 병세가 과연 위중하며, 비록 차분히 몸조리하더라도 병이 회복되기를
기약하기는 어렵겠다며, 말을 타고 여정을 계속하는 것은 바랄 수도 없다고 하옵
니다. 부득이 서흥부(瑞興府)에 남겨 머물게 하고, 각별히 치료하라는 뜻을 본관
(本官)에 분부하겠습니다. 청나라로 오가면서 일을 주관할 사람이 없을 수는 없는
데, 수역인 역관(譯官) 서효남(徐孝男)이 사정을 충분히 알고 주선도 잘합니다.
조동립을 이미 남겨두기로 했다면 이 사람을 데리고 가는 것이 옳을 것입니다.
저희들이 강을 건널 기한은 이달 이십 삼사일 사이옵니다. 앞에서 말한 서효남을
해원(該院)에서 밤을 새워 내려 보내 의주에 도착하게 하실 일"에 대하여 예조에

---

23) 조동립 : 1616년(광해군 8) 庚辰生이다. 본관은 平壤이며 字는 震標이다. 漢語 譯官으로
漢學敎誨正憲을 역임하였다. 1635년(인조 13) 乙亥增廣試 譯科에서 3등 19인 가운데 8
위로 합격했다.

서 점련한 계목 내용은 "이 장계를 살펴보니 수역 조동립이 병이 나서 서흥에 남겨두겠다고 하였사옵니다. 그를 대신할 서효남을 장계한대로 밤을 새워 내려 보내라는 뜻을 해원에 분부하시는 것이 어떻겠습니까?"다. 강희(康熙) 9년 11월 12일 동부승지(同副承旨) 신(臣) 최(崔) 담당자임. 국왕은 아뢴 대로 시행하라고 윤허함.

서효남의 행적을 알 수 있는 기록은 별로 없다. 『역과방목』에 실리지 않아 생몰연대와 집안을 알 수 없다. 다만 이 문건에 등장하여 首譯 조동립 대신 파견되는 내용이 실려 있어 孝宗~顯宗代 활동하였음을 알 수 있다. 1657년(효종 7)에 인평대군이 사은사로 북경에 다녀오면서 기록으로 남긴 『燕途紀行』 8월 3일에, 서효남은 女眞學 역관이었고 직책이 嘉善이었다고 적혀있다. 그날 동행한 역관 11명[24]의 이름도 적혀있어 그들과 동시대에 활동하였음을 알 수 있다. 서효남은 사행 이외에도 사역원 생도들의 교육도 맡았다. 『통문관지』 권8 故事에는 사역원에 우어청이 설치되었을 때 서효남이 김효원과 함께 蒙語 訓長에 임명되었다고 한다.

IV. 맺음말

이상과 같이 역학서를 만든 신계암을 비롯하여 17세기 청학들의 모습을 『역관상언등록』을 중심으로 사례별로 살펴보았다. 『역관상언등록』은 17세기 역관들이 자신들이 쓸 교재를 만들고, 상언을 올려 자신들의 목소리를 낸, 주체적이고 능동적인 모습이 실린 사료이다. 이 사료에 나타난 청학들의 위상을 보면 당시 淸學은 시대가 요구하는 외교관이었다. 조선 건국 초와는 달리 후기로 갈수록 여진학을 전공하는 사람도 적고, 대우도 열악해지므로 成宗代에도 이미 漢學을 제외한 三學의 권장을 논의한다. 왜학과 여진학의 取才方式을 보강[25]해서 역학들이 실력을 갖추게 하자며 예조 판서 成俔이 건의하지만 잘

---

24) 11명은 장현, 조동립, 신익해, 최진남, 한치언, 병승형, 박이절, 방효민, 김홍익, 양효원이다. 그들의 전공을 보면 四學이 골고루 파견되었다.

실행된 것 같지는 않다. 四學 중에서는 漢學이 가장 많았고 으뜸이었다. 그러나 임진왜란, 정묘호란, 병자호란이 연이어 조선을 강타했던 16~17세기에는 왜학과 여진학이 두말할 필요 없이 절실히 필요해졌기에 조선의 조정에서는 청학을 권장하고 양성하는 문제를 더 많이 논의한다. 당장 戰時였던 1637, 정축년에도 인조는 총명한 사람을 선발하여 잘 가르치라는 전교를 내린다. 긴박하게 돌아가는 국제정세에 발맞추어 청나라를 상대해야할, 淸語에 능한 인재가 필요했던 것이다. 이들을 양성해야할 시급한 때에 적절한 학습서는 절실히 필요했을 것이다. 이러한 때 신계암이 『경국대전』에는 있었지만 失傳되었던 여진학서들 가운데 다섯 책을 학습서로 만들어낸 공로는 크게 상주고 알려야 할 일이었다.

저술활동을 한 신계암 뿐 만 아니라 당시 청학들은 무역, 통역, 교육, 외교 각 분야에 깊숙이 참여하여 활동했다. 위의 각 사례별로 살펴보았듯이 최막동, 임거정, 장돌이, 이화룡, 전천기, 서효남은 각자 맡은 분야에서 당면한 과제를 수행한 역관들이다. 당시 정세를 틈타 외교실세인 정명수가 무소불위한 악행을 저지른 것도 淸學의 한 단면이다. '淸譯'이라는 조금은 특별한 존재 또한 국외 격변기에 등장한 淸學이다. 따라서 '女眞學, 淸學, 淸譯'으로 혼용된 17세기 청학들의 모습을 미루어 짐작하면 격동기에 역관의 소임을 해낸 사람들이라 여겨진다. 戰時가 아니었다면, 청나라가 동아시아 강대국으로 떠오름에 따라 조선의 對中國 외교가 새로운 국면을 맞이하지 않았더라면 청학은 어떤 모습으로 역사에 남게 되었을까? 謄錄의 형식으로 묶여진 『역관상언등록』에 실린 17세기 淸學들의 생생한 모습을 통하여 그들에 대한 이해에 한걸음 다가 갈 수 있었다.

<참고문헌>

1. 원전자료
『譯官上言謄錄』, 서울대학교 규장각 소장 (규12963).

---

25) 『성종실록』 24년 9월 1일.

『通文館志』, 서울대학교 규장각한국학연구원, 2006.
『增正交隣志』, 서울대학교 규장각한국학연구원, 2007.
『譯科榜目』, 民昌文化社, 1991.
『瀋陽狀啓』 서울대학교 규장각 소장 (奎貴 1878-v.1-10)

2. 논저
강신항, 『한국의 역학』, 서울대학교 출판부, 2000.
김양수, 「조선후기의 역관 신분에 관한 연구」, 연세대 박사학위논문, 1987.
백옥경, 「仁祖朝 淸의 譯官 鄭命守」, 『연구논총』 22집, 이화대학교 사학연구소, 1992.
연규동, 「청학서 : 선조들이 만난 만주어」, 『새국어생활』 24권, 2014.
송기중, 「조선시대 여진학/청학」, 『알타이학보』 10호, 알타이학회, 2000.
양오진, 「한국에서의 중국어 역관 양성에 대한 역사적 고찰」, 『중국언어연구』 11권,
    2000.
이현주, 「譯官上言謄錄」 譯注, 고려대 석사학위논문, 2014.
정광·윤세영, 『사역원 역학서 책판연구』, 고려대학교 출판부, 1998.
정승혜 외, 『역학서문헌목록』, 박문사, 2009.
정재영, 「譯學書 자료에 대하여」, 『이중언어학』 제 17호, 2000.
오구라 신페이(小創進平), 고노 로구로(河野六郞) 補注 『增訂補注 朝鮮語學史』, 1964.

3. 웹사이트
규장각 한국학연구원 (http://kyujanggak.snu.ac.kr)
한국고전번역원 (www.itkc.or.kr)
한국학중앙연구원 한국학자료센터 (http://www.kostma.net)
국사편찬위원회 한국사데이타베이스 (http://db.history.go.kr)

☐ 성명 : 이현주(李賢珠)
  주소 : (01626) 서울시 노원구 동일로 242 라길 27. 101동 802호(상계동 대망드
      림힐아파트)
  전화 : +82-10-5206-4307
  전자우편 : lhj63@lycos.co.kr

☐ 이 논문은 2015년 10월 22일 투고되어
        2015년 11월 1일부터 11월 20일까지 심사하고
        2015년 12월 1일 편집회의에서 게재 결정되었음.

2015年 國際譯學書學會 第7回 國際學術會議

○ 主題: 譯學書와 人物
○ 日時: 2015年 8月 1日(土) ~ 8月 2日(日)
○ 場所: 成均館大學校 600주년기념관 6층 첨단강의실
○ 主催: 成均館大學校 東亞細亞學術院, 國際譯學書學會

8月 1日(土)	第1日次	
9:00 ~ 9:10	**開會式**	司會: 장향실(張香實, 韓國 尙志大), 박진완(朴眞完, 日本 京都産業大)
∘ **開會辭**	김문경(金文京, 譯學書學會 會長)	
9:10 ~ 10:00	**主題特講**	司會: 후지모토 유키오 (藤本幸夫, 日本 京都大)
∘ 정 광(鄭光, 韓國 高麗大 名譽敎授) "다시 살펴보는 崔世珍의 생애와 학문"		
10:00 ~ 10:15	**休 息**	
10:15 ~ 12:15	**午前 發表 - 譯學書와 人物**	座長: 권인한(權仁瀚, 韓國 成均館大)
∘ 김 란(金兰, 中國 北京大)	"朝鮮朝意识形态与译官通事地位"	
∘ 정승혜(鄭丞惠, 韓國 水原女大)	"倭學書와 編纂者들"	
∘ 이현주(李賢珠, 韓國 高麗大)	"申繼黯과 女眞學書, 淸學 - 譯官上言謄錄을 중심으로 소개"	
12:15 ~ 13:30	**點心 食事**	
13:30 ~ 15:30	**午後 發表 1 - 漢學**	座長: 박진호(朴鎭浩, 韓國 서울大)
∘ 다무라 히로유키(田村祐之, 日本 姬路獨協大学) "續『老朴集覽』引書考 -『音義』『質問』그리고『譯語指南』"		
∘ 김 영(金瑛, 韓國 鮮文大) "조선후기 필사본 한어어휘집〈華語〉"		
∘ 다카하시 하루토(高橋春人, 日本 東京外大) "『老乞大新釋諺解』와 『朴通事新釋諺解』에 記入된 聲點에 對하여"		
15:30 ~ 15:50	**休 息**	
15:50 ~ 17:50	**午後 發表 2 - 淸學**	座長: 최동권(崔東權, 韓國 尙志大)
∘ 다케코시 다카시(竹越 孝, 日本 神戸市外国語大学) "淸代の滿洲語文法書における文法記述 -『淸書指南』・『淸文啓蒙』を中心に-"		

◦김양진(金亮鎭, 韓國 慶熙大)·신상현(申相賢, 韓國 高麗大)
　　"조선 지식인들의 淸代 滿洲語 수용 연구"
◦김유범(金裕範, 韓國 高麗大)·오민석(吳慜錫, 韓國 高麗大)
　　"역대 만주어 문법서의 서지와 체제"
◦문현수(文玄洙, 韓國 高麗大) "〈滿族古神話〉에 나타난 흑룡강성 만주어 방언의 특징"

18:30 ~	晚　餐

8月 2日(日)	第2日次	
9:00 ~ 11:00	午前 發表 - 倭學	座長: 이승연(李承姸, 韓國 서울市立大)
◦허인영(許仁寧, 韓國 高麗大)　"〈全一道人〉의 傍訓에 대한 再檢討"		
◦박진완(朴眞完, 日本 京都産業大) "「復文錄」의 원문 확보 방법에 대한 고찰"		
◦김주필(金周弼, 韓國 國民大)　"조선과 일본 역관의 의사소통에 사용된 언어와 문자"		
11:00 ~ 11:10	休　息	
11:10 ~ 12:00	企劃特講	座長: 박재연(朴在淵, 韓國 鮮文大)
◦김문경(金文京, 日本 鶴見大學) "18,19세기 연행사와 중국 문인의 교류		
- 후지쯔까 찌까시(藤塚隣)박사 유품 소개"		
12:00 ~ 12:10	閉會式	社會: 張香實(韓國 尙志大),
		朴眞完(日本 京都産業大)
12:10 ~ 13:30	點心 食事	
13:30 ~	踏　査	
	1) 成均館大 尊經閣, 文廟 訪問	
	2) 국립 한글박물관 訪問	

국제역학서학회 임원 현황(학회 조직)

顧問：姜信沆(韓國 成均館大 名譽敎授), 鄭光(韓國 高麗大 名譽敎授), 梁伍
　　　鎭(韓國 德成女大)
會長：金文京(日本 鶴見大)
副會長：朴在淵(韓國 鮮文大), 權仁瀚(韓國 成均館大)
監事：鄭丞惠(韓國 水原女大)

總務理事：張香實(韓國 尙志大), 朴眞完(日本 京都産業大)
硏究理事：金亮鎭(韓國 慶熙大), 岸田文隆(日本 大阪大)
出版理事：李承姸(韓國 서울市立大), 竹越孝(日本 神戸市外大)
財務理事：朴美英(韓國 國立國語院), 許秀美(日本 龍谷大)
涉外理事：朴鎭浩(韓國 서울大), 杉山豊(日本 京都産業大)
情報理事：徐炯國(韓國 全北大), 廣剛(韓國 東서울大)
地域理事：伊藤英人(日本 東京大), 苗春梅(中國 北京外大)

■ 編輯委員會

編輯委員長：藤本幸夫(日本 京都大)
編輯委員：中國語 - 金文京(日本 鶴見大), 梁伍鎭(韓國 德成女大)
　　　　　日本語 - 藤本幸夫(日本 京都大), 福井玲(日本 東京大)
　　　　　韓國語 - 李賢熙(韓國 서울大), 金亮鎭(韓國 慶熙大)
　　　　　英語 - Ross King(Canada, UBC)

國際譯學書學會 會則

제1장 總 則

제1조(名稱) 本會는 '國際譯學書學會'라 稱한다.
제2조(目的) 本會는 譯學書 研究를 통하여 韓國語, 中國語, 日本語, 滿洲語,
  몽골語의 歷史와 言語를 통한 東아시아의 歷史・文化의 제반 교류
  과정을 밝힘으로써 東아시아학의 發達에 寄與하는 것을 目的으로
  한다.
제3조(事務所) 本會의 事務所는 會長의 勤務處에 두는 것을 原則으로 하되,
  會長의 有故時 總務理事의 勤務處에 둘 수 있다.

제2장 事 業

제4조(事業) 本會의 目的을 達成하기 위해 다음의 事業을 한다.
  1. 學會誌 <譯學과 譯學書>의 刊行
  2. 每年 國際學術大會 開催
  3. 譯學 資料의 發掘, 調查, 整理, 影印, 出版과 情報化하는 일과 譯學書
    을 통한 言語史 및 言語・文化 交流史를 연구하는 일을 수행한다.
  4. 其他 本會의 目的 達成에 필요한 사업을 수행한다.

제3장 會 員

제5조(會員) 本會의 會員은 다음과 같다.
  1. 顧問 : 본회와 譯學書 관련 학문의 발전에 功이 뚜렷하여 총회의
    추대를 받은 분.

  2. 正會員 : 本會의 目的에 찬동하는 석사 이상의 학력과 경력을 갖춘
    사람.

  3. 準會員 : 本會의 目的에 찬동하는 사람.

  4. 機關會員 : 本會의 目的에 찬동하는 각급 기관이나 단체.

  5. 名譽會員 : 本會의 目的에 찬동하여 발전을 도운 사람으로 運營委
    員會의 推戴를 받은 분.

제6조(加入 節次) 本會의 會員이 되고자 하는 者는 所定의 會費와 함께 入會
    願書를 本會에 提出하여 總會의 同意를 받아야 한다.

제7조(資格 喪失) 會員이 정당한 사유 없이 소정회비를 3년 이상 납입하지
    않을 때에는 그 자격을 상실한다.

제8조(脫退) 회원은 본인의 의사에 따라 자유로이 본회를 탈퇴할 수 있다.

제9조(除名) 본회의 명예를 훼손하거나 본회의 목적에 위배된 행위를 한
    사람은 운영위원회의 의결로 제명할 수 있다.

제10조(權限과 義務) 본회의 회원은 다음 각 호에 해당하는 權限과 義務를
    갖는다.

  1. 任員 選出 및 被選擧權 : 正會員 및 準會員, 名譽會員은 總會의 構成
    員이 되며, 임원 선출 및 피선거권을 갖는다.

  2. 회비 납입의 의무 : 顧問과 名譽會員을 제외한 모든 회원은 소정의
    회비를 납입하여야 한다.

제4장　任　員

제11조(任員) 本會는 다음의 任員을 둘 수 있다.

  1. 會長 1인

  2. 副會長 2인

  3. 總務理事 2인

  4. 硏究理事 2인

  5. 出版理事 2인

    6. 財務理事 2인
    7. 涉外理事 2인
    8. 情報理事 2인
    9. 地域理事 若干名

제12조(任務)
    1. 會長은 學會를 代表하고 會務를 總括하며 運營委員會와 總會를 소집하여 그 議長이 된다.
    2. 副會長은 會長과 함께 學會를 代表하고 會長의 有故時 會長의 役割을 代理한다.
    3. 總務理事는 회원의 연락 및 서무에 관한 사항을 주관한다.
    4. 研究理事는 연구발표회를 비롯하여 연구에 관한 사항을 주관한다.
    5. 出版理事는 학회지 편집 및 출판 업무와 기타 학회 도서 출판과 관련한 사항을 주관한다.
    6. 財務理事는 재정에 관한 사항을 주관한다.
    7. 涉外理事는 본회의 섭외 활동을 주관한다.
    8. 情報理事는 본회의 홈페이지 관리 및 홍보 업무를 주관한다.
    9. 地域理事는 각국에서의 학회 홍보를 담당하고 해당국에서 진행되는 학술대회를 총무이사와 공동으로 추진한다.

제13조(選出 및 任命) 회장은 정기총회에서 선출하며, 이사는 회장이 임명한다.
제14조(任期) 임원의 임기는 선출 및 선임된 해의 10월 1일부터 2년으로 하되 동일 직위에 대한 연임은 1차에 한한다.

제5장 監 事

제15조(監事) 本會의 활동 및 업무 전반에 관한 監査를 위하여 2인 이내의 監事를 둔다.

제16조(權限과 義務) 監事는 다음 각 호의 권한과 의무를 갖는다.

    1. 운영위원회 및 편집위원회에 대해 본회의 활동 및 업무 전반에 대해 감사하기 위한 자료의 제출을 요구할 권한을 갖는다.

    2. 운영위원회 및 본회의 각종 위원회에 참석할 권한을 갖는다.

    3. 연1회 이상 회계를 감사하여 그 결과를 정기총회에 보고한다.

제17조(選出) 감사는 정기총회에서 선출한다.

제18조(任期) 감사의 임기는 2년으로 한다.

제6장 會 議

제1절 總會

제19조(總會) 본회는 회무에 관한 중요한 사항을 의결하기 위하여 총회를 둔다.

제20조(種類) 총회는 정기총회와 임시총회로 나눈다.

제21조(召集) 정기총회는 定期學術大會 시 召集하는 것을 原則으로 하며 임시총회는 회장 또는 운영위원 과반수, 또는 회원 5분의 1 이상의 요구에 의하여 소집한다.

제22조(成立과 議決) 총회는 참석인원으로 성립되며 참석인원 과반수의 승인으로 의결한다.

제23조(權限) 총회에서는 다음 사항을 의결, 승인 또는 동의한다.

    1. 회칙의 개정 및 보완, 내규의 제정과 개정

    2. 고문 추대에 대한 동의

    3. 회장, 부회장, 감사의 선출

    4. 회원의 입회 및 제명처분에 대한 동의

    5. 입회비 및 연회비의 책정과 재정에 관한 사항 승인

    6. 기타 회무에 관한 중요사항

제2절 運營委員會

제24조(設置) 본회의 중요한 업무 및 방침 등에 관하여 심의, 의결하기 위하

여 운영위원회를 둔다.

제25조(構成) 운영위원회는 임원 전원, 고문, 감사 및 본회의 업무 추진을 위하여 필요하다고 판단되는 회원을 포함한다.

제26조(召集) 운영위원회는 회장 또는 운영위원 3분의 1 이상의 요구에 의하여 소집한다.

제27조(權限) 운영위원회에서는 다음 사항을 심의 또는 의결한다.

1. 회칙의 변경 및 내규의 제정에 관한 사항
2. 고문 추대에 관한 사항
3. 회원의 입회 및 제명에 관한 사항
4. 입회비 및 연회비의 책정과 재정에 관한 사항
5. 학회지의 편집 및 발행과 출판에 관한 제반 사항
6. 회원의 연구윤리 위반 및 그에 따른 징계에 관한 사항
7. 기타 필요한 사항

제7장 財 政

제28조(財政) 본회의 재정은 入會費, 年會費, 寄附金과 각종 수입금으로 충당한다.

제29조(會費의 策定) 입회비 및 연회비 책정에 관한 사항은 운영위원회의 의결과 총회의 승인에 따라 시행한다.

제30조(會計年度) 본회의 회계연도는 10월 1일부터 다음해 9월 말일까지로 한다.

제8장 學會誌 發行 및 論文의 投稿와 審査

제31조(學會誌 名稱) 본회의 학회지는 『역학과 역학서』로 칭한다. 본 학회지의 한자 표기는 『譯學과 譯學書』로 하고 영문 표기는 *Journal of the Study of Pre-modern Multilingual Textbooks (JSPMT)*로 한다.

제32조(학회지 발행 횟수 및 발행일자) 학회지는 연1회 3월 30일에 발행한
　　다. 단, 회칙의 개정을 통해 연 2회 이상의 발행을 결정할 수 있다.
제33조(학회지 논문의 투고·심사·편집) 본 학회에서 발행하는 학회지에
　　게재하는 논문의 투고 및 심사와 편집 등에 관한 제반 사항은 "학회지
　　논문의 투고와 심사에 관한 규정"에 따른다.
제34조(편집위원회)

1. 편집위원회는 한·중·일·영어 언어권별로 각 2인 이하로 구성하
   며, 연구이사와 편집이사는 당연직으로 한다.
2. 편집위원장은 학회 회장이 학계의 권위자를 위촉한다.
3. 편집위원은 편집위원장의 제청으로 회장이 위촉한다.
4. 편집위원은 해당 학문 분야에 대해 연구 업적이 충실하고 연구 활동
   이 활발한 사람으로 하며, 대학의 부교수급 이상으로 한다.
5. 편집위원회의 임무는 편집방침에 따른다.
6. 정기 편집위원회는 학회지 발간 30일 전에 소집한다. 단, 필요에 따
   라 편집위원장이 임시 편집위원회를 소집할 수 있다.

부칙 제1호 제1조 본 회칙은 2009년 11월 13일부터 시행한다.
　　제2호 제1조 본 회칙은 2013년 10월 1일부터 시행한다.

학회지 논문의 편집 방침

국제역학서학회 학술지 <역학과 역학서>의
출판 방안과 편집 세부 방침

2013년 8월 3일에 개최된 역학서 학회의 총회에서 학회 명칭을 '國際譯學書學會 (Association for the Study of Premodern Multilingual Textbooks (ASPMT)로 하고 이곳에서 발간하는 학회지는 Journal of the Study of Premodern Multilingual Textbooks (JSPMT)로 정하면서 이 학회에서 간행하는 학술지에 대하여 다음과 같은 사항을 논의하였다.

현재 한국에서는 모든 학술지 가운데 등재(후보)지를 따로 선정하여 韓國學術振興財團(현재 韓國研究財團의 前身)에 등록하게 하고 각종 지원의 기준으로 삼는 제도를 운영 중이다.

초창기에는 亂麻와 같이 얼크러진 각종 학술지를 체계적으로 정리하고 여기저기 亂立한 학회를 정비하기 위한 것이었다. 따라서 어느 정도 규모의 학회지가 아니면 재단 등재지로 신청할 수 없었으므로 초기에는 효과적이었다는 평가를 받았다. 그러나 날이 갈수록 학회는 늘어가고 그에 따라 제도는 심화되었으며 각종 규제가 누적되어 이제는 도저히 건잡을 수 없는 비대한 恐龍의 조직과 같이 되어 버렸다.

학회를 정비하기 위해서는 그 학회에서 간행하는 학술지에 대한 평가가 중요한 잣대가 되었다. 이에 따라 학회지를 규제하는 여러 가지 제도가 계속해서 마련되었는데 그로 인해 많은 부작용을 낳게 되었다. 이 가운데 가장 폐해가 큰 것은 논문의 사전심사라고 할 수 있다.

현재 한국연구재단의 등재 및 등재후보지의 간행에서는 학술지에 투고된 논문을 반드시 동일분야, 또는 유사분야의 권위자에게 3인 이상의 심사를 거치는 것을 의무화하고 있다. 물론 취지는 해당 분야의 권위자에게 논문의 질과 정확성, 신뢰성을 검증하자는 것이었으나 이러한 제약은 실제로는 심사자들의 주장에 위배되는 논문이나 기존의 이론과 상반되는 주장을 사전에 걸러내는 역할도 없었다고 하기 어렵다. 이것은 학문의 자유와 새로운 학술연구의 발전에 상당한 장애가 되었다.

자신의 이름으로 게재하는 논문은 그 내용에 대하여 필자가 무한 책임을 지게 되는 것이므로 본 학회의 편집위원회에서는 이러한 논문심사는 사전 검열의 성격 이외에는 별다른 의미가 없다고 보아 다음과 같은 방침으로 게재논문의 투고 및 심사 규정을 개정한다.

1. 투고 및 발행일:
   1) 논문의 투고 기한은 매년 12월 말로 한다.
   2) 논문은 한국어, 중국어, 일본어, 영어 중 하나의 언어로 작성할 수 있다.
   3) 투고된 논문은 편집위원회의 심의를 거쳐 3월 31일에 발행하는 학회지에 수록하는 것을 원칙으로 한다.

2. 심사: 해당 분야 전문가의 사전 심사는 생략한다. 다만 편집위원회 전체회의에서 1) 투고자격, 2) 논문 분량, 3) 학회지와의 관련성 항목만 심사한다.
   1) 투고자격은 석사학위자 이상으로 한다.
   2) 논문 분량은 A4 20매, 원고지 200매 내외로 하고 지나치게 많은 경우 조절한다.
   3) <역학서(Premodern Multilingual Textbooks)>에 관련된 주제를 다룬 논문으로 제한한다.
   4) 많은 논문이 투고되었을 경우 투고자격과 역학서와의 관련성에 의거하여 편집위원회에서 선정한다.
   5) 편집위원장은 원고 마감일 이후 1개월 이내에 편집위원회를 소집하고 투고자에게 논문 게재 여부를 통고한다.

3. 원고형식:

 1) 전체 형식은 다음의 배열을 따른다.

   제목-필자명(소속)-요약-핵심어-본문-참고문헌-필자사항

 2) 요약은 A4 한 장 내외의 요약으로 본문의 언어와 다른 세 언어 중 한 가지의 언어로 작성하면 된다.(예: 한국어 논문-영어, 일본어, 중국어 요약문 중 택1 / 영어 논문-한국어, 일본어, 중국어 요약문 중 택1)

 3) 원고는 자신의 논문을 가장 잘 표현할 수 있는 논문작성법으로 작성하고 원고형식에 특별한 제한을 두지 않는다. 다만 출판사에서 최종적으로 학술지를 편집할 때에 가장 일반적인 작성법을 사용할 수 있다.

The publication plan and specific editing methods
of *Journal of the Study of Premodern Multilingual Textbooks*
of The Association for the Study
of Premodern Multilingual Textbooks

In the general assembly of the Association for the Study of Premodern Multilingual Textbooks, held on August 3rd 2013, the name of the association was decided as Association for the Study of Premodern Multilingual Textbooks (ASPMT) and the name of the journal was decided as Journal of the Study of Premodern Multilingual Textbooks (JSPMT), and the following was discussed about the journal issued by the association.

Currently in Korea, the articles for publication or for candidacy for any research journals are to be selected and registered in Korea Research Foundation (which is the former form of the current National Research Foundation of Korea), and there are systems prepared for providing various support. This was initially designed to systematically organize chaotic journals and random associations.

Therefore, associations that did not reach certain scale could not apply their journals to be registered in the Foundation, and it was considered effective in the beginning. However, the number of journals increased as days went by while the systems intensified and regulations accumulated accordingly, and now it has become an uncontrollably large organization as a Leviathan.

To organize associations, the research journals issued by the associations have become the most important standard for evaluation. Thus, more and more systems have been created to regulate journal issues which led to more side effects. Among these, the biggest problem has been the preliminary review of the articles.

The preliminary review of articles, mandated for all journal publications, require the articles submitted to journals to be reviewed by three or more experts in the same or similar filed of research. Of course, the purpose of this is for the experts to verify the quality, accuracy, and reliability of the articles, but in reality, there have been cases in which the articles that conflicted with the arguments of the experts or that contradicted the existing theories were filtered out in the process. This has become a great obstacle to the freedom of learning and the development of new academic research.

Since the authors have unlimited liability for the articles issued under their names, the Editing Committee of this Association has decided that preliminary review has no value other than the function of pre-censorship, and so the articles will be selected by the following policy.

1. Evaluation: Preliminary review of the experts of the related fields of study will be omitted.

   However, in the general meeting of the Editing Committee, 1) qualification of the submission 2) quantity of the articles, and 3) relationship with the journal will be evaluated.

   1) Those with Master's degree or above qualify for the submission.
   2) The article should be around 20 A4 size pages or 200 pages of manuscript paper, and should be adjusted if exceeds the limit.
   3) The submissions are limited to the topics related to *Old Multilingual Textbooks*.
   4) When there are many submissions, the Editing Committee will make selections based on the qualification of submission and the relevancy to the *Old Multilingual Textbooks*.
   5) Within one month after the application process, the Editing Committee will convene, and the result of the submission will be notified to the

applicants.

2. Acceptable languages for the articles: Korean, Japanese, Chinese, English

3. Format of the Articles
   1) The overall format should follow the following arrangement.
      Title - Name of the author (Affiliation) - Abstract - Key words
      - Main text - References - Notes/Contact Information about the author
   2) The abstract should be around 1 A4 page, written in any one of the three acceptable languages other than the language used in the main text. (e.g. Korean article - 1 choice of English, Japanese, or Chinese abstract / English article - 1 choice of Korean, Japanese, or Chinese abstract)
   3) The article should be written in any article style that demonstrates the best qualities of the article, and there are no specific limits. However, the publisher may use the most general style when making final editions to the journal.

訳学書学会の学術誌『訳学書研究』の
出版及び具体的な編集方針について

　2013年8月3日に開催された訳学書学会の総会で、学会の名称を「国際訳学
書学会」(Association for the Study of Premodern Multilingual Textbooks:
ASPMT)とし、この学会から発刊される　学会誌『訳学と訳学書』を『訳学書研
究』(Journal of the Study of Premodern Multilingual Textbooks:JSPMT)へ
と改名することが決められ、その際にこの学術誌について、次のような論議
が行われた。

　現在、韓国では、すべての学術誌の中から「登載誌」、または「登載候補
誌」を選定し、韓国学術振興財団(現在の韓国研究財団の前身)に登録させ、
各種支援に当たるという制度が設けられている。創始期においては、乱麻の
ごとく絡まっていた各種学術誌を体系的に整理し、乱立していた学会を整備
するという趣旨のものであった。

　これは、ある程度の規模のある学会誌でなければ、財団に登載誌として申
し込むことができなかったので、当初においては効果的だったという評価を
受けていた。しかし、日増しに学会は増えていき、それに伴って制度による
各種の規制が累積し、今はもう到底取り留めようもない、恐竜のような肥大
化した組織になってしまったのである。

　学会を整備する際、それぞれの学会を評価するための最も重要な物差しと
なったのはその学会から刊行される学術誌であった。そのために、現在、学
会誌を規制する様々な制度が設けられており、またそれによる多くの副作用
も生じている。その中でも最も大きな弊害は論文の事前審査だと言える。

　現在、すべての学術誌はその刊行において掲載論文への選定審査が義務付
けられており、学術誌に投稿された論文は必ず同一分野、または類似分野の
権威者で構成された三名以上の審査委員による審査を通さなければならない
と規定されている。もちろん、その趣旨は各分野の権威者に論文の質や正確

性、信頼性を検証してもらうところにあるが、実際は自分と反対の主張を展開する論文や既存の理論と相反する主張を事前に取り除く機能をしていることも完全には否定できない。これが学問の自由と新しい学術研究の発展において大きな障害となっているのである。

　自分の名前で掲載する論文はその内容に対して筆者自身が無限責任を負うことになっているので、本学会の編集委員会では、このような従来における論文審査を事前検閲の性格以外は特別な意味を持たないものとして見なし、下記のような方針によって掲載論文を選定する。

1. **審査:** 該当分野の専門家による事前審査は省略する。
　ただし、1)投稿資格、2)論文の分量、3)学会誌との関連性については編集委員会の全体会議で審 査を行う。
　1) 投稿資格は原則として修士以上の学位を有する者とする。
　2) 論文の分量はA4用紙20枚・400字づめ原稿用紙100枚前後とし、多すぎる場合は調整する。
　3) 「訳学書」(Premodern Multilingual Textbooks)関係の主題を扱った論文に制限する。
　4) 投稿された論文が多い場合、投稿資格や訳学書との関連性に基づいて編集委員会で選定する。
　5) 投稿の締め切り日から1ヶ月以内に編集委員会を召集し、投稿者に掲載の可否を通知する。

2. **論文作成の言語:** 韓国語、日本語、中国語、英語

3. **原稿形式**
　1) 全体的形式は次の順序に従うこと。
　　題目→筆者名(所属)→要約→キーワード→本文→参考文献→筆者に関する事項
　2) 要約はA4用紙1枚程度にまとめる。要約を作成する際は、上記の言語の

中で本文の言語と異なる一つ　の言語を選んで作成すること。(例: 韓国
語論文の場合は英語、日本語、中国語の中から一つを選ん　で要約文を
作成する。英語論文の場合は韓国語、日本語、中国語の中から一つを選
んで要約文を作成する。)

3) 論文作成法に関しては制限を設けないので、自分の論文に最もふさわし
い方法で作成すれば良いだろう。ただし、最終的に出版社によって学術
誌が編集される際に、最も一般的な作成法が取られ　ることはある。

〈國際譯學書學會 編輯委員〉

編輯委員長: 藤本幸夫(日本 京都大)

中國語 - 金文京(日本 鶴見大), 梁伍鎭(韓國 德成女大)

日本語 - 藤本幸夫(日本 京都大), 福井玲(日本 東京大)

韓國語 - 李賢熙(韓國 서울大), 金亮鎭(韓國 慶熙大)

英語 - Ross King(Canada, UBC)

对译学书学会学术刊物《译学书研究》的
出版方案与具体编辑方针

在2013年8月3日举办的译学书学会总会中指定名称为"国际译学书学会(Association for the Study of Premodern Multilingual Textbooks(ASPMT))",并将在此发行的学会刊物指定名称为"Journal of the Study of Premodern Multilingual Textbooks (JSPMT)"。对本协会发行的学术刊物相关如下事项进行讨论。

现今在韩国,将所有学术刊物均选定为刊登或刊登候补,在韩国学术振兴财团(现今韩国研究财团的前身)进行登记,并成立各种相关支援制度。这是为了将过去错综复杂的各种学术刊物进行体系化的整理,并将四处胡乱设立的学会进行整合。

因此如果不是有一定规模的学会刊物,就不能申请财团刊物。这种方法在初期得到好评。但随着时间推移学会增加,其制度也因此变得更加深化。各种制约积累下来到现在已经成为无法控制的庞大如恐龙般的组织。

为了整理学会,各学会中发行的学术刊物成为最重要的评价尺度。还有持续形成诸多制约及由此引发了很多副作用。可以说其中问题最大的就是论文的事前审查。

在所有学术刊物发行中,对刊登论文的事前审查事项上,规定投稿到学术刊物的论文必须经过同一领域及类似领域的3名以上权威人士的审查。当然这是为了各领域权威者保证论文的质量与正确性及信赖性的过程,但实际上也有可能起到权威者预先筛除违背自己主张的论文或与原有理论相异的主张的作用。这对学问的自由与新学术研究的发展成为相当严重的阻碍。

对于以自己的名字刊登的论文,笔者须对其内容负无限责任。因此本学会的编辑委员会判断这种对论文审查除了事前检阅的性质之外毫无任何意义,所以选定如下方针:

1. **审查**：省略各领域专家的事前审查。

　　但在编辑委员会总会上只对1)投稿资格2)论文分量3)对与学会刊物的关联性
　　项目进行审查。

　　1) 投稿资格上需要硕士以上学位。

　　2) 论文分量为A4纸 20张、原稿纸200张左右，过多时进行调整。

　　3) 只限于与≪译学书 (Old Multilingual Textbooks)≫相关主题的论文。

　　4) 投稿论文较多时，根据投稿资格和与译学书的关联性由编辑委员会选定。

　　5) 论文征集期间之后在一个月以内应召集编辑委员会，给投稿者下达论文刊
　　　登与否的通知。

2. **论文制作语言**：韩国语、日本语、中国语、英语

3. **论文形式**

　　1) 整体形式上按照如下排列顺序：

　　　题目-作者名称(所属单位)-摘要-关键词-正文-参考文献-作者事项

　　2) 摘要在一张A4纸左右范围内进行，并使用与正文不同的上述三个语言中的
　　　任何一个语言撰写即可。(例如：韩国语论文；可在英语、日语、中国语
　　　中选一，英语论文；可在韩国语、日语、中国语中选一种语言撰写摘要。)

　　3) 选择最能表现自己论文的方法撰写论文，不设特别的限制。但最终在出版
　　　社编辑学术刊物时，可使用最普遍的编辑法。

譯學과 譯學書 第6號

發行日   2015年 12月 31日

發行處   **國際譯學書學會**
         (우) 130-701
             서울시 동대문구 경희대로 26
             경희대학교 교수회관 312호
         Tel. (02) 961 ∣ 2334
         Fax. (02) 3408 ∣ 4301
         e-mail: kimrj@khu.ac.kr

製作處   **圖書出版 博文社**
         Tel. (02) 992 ∣ 3253
         e-mail: bakmunsa@hanmail.net
         http://www.jncbms.co.kr

ISBN 978-89-98468-90-3 94710   **정가** 13,000원